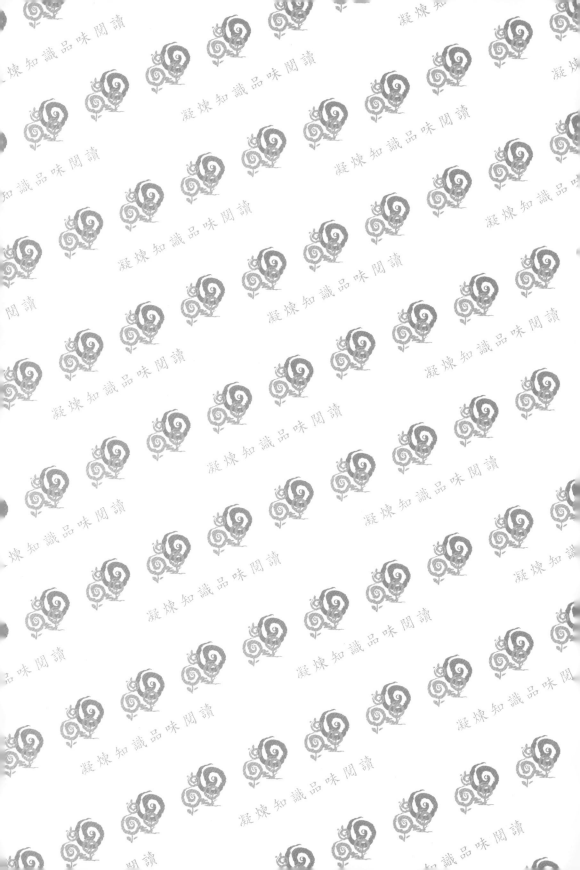

超圖解

金融保險與節稅規劃
二部曲

金融、保險與稅的100個Keywords

黃世芳、高震宇 著

黃海納 插畫

擺脫金融小白的稱號，全面提升財務智商

五南圖書出版公司 印行

序

　　自從新冠疫情後，美國啓動史上最大的貨幣寬鬆政策（無限QE），導致風險性資產價格不斷上漲，加上後疫情時代方興未艾的通貨膨脹，使得廣大民眾對於不斷上漲的股、房市有著深刻的焦慮不安，深怕錯過了眼前的投資機會，就會成為資產上漲列車的局外人而後悔莫及。凡此種種，除了讓買股、買房成為全民運動之外，也因為許多民眾對於投資常有不切實際的期待，讓詐騙集團有可乘之機。近幾年來投資詐騙層出不窮，例如：各種股票明牌、虛擬貨幣、假冒名人投資群組……等族繁不及備載，而大型詐騙案件受害人數與金額更是迭創新高，這也顯示民眾對於金融市場與投資工具的基本知識不足，以致對投資理財經常有過於樂觀的想像。

　　有鑑於目前的社會環境瀰漫著投機風氣，本書《超圖解金融保險與節稅規劃 二部曲：金融、保險與稅的100個Keywords》，希望提供讀者朋友們一些非知不可的金融基本概念與知識，並透過許多真實的金融歷史事件，讓讀者對於金融市場與投資工具有正確而深入的理解。

　　本書緣起於《超圖解金融保險與節稅規劃 首部曲：保單到底能不能節稅？從實質課稅原則談起》一書，由於此書自2022年底出版以來，受到保險專業人士與大學系所師生的青睞，在市場引起廣大的迴響，同時也獲得國家圖書館【臺灣出版與閱讀】出版社「新書誌」選書的獎項。蒙五南圖書出版股份有限公司侯家嵐副總編輯的建議，再度與中國韶關學院副教授高震宇博士共同創作新書。新書命名為《超圖解金融保險與節稅規劃 二部曲：金融、保險與稅的100個Keywords》。除了上述提及的「金融」知識之外，延續上一本著作，繼續深入探討金融保險在稅務規劃、風險管理和投資運作中的交錯融合。

　　本書共分三篇，第一篇關於「金融」，共有三章，每章十節；第二篇關於「保險」，共有三章，每章十節；第三篇關於「稅」，共有四章，每章十節。全書合計三篇、十章、一百節。內容從古至今、深入淺出，由高震宇博士撰寫第二、五、六、八、十章，本人撰寫第一、三、四、七、九章。期待從歷史、法律、政策與實務等多個角度切入，為讀者提供洞察「金融」、「保險」與「稅」之間緊密聯繫的視角。再度感謝五南圖書出版股份有限公司的企劃，並出版此書嘉惠讀者，也感謝共同作者高震宇博士，尚祈讀者先進們不吝賜教。

黃世芳

2024年5月12日

目　錄

第二篇　保險

第三篇　稅

Chapter 9 | 保單實質課稅 | **263**

Chapter 10 | 實質課稅原則的演進與法理 | **291**

第一篇
金融

　　所謂「金融」，顧名思義就是「金錢的融通」，一般的認知是金錢的互通有無，從有錢的人手中移轉到需要錢的人手上，可能是透過中介機構，例如：銀行，也可能人與人間的直接借貸等行為。另外，金融也可以解釋成金錢的跨越時間與形式的交換。

　　誠如近來常見的一句流行語：「錢沒有不見；只是變成你喜歡的東西。」的確花錢可以買到快樂，此即是一種有形的金錢與心理滿足的交換。

　　低點買進股票；在高點賣出獲利，也是一種金錢與股票的跨時間的交換，當然股票的認賠殺出也是一種跨期交換。

　　而民眾購買保險付出保費，以換取風險發生時得到現金的補償，保險公司則依照法令規範去做適當的投資獲利，更是人類集體而複雜的金錢跨期交換。

　　又例如「房屋」主要功能雖是用來居住，但當房地產作為「資產」的一種形式，透過買賣或貸款轉換成現金的過程，感覺就像是硬體的房地產，「融化」成流動現金（線上帳戶的數字）。這樣的資產形式轉換過程，都可稱為金錢的跨時間與跨形式的交換。

　　本篇將介紹關於金融的重要Keywords與通識概念。

Chapter 1

關於金融

1-1 直接金融

　　係指未經過中間人或中介機構的金錢融通行為。對現代金融而言，最常見的就是企業發行股票，向投資大眾直接募資，因為對於某些新公司而言，可能有好而創新的商業模式，但卻沒有足夠擔保品或是財務報表供銀行審查，因此難從銀行借到錢。

　　也因此，企業需要資金時，藉由發行股票或債券，接受投資大眾直接購買而獲得所需資金，而投資大眾則參與分享此公司的經營獲利，這也是最常見的「直接金融」。

　　企業第一次透過證券交易所發行股票向大眾募資，又稱首次公開發行（Initial Public Offerings，簡稱IPO）。這將讓原來的私人企業轉化為上市公司。並需公開財務報表、召開股東會議並接受主管機關與大眾的監督。

關於直接金融的故事

1. 台積電

　　台積電（TSMC）是全球最大的半導體晶圓代工製造商之一，也是台灣股市歷史上最成功的IPO之一。台積電成立於1987年，在1994年9月5日首次公開發行（IPO），上市首日的成交價是96元台幣。當時市場並不看好台積電的未來，以致於上市首日的成交張數僅有5張，但隨著台積電在半導體技術領先地位和穩健的財務狀況，台積電在全球半導體市場上的地位日益增強，股票也取得了巨大的成功。截至2023年8月，台積電的市值將近15兆台幣，成為全球最有價值的科技公司之一，也是台灣經濟的重要支柱。據創辦人自述，如果投資人一開始就看好台積電並投資，到現在的投資報酬率將超過百倍以上。

　　這個故事展示了企業成功的關鍵因素，包括技術領先、穩健的財務和良好的管理團隊，這些因素對於企業向外募資是否成功至關重要。

2. WeWork

　　另外在2019年，有一家名為WeWork的公司計畫在紐約證券交易所進行IPO，這家公司提供共享辦公空間和企業服務，被視為新興科技公司的明星之

一。在IPO前，WeWork曾被評估價值470億美元，但在IPO過程中，投資者開始懷疑公司的業務模式和財務狀況。

後來WeWork的IPO被延後，並由新的管理團隊領導，WeWork在2021年重新上市，但其估值剩下只有約90億美元，遠低於最初的估值。

企業成功與否的關鍵，在於有好的技術創新、能夠獲利的商業模式、良善的公司治理、穩健的財務管理與市場的競爭力等。而企業藉由發行股票或債券，向投資大眾募集資金；投資大眾因為認同企業，而參與此公司的經營獲利，即是「直接金融」。

圖1-1-1　金融：金錢跨越時間與形式的交換

圖1-1-2　直接金融與間接金融

直接金融

資金 →

← 股票、證券發行

投資人（個人或公司）　　　企業

間接金融

存款、保險費 →　　　貸款 →

個人或公司　　　銀行、保險公司　　　企業

1-2 間接金融

想像一下，你把錢存入銀行賺取存款利息，銀行再把這些錢借給其他人，並且收取貸款利息，這就是一種間接金融。透過這種方式，銀行在提供資金的存款人與需要資金的借款人之間讓資金互通有無，同時還可以獲得存款利息和貸款利息之間的差額利潤。

間接金融是指透過金融中介機構，如銀行、保險公司等，像是一個金融資源的轉運站，讓需要錢的人得以借貸融資，讓有錢的人得以投資獲利或存款孳息。

另外如投資基金，當購買投資基金時，你實際上是向一個投資組合投資，這個投資組合再把你的資金投資到不同的股票、債券或其他資產中。透過這種方式，你可以間接地參與資本市場，而不需要直接購買個別股票或債券。

總之，間接金融是一種方便的方式，可以幫助企業和借款人獲得所需的資金。它可以透過金融中介機構將資金有效地轉移和配置到需要的地方，同時增加資金流動性且促進經濟發展。

荷蘭的「阿姆斯特丹銀行」被認為是第一家現代化銀行，成立於1609年。當時阿姆斯特丹是歐洲最重要的貿易中心之一。大海權時代，赫赫有名的荷蘭東印度公司就是在阿姆斯特丹成立，擁有數百艘商船與戰艦，也擁有自己的軍隊，台南的安平古堡（舊名：熱蘭遮城）即是荷蘭東印度公司占領台灣時的統治中樞，東印度公司在亞洲建立了許多殖民地，負責從殖民地輸出香料、藥材、貴金屬、絲綢等到歐洲，也讓荷蘭東印度公司成為當時全球最大的私人公司。當時，許多歐洲商人需要安全地儲存和轉移資金。阿姆斯特丹銀行首先開始接受存款並發行支票，後來阿姆斯特丹銀行還開始提供貸款、匯率轉換和其他金融服務，而全球第一家證券交易所也在荷蘭的阿姆斯特丹成立。

在1949年的某一天，美國的一位商人法蘭‧麥克納馬拉（Frank McNamara）在紐約市的一家高級餐廳用餐時，發現自己忘記帶現金，因此無法支付帳單。這個尷尬的經歷激發了他的靈感，他決定創造一張信用卡，讓人們可以方便地購物和支付。1950年法蘭‧麥克納馬拉創辦了大來俱樂部（Diners Club），原文是食客俱樂部的意思，該俱樂部實施會員制，會員拿著大來卡（Diners Club Card）可以在紐約的許多餐館記帳消費，「先享受、後付款」的

概念受到歡迎,該信用卡於1950年開始推廣,並在美國迅速流行,成為現代信用卡的先驅。

　　保險公司也是典型的間接金融,台灣從民國50年起開放民營保險公司的設立,民國51年起陸續成立了第一人壽、國光人壽、國泰人壽、華僑人壽、南山人壽、國華人壽及新光人壽等。而民國75年起陸續對美商及外商開放台灣保險市場,台灣保險業市場進入了百家爭鳴的蓬勃發展階段,時至今日,台灣的保險滲透度(保險業總保費收入／國家GDP)已是全球數一數二。

　　保險公司與銀行一樣,都是間接金融的機構,如同銀行一樣,保險公司的運作模式基於收取保險費,透過大眾或再保險公司,進行風險的分享和轉移,在一定程度上保障了個人和企業的風險管理和財務安全,也為經濟發展和社會穩定提供了一定的支撐和保障。由於保險業的經營良窳對於國計民生影響甚鉅,因此保險業如同銀行業一樣接受政府法令嚴謹的監管,龐大的保險業資金均在合理合法的範圍內投資,以確保公司的穩定經營和風險控制能力。

> ● **圖1-2-1** 金融中介機構像是金融資源轉運站,讓需要錢的人得以借貸 ●
> 融資,讓有錢的人得以投資獲利或存款孳息

存款人　　　　　　　　　　創業者

1-3 金融機構

金融機構是人類經濟活動中不可或缺的一部分，從最早的貨幣兌換到現代的大型銀行、投資公司和保險公司，金融機構的種類和功能不斷擴大，為人類經濟發展提供了重要的支持和推動。

最早的金融機構可以追溯到古代文明時期，當時人們以物易物，使用貝殼、珠子和動物皮毛等物品進行交換，沒有正式的貨幣系統。隨著貿易的發展，貨幣與銀票的出現，貨幣兌換機構（例如：錢莊、票號、當鋪、銀行等）開始出現，提供貨幣兌換、銀行匯票和現金存款等服務，成為商業貿易所必需的基本服務。這些商店通常由富有的商人和貴族所擁有，他們為了方便自己的貿易活動而開設這些金融機構。

在文藝復興時期，義大利威尼斯的銀行家開始提供貸款和債券交易等服務。十七世紀，荷蘭銀行開始提供銀行匯票和支票等現代銀行業務，並成為歐洲最重要的金融中心之一。在十八世紀，英國銀行業的發展開始進入高峰期。當時，英國的銀行業主要提供貸款、存款和證券交易等服務，並開始發行自己的紙幣。同時，保險公司也開始出現，提供了保險服務以應對商業和個人風險。

以下是一些主要的金融機構介紹：

1. **銀行**：是最常見的金融機構之一，其主要業務包括接受存款、發放貸款、提供支付和財務管理等服務。銀行的起源可以追溯到古代羅馬時期的貨幣兌換商人。

2. **證券交易所**：是買賣股票、債券、期貨和期權等金融工具的場所。其最早的形式可以追溯到荷蘭的阿姆斯特丹證券交易所。

3. **保險公司**：提供各種保險產品，以補償客戶因風險造成的損失，現代保險公司的起源則可以追溯到十七世紀的倫敦。

4. **證券投資信託公司**：簡稱為投信公司，主要是發行共同基金與代客操作，共同基金是由一群投資者共同出資，由專業投資經理管理的資產組合。共同基金可以投資於股票、債券、房地產等各種金融資產，以實現資產增值和風險分散。

5. **中央銀行**：中央銀行是一個國家的最高貨幣管理機構，負責發行貨幣、實施貨幣政策、監督金融體系等。

6. 信用合作社：由一群人共同出資成立，以提供貸款和其他金融服務的合作社。最早的信用合作社可以追溯到十九世紀的歐洲，當時的經濟環境非常困難，農民和小商人缺乏融資管道，很難獲得貸款。於是在1849年，德國一位名叫席費爾的神父創建了世界上第一個信用合作社，其目的是為窮人提供貸款和儲蓄服務。這個銀行的特點是由社員共同出資，社員可以得到利潤分紅和代表權力，這種機制被稱為——共同所有、共同管理、共同分享。

從我國的金融監督管理委員會（以下稱金管會）的職掌談起，更能清楚理解整個金融機構的架構。金管會主要是執行對銀行、證券、期貨以及保險業的管理監督與檢查。其轄下有銀行局、證券期貨局與保險局，分管銀行業、證期業與保險業。延續上述對於金融的定義，銀行收受民眾存款；提供個人與法人貸款，是很典型的資金跨期交換的平台。證券公司提供企業新上市籌資（IPO）與股票交易，讓民眾得以投資有遠景的公司並參與獲利。而獲得大眾資金的公司得以擴大經營規模、增加研發成本、進而提升競爭力。保險公司收受民眾保費，提供民眾保障也幫助社會的安全穩定，另外保險公司的龐大資金，在法令規範內也對於政府公共投資多有助益。

金錢在各種金融機構與平台上流動與交換，促進了個人理財需求、社會產業發展以及國家經濟成長的三贏局面。

2008年金融海嘯期間，雷曼兄弟投資銀行和AIG美國國際集團（全球性保險公司）都是美國重要的金融機構，當年發生了一系列重大事件。首先是雷曼兄弟的破產。雷曼兄弟是一家投資銀行，當房地產泡沫破裂時，雷曼兄弟面臨嚴重的財務困境。由於無法負擔虧損，雷曼兄弟在2008年9月宣布破產，對全球金融市場影響甚鉅。

當房地產泡沫破裂時，AIG的財務狀況同樣岌岌可危。然而，一方面AIG是美國最大的保險集團，廣大民眾的退休金與人身保障都寄望在AIG身上，且由於龐大而複雜的投資，一旦倒閉、可能造成美國以及全球的金融體系與社會安全保障網絡的崩潰，因此被認為是系統性風險，於是美國政府決定對AIG實行高達850億美元的援助救助計畫。政府並得以直接掌控和管理。這也是「大到不能倒」（Too Big to Fail，縮寫為TBTF）概念的出現。

爾後，全球金融體系進行一連串重大改革和監管，以避免未來類似的危機發生。在我國也有類似大到不能倒的「系統性重要銀行」，民國112年時為中國信託商業銀行、台北富邦商業銀行、國泰世華商業銀行、合作金庫商業銀行、兆豐國際商業銀行及第一商業銀行等6家銀行。

主要也是因為這6家金融機構規模龐大，為確保銀行體系健全，並降低如果發生風險對於金融體系之衝擊，金管會聯合中央銀行、財政部及中央存款保險公司組成工作小組，對金融機構強化監理措施。

圖1-3-1　從金管會的職掌理解金融機構的架構

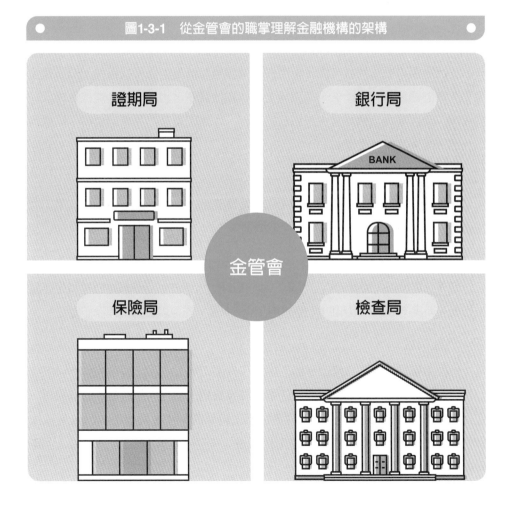

1-4 金融市場

金融市場是指用於買賣金融資產的場所或平台。在金融市場中，投資者可以進行證券、債券、貨幣、期貨等各種金融資產的買賣，以實現資本的增值與風險管理等功能。

金融市場的功能包括資金調節、風險管理和資本配置等。它可以幫助資金需求方獲得所需的資金，同時也可以讓資金供應方獲得收益。金融市場將金錢分配到最需要它們的地方，以提高經濟效率。

金融市場通常分為證券市場、貨幣市場、期貨市場、外匯市場等，以下逐一說明：

一、證券市場

包括股票市場和債券市場，是用於買賣股票和債券的場所或平台。股票是企業對大眾的籌資的有價證券，在市場上可以進行買賣，也讓一般人能成為大公司的股東，參與獲利。債券是企業或政府債務，也是購買債券民眾的債權，同樣可以在債券市場上進行買賣。

二、貨幣市場

用於買賣短期金融資產的市場，包括貨幣基金、商業票據市場等。貨幣市場主要用於調節流動性，進行短期資金的融通。

三、期貨市場

期貨市場是指交易雙方約定在未來某一日期，以事先約定的價格交換特定商品的市場。期貨市場也可以幫助投資者進行風險管理，並可以透過槓桿操作獲利。

四、外匯市場

外匯市場是指國際貨幣交易的市場。在外匯市場上，不同國家的貨幣可以按照特定的匯率進行，也由於國際間的貿易和投資需求極大，外匯主要的交易者，包括各國中央銀行、商業銀行、投資銀行、貿易商等法人與自然人投資或投機者。英國倫敦是目前全球最重要的外匯交易中心，交易占比高達全球40%，而美元則是外匯市場最主要的交易貨幣。

五、加密貨幣市場

　　加密貨幣是指基於「區塊鏈技術」發展出來的資產。加密貨幣之所以被稱為貨幣，主要是因為具有「不可竄改性」的「防偽」功能，因此很直接被聯想為「貨幣」，加密貨幣市場的交易通常是去中心化的，並且不受政府監管。

　　金融市場是現代經濟體系的重要組成部分，也為資本流動和經濟發展提供助力。

　　●　　**圖1-4-1　金融市場的功能包括資金調節、投資獲利、風險管理等**　　●

金融工具是指一系列用來轉移資金、轉嫁風險、實現投資和融資的工具。這些工具可以透過交易市場來購買和出售。金融工具可以是證券、商品、外匯等，不同的金融工具具有不同的風險和報酬特性，因此金融工具也可以稱為金融商品。

證券是一種被廣泛使用的金融工具，例如：股票、債券等。股票是公司向公眾發行的股份，投資人可以透過購買股票成為公司的股東，從而分享公司獲利的權益。債券是一種債務證券，發行人向投資大眾貸款，並支付投資者利息與本金作為回報，債券通常是較為穩定的投資選擇，而股票通常具有較高的風險和報酬。

大宗商品也可以是一種金融工具，它們是可以在市場上交易的物品，例如：黃金、白銀、石油、農產品等。另外如衍生性金融商品 —— 期貨契約和選擇權契約。

在金融市場上，有許多不同種類的金融工具，以下是一些常見的金融工具：

一、股票

股票是公司為了募資而向市場發行的有價證券，當投資者購買一家公司的股票時，他就成為了股東，擁有對這家公司的所有權，享有公司賺取的利潤。對於投資者來說，購買股票可以賺取每年的股息和買賣間的價差（資本利得）。而股票的價格取決於公開市場上交易的價格，也直接彰顯這家公司的獲利表現和市場價值。

二、債券

債券是公司或政府發行的一種固定收益證券，代表公司或政府（借款人）向投資者借錢的承諾。債券通常有一定的利率和到期日，到期日時借款人必須償還本金和利息，債券的價格取決於市場利率和發行者的償還能力。

三、期貨契約

　　期貨契約是預約未來某個時間以特定價格交割的買賣契約，期貨契約通常是關於大宗商品、股票指數、利率和貨幣匯率等的交易，具備有高槓桿的特性，用少量資金來進行大額交易，因此其原本發明的目的是類似保險的功能，用來抵消未來價格變動的風險（對沖風險），但目前則經常被投資者作為以小博大投機之用。

四、選擇權契約

　　契約的賣方允諾買方在未來的某一特定日或特定日之前，有權利以特定的價格買進或賣出一定數量的標的物。此標的物可以是金融商品，例如：股票、債券、匯率、利率、期貨等等；亦可以是實物商品，例如：石油、黃金、貴金屬或農產品大宗物資等。

五、基金

　　又稱為共同基金，是一種集合眾人資金共同投資的工具，交由專業經理人操盤，一起承擔風險、同時分享利潤。基金種類依投資標的可分為股票基金、債券基金、平衡型基金（股票＋債券）等。相較於直接投資股票或是債券，共同基金投資人可以享有專業經理人的專業操盤，而且可以用小錢就能參與高價股票或債券的投資，但是相對需支付經理費、保管費與手續費等。

六、指數型股票基金

　　英文原文為Exchange Traded Fund，就是我們現在常聽到的「ETF」，是一種由投信公司發行，是透過持有一籃子的股票來模擬並貼近大盤指數的表現，擁有持股分散與手續費低廉的特性，ETF也可以在股票市場公開買賣，相對於一般共同基金（又稱為主動型基金）由經理人選股操盤，ETF（被動型基金）本身是依照該指數的選股去連動，經理人只是按照指數選出來的股票去買賣股票，也因此其整體費用會比主動型基金低廉。以台灣的基金市場為例，目前ETF整體資金規模已經超過股票型基金規模甚多。

七、保險

　　與股票、債券、基金等大眾化的金融商品一樣，保險也是一種金融商品，因

為它也具有資金融通的特性，雖然保險是風險管理、損害填補的工具，但是以市占率最高的人壽保險為例，其保單價值歸屬於要保人的資產，大部分民眾購買儲蓄險，其動機與需求也是基於儲蓄兼具保障，同時也會在意投資報酬率與變現功能。實際上台灣也是保險滲透度全球數一數二的保險大國，國人偏好儲蓄險功不可沒。

在投資這些金融工具時，需要仔細考慮風險和收益，並根據自己的投資目標和風險承受能力做出選擇。

圖1-5-1　保險也是一種金融商品，也具有資金增值、融通的特性

長期增值

跨代傳承

長期持有

融資功能

　　前面我們提及了「金融」就是金錢的跨時空的交換,而「貨幣」即是貨物跨時空交換的「載體」,舉例來說:在以物易物的早期人類社會,假如一隻羊可以換十隻雞,但是賣羊與賣雞的雙方並不需要一次買這麼多羊肉或雞肉,而且食物也容易腐壞。另外,以物易物的問題在於必須找到對自己物品有需求的人才能進行交換,且雙方對於物品的價值難以確定,這都使得交換變得困難,因此交換的載體(貨幣)應運而生。此時透過貨幣即可經由第三方達成交易,賣羊的把羊賣給肉舖(中介角色)獲得十枚貨幣;賣雞的也把十隻雞賣給肉舖並獲得十枚貨幣,彼此再用貨幣各自到商店買所需數量的肉類,各取所需、互通有無,剩下的貨幣則存起來作為未來之用。

　　在貨幣的演變歷史當中,最早原始社會的石頭、貝殼、陶器、金屬等材質都曾經作為貨幣,但自從人類開始開採並冶煉金屬之後,由於金屬本身具備下列三種特性:1. 實用性:可作為各種食器、廚具、武器等的原物料。2. 稀有性:開採與冶煉不易。3. 容易分割:可以依照重量與純度衡量並切割。因此特別適合作為貨物的替代品(即貨幣),因此後來金屬貨幣逐漸成為人類社會交易的主流貨幣,例如:銅、鐵、銀、金等。

　　但是金屬貨幣仍有其缺點,尤其是交易金額大的時候,顯然有不易攜帶的重量問題,且存在著許多偽造或純度不足的現象,因此隨著人類從部落社會進展到城邦國家的形式之後,很自然地國家的公權力就開始介入金屬貨幣(硬幣)的鑄造,並在金屬貨幣上印有國家的文字圖案等印記,以建立貨幣的公信力,開始了文明的貨幣制度。

　　由於金屬貨幣重量過大攜帶不易,因此保管機構應運而生,例如:中國古代的錢莊發行的銀票,「今天我把一百兩銀子存放在錢莊,錢莊則給我一百兩銀子的銀票給我作為憑據,只要我在全國各地有銀莊的分支據點,即可兌換我所需要的銀子」如此一方面避免盜賊偷竊的風險,另一方面出外經商容易攜帶,此模式則為銀行業的前身。

　　銀行可以儲存和管理貨幣,並為客戶提供貸款和投資等服務。隨著銀行業的發展,信用和貸款的概念也開始被廣泛使用。直到十八世紀英國英格蘭銀行(現在的英國中央銀行)發行了政府擔保的標準化面額的銀行券,成為現代紙幣之先河。

　　紙幣的發明使得貨幣的使用變得更加便利，但仍然存在著偽造和通貨膨脹等風險。在二十世紀初以前，許多國家採取了貨幣的固定匯率制度，例如：金本位制度，國家有多少黃金儲備，才能印製一定的紙鈔數量，如此該國家的紙鈔也較具備公信力。但自從1930年代經濟大蕭條以後，各國所採用的貨幣幾乎都已兌換不到同等價值的黃金或白銀，改為由政府透過國家權威與信用，印製紙鈔或鑄造硬幣。從此，也開啟了信用貨幣時代。

　　1970年代，美國宣布終止與金本位制度脫鉤，使得各國的貨幣開始自由浮動，並導致貨幣的價值波動和通貨膨脹風險的增加，因為印製紙鈔或硬幣的成本比較低，如果政府沒有限制地印了太多鈔票，有可能產生惡性通貨膨脹的問題。因此，如何控制鈔票與硬幣的發行數量，成為各國中央銀行的重要責任。

　　此外二十一世紀以來，隨著互聯網和電子支付的興起，虛擬貨幣的概念也開始被廣泛使用，例如：比特幣和以太坊等加密貨幣，也逐漸為民眾與政府所重視。總體而言，貨幣是經濟體系不可或缺的一部分。從貝殼貨幣到比特幣，貨幣的形式可能不斷變化，但作為交易媒介的角色始終如一，透過貨幣的歷史和演變，我們更容易理解經濟體系的本質和運作方式。

● **圖1-6-1** 最早原始社會的石頭、貝殼、陶器、金屬等材質都曾經作為 ●
　　　　　　貨幣

圖1-6-2　貨幣演進簡表

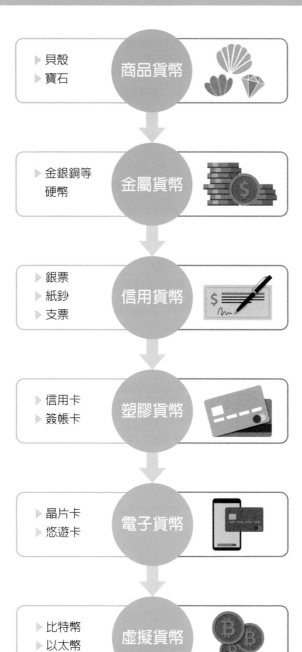

商品貨幣	▸ 貝殼 ▸ 寶石
金屬貨幣	▸ 金銀銅等硬幣
信用貨幣	▸ 銀票 ▸ 紙鈔 ▸ 支票
塑膠貨幣	▸ 信用卡 ▸ 簽帳卡
電子貨幣	▸ 晶片卡 ▸ 悠遊卡
虛擬貨幣	▸ 比特幣 ▸ 以太幣

1-7 中央銀行

中央銀行是一個國家的貨幣金融管理機構，主要職能包括發行貨幣、管理貨幣供應、維護匯率穩定、管理國家外匯儲備、管理金融市場和監管金融機構等。

此外中央銀行也透過貨幣政策，以控制通貨膨脹、穩定物價和促進就業與經濟增長等職責。而在國際貨幣體系中，中央銀行也參與國際貨幣基金組織和其他國際貨幣機構的活動，促進國際貨幣穩定和貿易順暢。它也被稱為國家銀行、中央金融機構。

世界最早的中央銀行雛型於1668年在瑞典成立，當時成立的主要目的是對政府提供軍費支出。當時瑞典為了對外征戰，成立國營銀行以提供政府資金融通。所以該銀行從開辦之初，政府就是最大的借款人，該銀行在1866年更名為Sveriges Riksbank，就是今天瑞典的中央銀行。而瑞典中央銀行直到二十世紀初才擁有發行貨幣的獨占權，在此之前許多民營銀行亦可發行貨幣。另外如英國的英格蘭銀行，開始成立時是一家民間出資的中央銀行，並非由國家成立，一直到1946年才被收歸國有。

現代中央銀行的重要功能如下：

1. **發行貨幣**：中央銀行是負責發行貨幣的唯一機構，負責控制貨幣的供應和管理流通的貨幣。

2. **貨幣政策**：中央銀行負責制定和實施國家的貨幣政策，透過調整利率、公開市場操作等手段影響貨幣供給和經濟活動，以實現溫和通貨膨脹、穩定物價、金融穩定等目標。

3. **監管金融機構**：中央銀行負責監管國內的金融機構，保護金融機構的穩定運行，同時防範金融風險。

4. **維護金融穩定**：中央銀行是維護金融穩定的機構，當金融危機發生時，中央銀行負責實施適當的貨幣政策，維護金融穩定。

5. **管理外匯市場**：中央銀行負責管理外匯市場，維護國家匯率穩定，防止匯率波動對經濟造成不利影響。

6.國際金融合作：中央銀行是國際金融合作的重要機構，負責參與國際金融體系的建設和運作，維護國家在國際金融體系中的利益和地位。

2008年美國金融海嘯時，當時美國的中央銀行 —— 美國聯邦準備理事會（The Federal Reserve System）執行貨幣寬鬆政策QE（Quantitative easing），運用政策挹注資金到銀行體系，維持利率在低水準，藉以刺激企業與民眾借貸並提高投資與消費意願，達到重振經濟成長與提升就業的目的，也支撐資產膨脹的榮景避免通貨緊縮。同時也有助於現今債台高築的世界各主要國家政府，能以印鈔緩解其龐大的債務。美國聯準會從2009年開始QE，到日本2012年起的安倍經濟學，以至於歐洲央行2015年的QE，甚至部分歐洲國家開始出現「負利率」。直到COVID-19疫情蔓延2020年，美國為首的央行再度祭出「無限QE」。

一般俗稱央行的「印鈔票」，並非真的印出實體鈔票，而是在資本市場上增加流動性（貨幣供給），一般有降息、降準（存款準備金率）與公開市場操作（央行收購公債、公司債、股權）等方式。

鑑於1930年代的經濟大蕭條，當時美國因為股市崩盤，進而導致通貨緊縮，金融體系失衡，演變成失業率大幅增加。根據統計，大蕭條時期美國失業率高達25%以上，失業導致消費緊縮、百業蕭條，民眾無法償還貸款，進而演變為銀行呆帳上升，造成銀行倒閉等連鎖效應。後來蔓延至全球的大蕭條也引發了貿易與關稅壁壘。而歷史上經濟蕭條也常引起政治動盪、執政更迭頻繁，甚而民粹主義興起。

例如：當時的德國，也因為經濟大蕭條與第一次世界大戰後的負債造成民不聊生，而當時的德國總理在競選連任時，採取撙節緊縮的財政政策，使得希特勒的政黨在大選中獲勝，間接引發了第二次大戰。同時期的美國，當時的胡佛總統則在大選中，敗給了主張擴張政府支出的小羅斯福總統。整個二十世紀最嚴重的經濟大蕭條，從1929年起揭開序幕，一直持續到第二次大戰結束時的1945年。

以史為鑑，為了避免重蹈1930年代經濟大蕭條覆轍，2008年當時美國聯準會（Fed）主席柏南克（Ben Bernanke），正是研究美國經濟大蕭條的學者（後來獲得2022年諾貝爾經濟學獎）。而從2008年到2014年止，美國政府的量化寬鬆政策的確相當程度地避免重演1930年代的大蕭條。但是透過QE想要克服的經

濟問題並沒有真正解決，反而造成另外的副作用就是資產價格的膨脹。道瓊工業指數從2008年的低於7,000點，漲到2020年2月COVID-19疫情擴大前超越29,000點。而全球的房地產自量化寬鬆以來，也因為資金氾濫再度大幅度上漲。

因此，中央銀行的政策對於國家的經濟發展與金融穩定，實有舉足輕重的影響。

圖1-7-1 中央銀行的主要功能

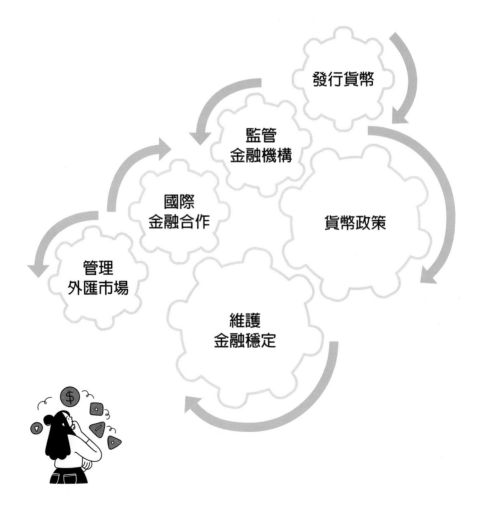

「利率」，係指借貸所需支出的金額與本金的比例；或是儲蓄投資所獲得的報酬金額與本金的比例，例如：向銀行借貸100萬，每一年需支付2萬的利息給銀行，此即房屋貸款利率（年利率）＝2%。而存入銀行100萬，每年獲得1萬元的存款利息，此即存款利率（年利率）＝1%。

利率高低取決於經濟環境與個人的信用條件，例如：同樣的房屋貸款，會因為借款人的償債能力而有所不同，借款人如果工作穩定且收入高，房貸利率較低；相反地，如果借款人工作收入不穩定，則可能貸款利率較高。此邏輯也可以用在公司發行債券，債信評等較高的公司發行債券（公司向大眾貸款）時，給的債券利息也會較低。反之，債信評等較差的公司發行債券（公司向大眾貸款）時，給投資大眾的債券利息也會較高。

「利率」同時也是中央銀行貨幣政策的重要工具，用來調節通貨膨脹率與失業率。例如：經濟衰退時，一般企業的營收與利潤也會降低，而因為獲利降低導致企業的消費與投資也會跟著降低，同時也會減少人事支出，像是停止招聘新員工、減薪、放無薪假甚至裁員，此時一般民眾平均收入會下降，導致民眾消費支出也會相應下降。如此整個社會消費投資不振、企業營收衰退，也就是GDP衰退、經濟成長率負成長。

此時，中央銀行就會降低基準利率，而銀行會跟著降低其借貸利率與存款利率。借貸利率降低等於減少企業與民眾借貸支出，一方面減少支出，另一方面民眾更願意借款來買房買車或其他消費，有助於提振經濟成長。此外，存款利率下降，會降低民眾將錢存入銀行的意願，轉而進行投資股票等風險性資產的意願，此也有助於資金活水注入資本市場，讓更多的企業更容易融資，經濟因此更活絡。

因此，中央銀行的「基準利率」是一個極其重要的指標，當商業銀行資金不足，最終找央行作為最後貸款者時，可用手上現有的商業票據，向中央銀行貼現融通（借錢）。此時所需要支付的利率，稱為「重貼現率」——即商業銀行跟中央銀行借錢的利率。並以「重貼現率」來作為銀行間相互拆款借錢的參考、同時影響民眾與企業的存款利率、貸款利率等。因此「重貼現率」也是我國主要的基準利率。

　　綜合上述,中央銀行提高基準利率時,銀行的借貸成本會增加,市場利率也會跟著升高,這會降低消費者和企業的貸款能力,進而抑制消費和投資。同時,由於銀行的儲蓄利率上升,消費者和企業可能會轉而儲蓄,這會影響經濟增長率和就業情況。另外,貨幣匯率也會受到影響,當中央銀行提高利率時,會吸引更多的外國人投資本國貨幣,進而增加本國貨幣的需求,推高匯率。

　　相反地,當中央銀行降低基準利率時,銀行的借貸成本會降低,市場利率也會跟著下降,這會刺激消費者和企業的貸款能力,促進消費和投資,進而促進經濟增長率和就業情況。同時,由於銀行的儲蓄利率下降,消費者和企業可能會轉而消費和投資,進一步刺激經濟增長。貨幣匯率也會受到影響,當中央銀行降低利率時,會降低外國投資者對本國貨幣的投資需求,進而降低匯率。

圖1-8-1　利率對於經濟的連鎖反應

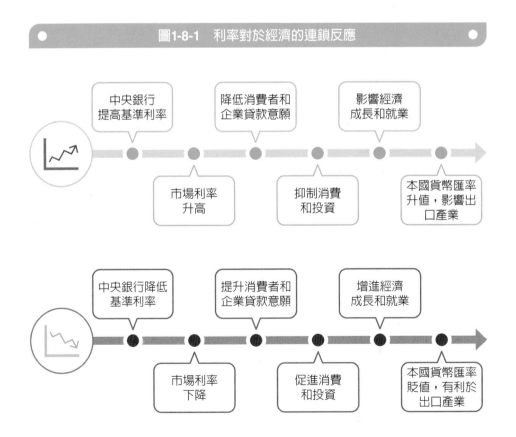

1-9 通貨膨脹

對於大部分民眾而言，通膨最簡單的解釋是：「錢一樣多，但可以購買的東西卻變少了」。

商品價格取決於市場的供給與需求，當經濟好的時候，商品需求量大，價格自然上漲，這是一種合理良好的通貨膨脹。另一種通膨的成因，則是政府增加貨幣供給，例如：過去的QE（貨幣寬鬆政策），由於資金大量進入市場，融資成本降低，間接堆高了資產價格上升，造成貨幣相對貶值。而2020年新冠疫情伴隨著俄烏戰爭以來，由於政府大幅度增加貨幣供給，加上戰爭引發的原物料成本上升，導致供給面的成本提升，也造成了嚴重的通貨膨脹。

綜合上述，我們大概提到了三種通貨膨脹的成因：1. 經濟景氣成長時，市場需求增加造成物價上漲的通膨（此為需求導致的通膨）；2. 政府的貨幣寬鬆政策，造成貨幣供給增加，物價上漲相對貨幣貶值的通膨，此種通膨如果因為政府無限制印鈔，會令民眾對國家貨幣失去信心，改為囤積貨物造成物價上漲，一旦民眾對於貨幣逐漸失去信心，貨幣便會越來越不值錢，形成惡性通膨——此為貨幣政策導致的通膨；3. 近年來的疫情與戰爭造成進口原物料價格與勞工工資雙雙上升，此造成物價提升——此為供給面「製造成本」導致的通膨。

通貨膨脹對經濟體系造成的負面影響包括：購買力下降、民眾痛苦指數提升、生產成本提高、企業獲利減少、資本市場不穩定等。在嚴重的情況下，通貨膨脹還可能導致經濟崩潰和社會動盪。因此，維持貨幣價值穩定一直是中央銀行最重要的目標之一。

在過去的歷史上，許多國家都曾經經歷過嚴重的通貨膨脹，其中最為著名的包括德國的威瑪共和國和非洲國家辛巴威的惡性通膨金融危機。

威瑪共和國是德國的一個政權，於1918年至1933年期間存在。在第一次世界大戰後，德國面臨著嚴重的經濟困難，加上1919年的凡爾賽條約讓德國承擔了巨大的戰爭賠償責任，這使得德國政府不得不大量發行紙幣來支付戰爭賠償和國內支出。然而，這種大量發行紙幣的行為導致通貨膨脹加劇，最終在1923年達到了瘋狂的程度。當時，德國的物價每天都在暴漲，甚至有一天食物的價格上漲了300%。在這種情況下，德國政府的紙幣貶值得非常嚴重，後來又歷經了1929年華爾街股災引發的全球經濟大蕭條，最終導致德國經濟崩潰。

　　辛巴威是一個非洲國家，曾經擁有非洲最發達的經濟體系之一。然而在二十一世紀以來，辛巴威陷入了嚴重的經濟危機，通貨膨脹率與鈔票面額均是天文數字，這使得當地的貨幣完全失去了價值。這場危機的起因是辛巴威政府大量印刷紙幣來支付政府支出，導致貨幣供應量過多，貨幣價值暴跌，甚至發行了面額一百兆的紙鈔。這種情況下，辛巴威的人民不得不以其他貨幣來交易，比如美元或南非幣。

　　「通貨膨脹稅」，美國著名經濟學家密爾頓・弗利曼（Milton Friedman）曾說過：「通膨是一個隱藏的課稅，而且是不須經過人民監督立法的一種隱形稅賦」。

　　按照弗利曼的說法，雖然通膨並非官方稅賦，但是政府的寬鬆貨幣政策，可能會造成貨幣貶值，物價上漲，對政府而言有幾個好處，例如：刺激經濟發展、而貨幣貶值等同本國貨幣發行的債務也跟著打折；但對人民而言，通貨膨脹導致購買力下降，也等於讓薪資收入下降。

　　綜合上述，自2008年以來全球的中央銀行以量化寬鬆來刺激通貨膨脹，促使貨幣貶值與政府債務相對減少，但同時也剝奪了民眾所擁有的貨幣價值，因此弗利曼表示「政府如果無法償還債務，就會利用通膨」。

　　此外中央銀行在統計通膨時，經常不計入房價與金融資產的價格，僅就一般消費物價來統計，也明顯低估實質通膨率。

圖1-9-1　通膨的三種成因

通貨膨脹的成因

市場需求增加的通膨　經濟景氣成長，物價上漲

貨幣供給增加的通膨　物價上漲相對貨幣貶值

製造成本提升的通膨　疫情與戰爭造成原物料價格上升，物價上漲

圖1-9-2　政府大量印鈔來應付支出，導致貨幣供應量過多，造成惡性通膨

延續上一章節，對於大部分民眾而言，通貨緊縮最簡單的解釋是：「錢一樣多，但可以購買的東西卻變多了」，意即物價持續下跌，貨幣購買力持續提升。

而民眾如果預期商品價格會越來越便宜，就會延遲消費，進而造成消費不振、企業營收萎縮、經濟數據下滑、勞工薪資不漲、甚至失業率升高、景氣更低迷的惡性循環。

「通貨緊縮」是一種經濟現象，最有名的是日本自1990年代泡沫經濟破滅以來「通縮」所導致的一連串經濟與社會問題，如：房地產價格下跌，民眾持有資產價值縮水，而銀行的抵押貸款卻沒有減少，民眾擁有房產的價值低於他們所承擔的債務，最後導致銀行呆帳大增、金融機構倒閉潮等。

長期的通貨緊縮，導致物價長時間下跌、強化了民眾「越晚買越便宜」的心理，而市場銷售不振，也影響企業生產和投資的積極性。大量的資金閒置，最後導致經濟發展欲振乏力、貨幣流通速度減慢、經濟成長率下降，對經濟的長遠發展不利。因此，相較於通貨膨脹，通貨緊縮是各國政府更擔心的經濟問題。

1990～2010年代，又稱為日本經濟失落的20年，當時日本房地產與股市價格一起崩跌，開始陷入通貨緊縮，過程中，日本政府實施的一系列零利率貨幣政策措施，這些措施包括將央行基準利率降至接近零，同時向市場注入大量資金以增加貨幣供應，希望能夠刺激經濟增長和對抗通貨緊縮。但具體而言效果有限。

2012年起，前日本首相安倍晉三為了提振日本數十年來的經濟低迷，並希望能夠擺脫通貨緊縮困境，提出名為「安倍經濟學」政策，又稱為安倍「三支箭」，主要是大規模量化寬鬆金融政策、擴大國家財政支出、促使發展民間投資等。期待能邁向2%的通貨膨脹目標。

關於通貨緊縮與日本房地產

過去全球70多年來「人口紅利」與「和平紅利」造就的經濟成長，加上近十餘年「貨幣寬鬆政策」帶來的房地產價格膨脹，總讓我們這一代人容易陷入房地產只漲不跌的判斷。但相對人類漫長歷史，這樣的小樣本數據極容易讓人們錯估形勢。

以日本1991年以來的房價走勢為例，日本在1980年的泡沫經濟時代，從1985年到1991年間房價漲幅高達2倍，意即1,000萬的房子，6年之間平均可以漲到3,000萬，然而從1991年高點泡沫破裂後價格迅速下滑，至1999年間短短8年，房價跌回原點，也就是說，從3,000萬又跌回1,000萬。從高點到低點，跌幅接近七成，此後一路再跌至2005年。日本因為經濟走緩，加上人口紅利不再，人口結構老化，印證房地產價格還是回歸供需問題，沒有只漲不跌的神話。

在經過長期的通貨緊縮之後，日本身為高齡化國家，人口紅利不再，也持續打擊日本房地產價格。在高齡人口占率越來越高的影響下，閒置空屋比例越來越高，日本開始出現「空屋銀行」，有些房屋甚至免費。

根據數據，2013年日本全國空屋數約為819萬戶、約占13.52%，預計到2033年空屋率將成長到20%以上。而依據媒體報導，日本的空房原本主要在農村地區，但也已逐漸蔓延到郊區和都市。在此不可逆的趨勢下，「空屋銀行」網站上出現了「0元房屋」，只需負擔稅金與佣金等費用即可。

圖1-10-1　貨幣政策經常會影響資產的漲與跌

參考資料

1. 《超圖解金融保險與節稅規劃 首部曲：保單到底能不能節稅？從實質課稅談起》，黃世芳、高震宇，五南。

2. 自由時報2018/11/23報導：https://estate.ltn.com.tw/article/6485。

Chapter 2

證券、銀行、保險

2-1 CoCo債（Contingent Convertible Bonds）／瑞士銀行收購瑞士信貸

一、應急可轉債（Contingent Convertible Bonds）

CoCo債的全名為應急可轉債[1]（Contingent Convertible Bonds，簡稱 CoCo Bonds、CoCos），亦稱為額外一級資本（Additional Tier 1, AT1）債券，是一種在歐洲主權債務危機[2]之後才出現的債券，是歐洲監管架構下設計的產物，它是銀行債務中的最低級別債券，即可計入銀行監管資本的次級債券。

基本上，CoCo債可在債券與股票之間轉換，功能為協助銀行強化資本[3]，以符合避免倒閉的監管規定，亦即債券可轉換為股權（或完全減記）。當原先構想被提出時，CoCo債被視為讓銀行擁有潛在的更大資本緩衝，不用被迫發行新股，因為發行新股會讓外界擔憂銀行過度槓桿。

舉例來說，當銀行的資本水準低於特定水準時，亦即資本體質不穩健，那麼這些債券就能轉換地位以應急；但是，如果銀行的資金缺口大到一定的程度時，這些CoCo債就能轉換成股權，即銀行的股票，其目的就是要作為債務與股權的緩衝。

簡言之，銀行必須為他們所擁有的資金和債務符合一定的最低金額要求，也就是最低應提合格負債（Minimum Required Eligible Liabilities, MREL[4]），以便在發生倒閉崩潰的情況時能支撐有效率的解決辦法。

---

1. 應急可轉債於發行機構危機時可以被轉換為普通股或直接減記，具備增強銀行自有資本之功能，一般可分為機械式（當普通股權一級資本CET1比率低於門檻時觸發）及裁決式（由監管機關判定而觸發）。

2. 歐債危機揭示了歐元區結構性問題和成員國之間經濟差異帶來的挑戰。透過一系列的救助和改革措施，歐元區逐步恢復穩定，但危機的教訓促使歐盟進行深層次的經濟和財政改革，以增強未來應對類似危機的能力。

3. 2010年9月12日巴塞爾銀行監理委員會發布新版巴塞爾資本協定三（Basel III），協議著眼於透過設定關於資本充足率、壓力測試、市場流動性風險考量等方面的標準，從而應對在2008年前後的次貸危機中顯現出來的金融體系的監管不足。協議強化了資本充足率要求，並新增了關於流動性與槓桿比率的要求。

4. 最低應提合格負債（Minimum Required Eligible Liabilities, MREL）為歐盟所制訂之具吸收損失能力之合格負債，適用全體歐盟銀行。

換句話說，在經營良好時，CoCo債能產生高收益；相反的，若銀行面臨危機，資本率跌到預定水準之下，即銀行的資本實力低於預先確定的觸發條件時，那麼CoCo債就會被減記，甚至是完全減記。

2017年西班牙銀行Banco Popular SA債券的13.5億歐元減記，是當時AT1市場發生的最大一次債券減記事件，由於該銀行無法填補龐大資金缺口，被Santander銀行收購以避免倒閉。

二、金融事件：瑞士銀行收購瑞士信貸

在瑞士政府及瑞士國際金融市場監督管理局（FINMA[5]）的促成之下，2023年3月19日瑞銀集團（UBS）宣布以30億瑞郎收購瑞士信貸（Credit Suisse），瑞信股票持有人將以22.48股換取瑞士銀行1股股份。

另外，依FINMA要求和命令之下，瑞士信貸發行總價值約160億瑞郎（約173億美元[6]）的額外一級資本債券將被註銷和減記至零，這將是作為瑞銀集團收購瑞士信貸計畫的一部分。而正是此舉，引發了瑞信的AT1債券持有人不滿。

FINMA指出，做出此裁決將能增加瑞信的核心資本，更希望投資人能分擔瑞信的艱難。FINMA主席Marlene Amstad表示，FINMA在做出決策時，堅持了該國的「大到不能倒[7]」的銀行規則〔瑞士信貸屬於全球系統性重要銀行（Global Systematic Important Banks, GSIBs）之一，其所發行的債券屬於具損失吸收能力TLAC[8]債務工具〕。瑞銀集團（UBS Group AG）2023年6月12日完成收購瑞

---

5. 瑞士國際金融市場監督管理局（Swiss Financial Market Supervisory Authority, FINMA）負責監管銀行、保險公司、金融機構、集合投資計畫、基金經理人和保險中介。FINMA不僅保護債權人、投資人和投保人，也負責確保瑞士金融市場有效運作。

6. 根據彭博資訊彙整的資料，瑞信擁有在市場上流通的13種CoCo債，總值173億美元，是以瑞郎、美元和星元發行。CoCo債占瑞信債務的比率高於20%，瑞信最大部分的CoCo債是以美元計價。CoCo債通常沒有期限，代表沒有明確界定的到期日，但銀行可在發行約5年之後要求正常清償。

7. TBTF是Too Big to Fail的縮寫，意為「太大而不能倒」。這是一個經濟和金融術語，用來描述那些規模和影響力如此之大的企業，特別是金融機構，如果它們倒閉，會對整個經濟體系造成嚴重破壞。因此，政府和監管機構通常會採取措施防止這些機構倒閉。TBTF概念反映了現代金融體系中大型金融機構的重要性和脆弱性。雖然政府和監管機構採取了多種措施來降低這些機構的系統風險，但TBTF問題依然存在，持續的監管和改革是確保金融系統穩定的關鍵。

8. 具損失吸收能力（Total Loss Absorbing Capacity, TLAC）債券係為保護公眾利益或發行人因資產不足以抵償債務、不能支付其債務或有損及存款人利益之虞等業務、財務狀況顯著惡化之情事，須依註冊地國主管機關指示以減記本金或轉換為股權方式吸收損失性質之債券。

士信貸集團（Credit Suisse Group AG）後，正進行瑞士銀行（UBS AG）及瑞士信貸銀行（Credit Suisse AG）全球據點整併作業。瑞士信貸銀行台北證券分公司目前辦理證券及期貨經紀業務，同時擔任瑞士信貸銀行倫敦分行境外結構型商品在台發行人，配合集團規劃，爰申請解散及終止營業，並訂定最後營業日為2024年5月31日。

在政府撮合之下，瑞銀集團同意收購瑞信，而政府希望藉此遏止信心危機蔓延，以免引發全球金融市場的多米諾骨牌效應。在對瑞信的援助機制上，瑞士官方原則上在處理有問題機構時，會要求金融機構在FINMA強制將損失轉化為自救（bail-in[9]）債務之前，將所有股東和資本工具被完全消除／完全註銷，且遵循債權人權益不劣於停業清理原則（No Creditor Worse off than in Liquidation, NCWOL），即要求為債權人提供賠償，以使其至少獲得與清算相同之賠償；而對外瑞士央行立即宣布提供1,000億瑞郎的支援給瑞士銀行，同時為瑞士銀行所接管的資產提供90億瑞郎的擔保，以降低瑞士銀行可能的損失，期能降低事件擴散效應，但是此舉不僅招致了股東反彈，且一般瑞士民眾也不滿納稅人的錢將會受到影響，因外界質疑聲浪不斷，瑞士檢察官正在查明在這起倉促達成的交易中是否有涉及違法行為。

在正常的減記情況下，在CoCo Bond AT1債券面臨虧損前，股東應該是第一個承受損失者。然而，在瑞銀收購瑞信這樁由瑞士政府撮合的交易案條件下，瑞士央行處理瑞士信貸問題時，將瑞信應急可轉債減記[10]為零，但瑞信普通股股東卻可獲得30億瑞郎的瑞士銀行股票，有違市場對資本結構中「普通股應優先減記、應急可轉債次之」的認知，可謂無視市場慣例。

觀察ICE美銀應急資本總報酬指數（CoCo Index）在2/2～3/17下跌12%（參考圖2-1-1），以及近期歐美的銀行風暴已經導致CoCo債價格承壓看來，此舉將

---

9. 瑞信有350億瑞郎的普通股權一級資本（Common Equity Tier 1, CET1），這是在任何干預情境下的第一個承擔損失的緩衝資本，其次是160億瑞郎的AT1債券，然後是總值598億瑞郎的自救（bail-in）優先債。

10. 在減記一項中，瑞信提及，如果出現「緊急」（Contingency）或「持續經營事件」（Viability）時，票據的全額本金可能會被強制且永久減記，而在出現上述事件時，這些債券也不得轉換為股票。很明顯，在瑞士政府和央行為瑞銀接管瑞信提供這麼多擔保和流動性支援工具的背景下，勢必已經觸發「不可持續經營」（Point of Non-Viability, PONV）的條件。

讓應急可轉債市場（整體規模達2,750億美元）的參與者思考未來各國央行是否會採取或是仿效類似的作法，可能影響未來對應急可轉債的投資需求，以及銀行未來發行應急可轉債的發債成本。

圖2-1-1　ICE美銀應急資本總報酬指數（CoCo Index）

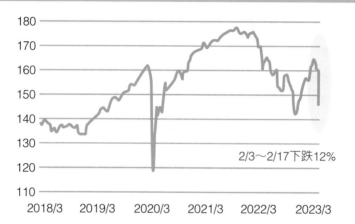

2/3～2/17下跌12%

● **表2-1-1　瑞信總損失吸收能力截至2022/6/30為969億瑞郎，占風險性資本的35.2%**

全球系統性銀行框架／巴賽爾框架之下
瑞士信貸的TLAC Ratio／CET1 Ratio均名列前茅

發行機構	TLAC Ratio 2022/6/30	排名	發行機構	CET1 Ratio 2022/6/30	排名
瑞士信貸	35.20%	1	瑞士銀行	14.20%	1
瑞士銀行	33.66%	2	巴克萊	13.60%	2
德意志	31.00%	3	瑞士信貸	13.50%	3
巴克萊	30.90%	4	德意志	13.00%	4
法國興業	29.20%	5	法國興業	12.90%	5
美國銀行美林	27.80%	6	摩根大通	12.20%	6
摩根大通	27.40%	7	法國巴黎	12.20%	7
花旗	26.60%	8	花旗	11.90%	8
法國巴黎	26.00%	9	美國銀行美林	10.50%	9

資料來源：Credit Suisse 2Q22 Financial Report。

2-2 美國存託憑證ADR（American Depositary Receipts）/股神巴菲特投資台積電

一、股神巴菲特投資台積電

在2022年第三季，股神華倫·巴菲特（Warren Buffett）旗下控股公司波克夏·海瑟威[11]（Berkshire Hathaway）在13F報告[12]中披露，斥逾41億美元（約合新台幣1,280億），揮金買下了6,010萬股台積電[13]美國存託憑證ADR（American Depositary Receipts, ADR），持股比重近1.4%（參考表2-2-1），並一度躍升成為台積電第五大股東。

然而，沒想到一向以價值投資為主的巴菲特，才短短一季的投資持股，卻在第四季時，轉手賣出了台積電ADR約5,180萬股，相當於大砍了手中86%的台積電ADR持股，持股僅剩829萬股，持股價值僅剩下6億1,770萬美元。消息一出，不但造成台積電ADR當日盤後重挫，投資市場對股神大賣台積電的策略更是議論紛紛。

---

11. 波克夏（Berkshire Hathaway Inc.）是一家總部位於美國內布拉斯加州奧馬哈的多元化控股公司，由華倫·巴菲特（Warren Buffett）領導。波克夏在全球範圍內投資和擁有眾多子公司，其業務領域涵蓋保險、鐵路運輸、公用事業、製造業、零售業等多個行業。波克夏以其獨特的經營模式和卓越的投資業績，在全球商業界占據了重要地位。其成功不僅在於具體的投資回報，更在於其長期價值投資理念的廣泛認可和應用。

12. 13F報告是美國證券交易委員會（United States Securities and Exchange Commission, SECS）規定管理資金超過1億美元的投資機構需要每一季公布該機構他們所持有的股票，也就是他們必須公告上一季他們買了哪些股票，網路上一般稱為13Filings或SEC Form 13F。

13. 台積電（TSMC, Taiwan Semiconductor Manufacturing Company）是全球領先的半導體製造公司，總部位於台灣新竹市。作為專業代工（Foundry）服務的先驅，台積電為眾多國際知名的IC設計公司提供晶圓製造服務。台積電作為全球領先的半導體製造公司，憑藉其卓越的技術實力和強大的市場地位，已成為全球科技產業的重要支柱。面對未來，台積電將繼續致力於技術創新和全球擴展，以應對不斷變化的市場需求和挑戰。

圖2-2-1 華倫‧巴菲特旗下控股公司波克夏‧海瑟威的13F報告

資料來源：美國證券交易委員會（United States Securities and Exchange Commission, SECS）。

2023年4月11日巴菲特親自對外解釋，波克夏公司大砍台積電ADR持股，主要是考量到地緣政治緊張。但股神還是認為台積電是一家好公司，只是波克夏還有更好的安排。

表2-2-1 華倫‧巴菲特旗下控股公司波克夏‧海瑟威前十大持股

公司	市值（億美元）	投資組合占比
蘋果	1,236.6	41.89%
美國銀行	305.1	10.33%
雪佛龍	237.6	8.05%
可口可樂	224.1	7.59%
美國運通	204.5	6.93%
西方石油	119.4	4.05%
卡夫亨氏	108.6	3.68%
穆迪	60	2.03%
動視暴雪	44.7	1.51%
台積電	41.2	1.39%

資料來源：美國證券交易委員會（SECS），2022年11月14日。

二、美國存託憑證ADR（American Depositary Receipts）

　　一般而言，股票只會在IPO上市[14]地區的市場被買賣交易，也就是說，台股只能在台灣交易，美股則只能在美國買賣。如果不是在本國上市的公司，而想要在當地的投資市場被交易股票，就必須透過存託憑證DR（Depositary Receipts）的方式，將公司股票交付給當地存託機構，發行以當地幣值計價的股票憑證，出售給海外投資人。

　　存託憑證（DR），即外國公司於本國發行股票之前，以本國的存託機構為受託人，將欲發行的股份，轉交予受託人，由受託人進行信託保管，同時由受託人開立收據給該外國公司，其所開立的收據，就叫做存託憑證，惟該憑證係存放於存託機構。

　　而依照發行地的不同，海外存託憑證會有不同的名稱。舉例來說，非美國的上市公司，在美國發行存託憑證就稱為美國存託憑證ADR；非台灣的上市公司，在台灣發行存託憑證就稱為台灣存託憑證TDR（Taiwan Depositary Receipts）；而能在兩個以上的股票市場買賣交易，就稱為全球存託憑證GDR（Global Depositary Receipts）。

　　簡言之，ADR是美國存託憑證的簡稱，指的即是美國以外的外國上市公司，到美國來掛牌上市。美國存託憑證（ADR）即是向美國的投資者發行並在美國的證券市場進行交易，透過減少或消除交易延誤[15]、高額交易成本[16]以及跨國交易[17]等的諸多不方便，以利美國的投資者來購買非美國證券，以及讓非美國公司的股票可以在美國的證券市場上交易。

---

14. IPO（Initial public offering）即是首次公開發行掛牌上市。

15. 外國人直接投資國外有價證券，往往會面臨時差、語言、交易制度等障礙，而購買存託憑證，相當於購買其國內有價證券，並依照當地交易制度與法律，可保障交易安全性及便利性。

16. 投資人購買存託憑證較直接投資外國有價證券之成本低、時效快；且存託憑證之股利及過戶等股務作業，可由存託機構及保管機構代辦，替投資人省去許多困擾。另外，購買存託憑證可免去直接投資外國有價證券在保管及運送上的風險與費用。

17. 就法律面而言，存託憑證乃依投資人本國之法律，可避免國際法上適用法律之問題，假設持有人身故時，得經由本國法律而進行繼承或適用本國公司法規定。

美國存託憑證（ADR）是一種非常有用的投資工具，對投資人來說只需開設美國本國帳戶，即可投資國際股票，無需面對複雜的國際結算問題[18]。對發行ADR的公司來說，不只能募集到美國投資人的資金，更能提升該企業在美國投資市場的知名度，可以說是一舉兩得的增資方式，而且對企業跨國發展有很好的助益。而對美國的投資人來說，由於存託憑證是以當地貨幣來計價，在購買ADR時相對不需考慮國外的交易制度、匯率等相關成本，可用購買美股的方式，簡單地買到非美國公司的股票。

投資人若想瞭解台灣有哪些上市公司已經在海外發行存託憑證，可以透過臺灣證券交易所網頁，依照以下的路徑進行查詢：臺灣證券交易所→交易資訊→三大法人→國內上市公司發行海外存託憑證彙總表。

● 圖2-2-2　國內上市公司發行海外存託憑證彙總表（2023年4月18日）

資料來源：臺灣證券交易所官網（https://www.twse.com.tw/zh/trading/foreign/fmgdrk.html）。

總而言之，台積電ADR就是台積電到美國紐約證券交易所申請掛牌上市的股票憑證，而台積電ADR代號就是TSM。因此，不論投資人購買的是台積電ADR，還是在台灣股票市場掛牌上市的台股台積電（股票交易代碼2330），買到的都是

---

18. 於匯率兌換上，由於存託憑證是以發行地之貨幣為計價單位，故投資人不必負擔匯率變動風險及轉換成本費用，亦可免除匯兌作業之麻煩。

同一家公司，只是上市地點和購買的幣別不同，而兩者最大的差別則是交易成本以及可能產生的「折溢價[19]」。

圖2-2-3　台灣積體電路製造ADR走勢圖（2023年4月18日）

請用手機掃此QR Code
即可於網頁檢視。

三、存託憑證折溢價分析

理論上，存託憑證和發行公司的普通股權利義務一樣，例如：在美國買到台積電發行的存託憑證，擁有與台積電普通股投資人相同的權利與義務。而兩者股價會有連動關係，則是因為所在地區與市場不同，股價會有不同的漲跌幅度，所以才產生「折溢價」的情況。

簡言之，ADR折溢價意思是指利用ADR價格轉換為原股股價時，出現價格上的不一致，而部分投資人會以此來作為投資套利的手段，操作上就是買進原股或ADR兩者間比較便宜者，並賣出原股或ADR較貴者。

當ADR轉換後的價格與原股股價不相同這種折溢價的情形產生時，若是溢價則代表外國投資人比較看好；反之，若是折價則代表外國投資人比較不看好。例如：當台積電ADR（TSM）溢價，表示外國投資人對投資台積電ADR非常有興趣，但如果台積電ADR溢價過高，則建議台灣投資人直接購買台積電台股（2330）就好，否則就等於買貴。

由於投資標的相同，ADR的價格走勢通常與原股之間有很高程度的關聯，不過，兩者價格雖有連動關係，但也不是絕對的。再者，由於加上兩地時差關係，

---

19. 存託憑證的折溢價是指存託憑證的市場價格與其基礎股票（即實際股票）在原始市場價格之間的差異。這種差異可能反映多種因素，包括匯率波動、市場供需、交易成本、資訊不對稱和市場情緒等。存託憑證的折溢價是一個反映市場動態和多重因素相互影響的複雜現象。投資者應該深入理解這些因素，並運用相應的策略來管理風險和機會。

美股開盤時間為台灣的晚間，許多投資人會用ADR當成是買進台股對應股票的參考點[20]。

因此，台灣的投資人才會時常以前一天台積電ADR的表現來判斷隔日台股的漲跌，意即若昨晚的台積電ADR出現大漲的情形，今天台股開盤時台積電股價就有很高機率同樣出現大漲。

不過，兩者價格雖有連動關係，但也不是絕對的。投資人想知道ADR與原始股票價格怎麼換算，就必須先查詢換股比例，理解ADR跟原始股票通常並不是1：1進行兌換。例如：1單位的台積電ADR（TSM），相當於5股台積電台股（2330）股票，而且經過匯率換算之後，這之間就會存在些許價差。

將ADR股價轉換成台灣股價的公式為：ADR股價÷換股數×匯率＝台灣股價。

以下我們舉個案例來說明。

如果用2023年4月18日台積電台股的收盤價數據來算，台積電台股收盤價為515元；而台積電ADR在4月18日的收盤價則是87.99美元（參考圖2-2-3），匯率使用台灣銀行即期匯率的買賣中價30.52元來計算。套入上述公式換算，我們可以得出ADR折合1股台股價值約為537元（87.99÷5×30.52=537.09）。

以4月18日的價格為例，台積電台股價格為515元，台積電ADR折合台幣約為537元，等於溢價4.29%〔(515-537.09)÷5377.09×100%〕，這些數據都很清楚地呈現在適合投資人查詢的網頁上（參考圖2-2-3）和交易應用程式APP。當ADR比原股價還貴的情況，就稱為「溢價」；反之，當ADR比原股價還便宜時，就是「折價」。

最後，我們也簡單換算一下2022年第三季巴菲特投資台積電ADR時，換算當時台積電台股價格大約落在426元〔每單位ADR成本68.55美元×31.1（台幣匯率）÷5（每單位ARD表彰5股）＝426元〕。波克夏大砍台積電ADR持股，形同錯失台積電ADR今年18.86%漲勢（計算至2023年4月18日台積電ADR價格87.99美元）。

---

20. 台灣投資人投資美國存託憑證（ADR, American Depositary Receipt）可以透過多種方式進行。ADR代表的是非美國公司在美國交易所上市的股票，方便美國和其他國家的投資人投資這些公司。台灣投資人可以透過開設國際證券帳戶、外幣存款帳戶，進行外匯交易，選擇和研究ADR，並下單交易來投資ADR。在此過程中，投資人應注意交易費用、匯率風險、市場風險、資訊透明度和稅務問題。充分的研究和謹慎的策略將有助於有效管理風險，實現投資目標。

2-3 指數股票型基金ETF（Exchange Traded Fund）／台股定期定額

一、台股定期定額

　　臺灣證券交易所為了協助投資人能長期投資股市，並使證券商得以強化協助客戶進行資產配置，進而掌握客戶金流，並開發新目標客層，達到活絡股市及擴大證券商經營範圍之目的，自2017年1月16日起，臺灣證券交易所參考現行投資人以定期定額方式申購基金之作法，增訂「證券商受託辦理定期定額買賣有價證券作業辦法」，推動證券商得辦理客戶定期定額方式購買股票與指數股票型基金ETF（Exchange Traded Fund）此兩類投資標的[21]，投資人自始即可洽辦本項業務之證券商[22]以定期定額方式[23]投資股票及ETF。

---

21. 投資標的：定期定額投資標的以可中長期投資之股票及ETF為限，由證券商訂定標的選定標準，但不含槓桿反向指數股票型證券投資信託基金受益憑證及槓桿反向指數股票型期貨信託基金受益憑證。選定之標的經證券交易所或櫃檯買賣中心依相關章則公告變更交易方法或列為處置有價證券者，證券商應於定期定額交易日停止買進該等證券。

22. 有辦理定期定額業務證券商之資訊，請上臺灣證券交易所首頁＞產品與服務＞證券商服務＞「證券商辦理定期定額業務資料」查詢。

23. 台灣股市（台股）定期定額投資（Dollar-Cost Averaging, DCA）是一種長期投資策略，投資人定期投入固定金額於特定股票或基金，不論市場價格如何波動。這種方法有助於分散風險，降低單次投入的風險。台股定期定額投資是一種有效的長期投資策略，適合於希望穩健增長資產的投資人。透過選擇合適的證券公司和投資標的，設定合理的投資計畫，並保持長期投資心態，投資人可以利用定期定額方式實現分散風險和資產增值的目標。在此過程中，注意費用結構、風險管理和定期檢視投資組合是成功的關鍵。

圖2-3-1　證券商辦理定期定額業務資料（2023年4月22日）

資料來源：臺灣證券交易所官網（https://www.twse.com.tw/zh/trading/foreign/fmgdrk.html）。

　　臺灣證券交易所在其定期定額投資股票及ETF專區的網頁上，即特別強調，定期定額投資股票及ETF，買進之標的以中長期投資為原則，並以股票及ETF為限，由證券商訂定選訂標準，但是排除槓桿／反向ETF。

　　另外處置有價證券或變更交易方法有價證券[24]不宜為定期定額標的（多屬價格波動異常或財務業務狀況較差之有價證券），所以如果投資人定期定額投資標的在定期定額交易日剛好是處置有價證券或變更交易方法有價證券的話，證券商會停止幫投資人買進該等證券。

圖2-3-2　宣傳海報：定期定額投資股票及ETF

請用手機掃此QR Code
即可於網頁檢視。

資料來源：臺灣證券交易所官網（https://www.twse.com.tw/zh/trading/foreign/fmgdrk.html）。

---

24. 臺灣證券交易所股份有限公司公布或通知注意交易資訊暨處置作業要點第六條：https://twse-regulation.twse.com.tw/m/LawContent.aspx?FID=FL007225。

二、指數股票型基金ETF（Exchange Traded Fund）

　　ETF英文原文為Exchange Traded Fund，中文稱為「指數股票型基金」，是一種在證券交易所上市交易的開放式基金[25]，由投信公司發行，追蹤、模擬或複製標的指數之績效表現。

　　ETF兼具開放式基金以及股票之特色，上市後可於初級市場[26]進行申購或買回[27]，亦可於次級市場[28]盤中交易時間隨時向證券商下單買賣[29]。

　　現行上市的ETF，依法規架構分類，可分為三大類型，包括證券投資信託ETF（證信託ETF）、期貨信託ETF（期貨ETF）及跨境上市ETF（境外ETF）[30]。（參考圖2-3-3）

---

25. 開放式基金是一種投資工具，通常由一家基金管理公司（Fund Management Company）管理。這種基金以集合投資的方式，從投資者那裡籌集資金，用於投資各種金融資產，如：股票、債券、貨幣市場工具等。開放式基金是一種方便、流動性高並且能夠提供多樣化投資機會的投資工具。投資者在進行投資前應詳細瞭解基金的特點、費用結構和風險，並根據自己的投資目標和風險承受能力做出適當的選擇。

26. 初級市場是指公司首次發行證券（例如：股票或債券）並將其出售給投資者的市場。在初級市場中，公司直接將新發行的證券出售給投資者，並且所籌集到的資金直接流入公司的資本結構中。初級市場是企業籌集資金的重要途徑之一，也為投資者提供了參與企業發展的機會。然而，投資者應該在參與初級市場投資前，深入瞭解相關風險和潛在收益。

27. 在初級市場，ETF的申購和贖回主要是由授權受益人（Authorized Participants，APs）透過與基金管理公司（或其指定的機構）進行大宗交易完成的。總的來說，初級市場中的ETF申購和贖回是透過APs與基金管理公司進行大宗交易完成的。這個過程有助於維持ETF的市場流動性和價格穩定性。

28. 二級市場是指已經發行的證券在證券交易所或其他交易平台上進行買賣的市場。在這個市場上，投資者可以透過交易平台買入和賣出已發行的證券，而這些證券的賣方可能是其他投資者，而不是發行公司本身。總的來說，二級市場是投資者進行證券交易的主要場所，提供了證券的流動性和價格發現機制，是市場上資金和風險的重要媒介。

29. 對於ETF，次級市場交易是指在證券交易所或其他交易平台上進行的購買和出售ETF股份的活動。ETF的市場價格可能會與其淨資產價值（NAV）存在一定的溢價或折價。總的來說，ETF在次級市場上的交易具有高流動性、價格透明度和交易彈性等特點，為投資者提供了一種便捷的投資方式，可以根據市場情況靈活調整投資組合。

30. 直接跨境ETF（Direct cross-border ETF）是指投資者可以直接在其所在國家以本地貨幣進行交易的跨境交易型基金（ETF）。這些ETF通常由境外基金管理公司註冊和管理，但可以在其他國家的證券交易所上市，並且可以以當地貨幣進行買賣。直接跨境ETF為投資者提供了一種更為便捷的投資海外市場的方式，同時可以幫助投資者實現風險分散和多樣化投資。投資者在選擇投資直接跨境ETF時，應詳細瞭解其特點、優勢以及相關的風險和成本。

圖2-3-3　ETF種類

請用手機掃此QR Code
即可於網頁檢視。

資料來源：臺灣證券交易所官網（https://www.twse.com.tw/zh/products/securities/etf/
overview/introduction.html）。

　　元大台灣卓越50證券投資信託基金0050[31]（基金簡稱：元大台灣卓越50基金）是台灣第一檔ETF，2003年由元大投信（原寶來投信）發行，至今已進入第20個年頭。

　　元大台灣卓越50基金0050主要買進台灣加權股價指數中市值最大的50檔股票[32]，成為第一檔市值型ETF[33]。隔了3年後，元大投信又發行了第二檔ETF，元大台灣中型100證券投資信託基金0051[34]（基金簡稱：元大台灣中型100基金），買進市值排第51到150名的股票。0050和0051這二檔ETF涵蓋台灣市值最大的150家公司。

　　近年來，台灣投資人偏好高股息ETF，即使2022年股市受挫，高股息ETF仍然持續受到青睞，許多基金公司也跟進搶發高股息ETF。不過進入2023年，市值型ETF陸續登場，從長期投資績效來看，預期將成為另一個投資新主流。

---

31. 0050是臺灣證券交易所上市的元大台灣50ETF，是一種追蹤臺灣50指數的交易型基金（ETF）。0050的投資目標是追蹤臺灣50指數的表現。臺灣50指數是臺灣證券交易所的指數之一，代表了台灣股市中50家市值最大的公司。

32. 0050的投資策略主要是追蹤臺灣50指數的表現，基金會根據指數成分股的權重動態調整投資組合，以確保與指數的表現相匹配。

33. 市值型ETF是一種追蹤特定市值加權指數的交易型基金（ETF）。這類ETF的投資策略是將資金投資於市場上的股票，並根據各個股票在指數中的市值比重來配置資產組合。市值型ETF通常追蹤特定的市值加權指數，這意味著其投資組合中的每支股票的權重取決於其在指數中的市值。市值型ETF是一種便捷且成本較低的投資工具，為投資者提供了實現市場投資的方式。投資者在選擇市值型ETF時，應詳細瞭解其追蹤的指數、成分股、費用結構以及相關的風險因素。

34. 編製公司為臺灣證券交易所與FTSE英國富時國際有限公司合作編製，成分檔數為臺灣證交所市值前51至150名之成分股，共100檔。元大台灣中型100 ETF採用完全複製法，即完全按照「臺灣中型100指數」的成分股比例進行投資。這意味著該ETF會持有指數中所有成分股，並按照指數的權重比例配置資產。

● 圖2-3-4　元大台灣卓越50證券投資信託基金之基本資訊 ●

請用手機掃此QR Code
即可於網頁檢視。

資料來源：元大投信官網（https://www.yuantaetfs.com/product/detail/0050/Basic_information）。

● 圖2-3-5　元大台灣卓越50證券投資信託基金之ETF特性（2024/4/30）●

請用手機掃此QR Code
即可於網頁檢視。

資料來源：元大投信官網（https://www.yuantaetfs.com/product/detail/0050/Basic_information）。

三、定期定額方式購買股票與指數股票型基金ETF

　　近年來，定期定額方式購買股票與指數股票型基金ETF的投資方式，逐漸獲得投資人的接受以及青睞。數據會說話，根據中華民國證券投資信託暨顧問商業同業公會（簡稱投信投顧公會）最新統計，2023年3月台股ETF規模首度突破兆元大關達1.006兆元，受益人數攀高至468.3萬人。

　　在債券ETF部分[35]，隨著美債殖利率屢見高點（2023/3/6美國10年期公債殖利率3.96%），散戶持續大舉進場卡位高殖利率，在債券散衆化趨勢以及低基期的利多之下，投資人湧進債券市場，債券ETF受益人數達到32.6萬人，規模則達到1.39兆元，超過2020年8月的1.38兆元，受益人數和規模同步創下新高。綜觀ETF總規模達到了2.71兆元，受益人數達到了630.1萬人，雙雙締造新猷。

---

35. 債券ETF是一種投資於債券市場的交易所交易基金（ETF），旨在提供債券投資的多樣化和便捷性。債券ETF是追蹤債券指數的基金，並且在交易所交易，類似於股票ETF。投資者可以透過債券ETF獲得債券市場的分散投資，通常包括政府債券、公司債券、高收益債券和國際債券等。

其中國泰台灣ESG永續高股息ETF基金00878（簡稱國泰永續高股息，基金之配息來源可能為收益平準金[36]），根據臺灣集中保管結算所（簡稱集保中心）統計，國泰永續高股息00878上市不久（掛牌上市日期2020/7/20），在「季配息＋高股息」的優勢下，成為首度有ETF受益人數突破百萬關卡達102.9萬人，登上台股ETF人氣王；而規模1,851億元，則僅次於0050的2,784億元（受益人數67.6萬人）以及元大台灣高股息證券投資信託基金0056（基金簡稱：元大台灣高股息基金）的1,989億元（受益人數93.4萬人），成為市場規模第三大ETF。而0056、0050和00878此三檔ETF規模合計占台股ETF比例超過六成五以上規模，受益人數合計占台股ETF比例超過五成六以上受益人數。

從臺灣證券交易所2023年4月18日公布資料顯示，台股第一季大戶（單季成交值逾5億元）及中實戶（單季成交值1億元至5億元）人數雙雙下降，分別季減12.85%、10.33%，但散戶卻持續加碼進場，季增4.75%，當中與散戶人數息息相關並代表中長期資金的定期定額投資金額，更從2月的50.6億元跳增至3月的81.07億元，超越2022年3月間創下的65.18億元紀錄，月增61%，創歷史新高。

展望ETF投資市場，三大法人[37]看好市值型、高股息以及債券型三類ETF將持續受到關注，也是今年投資布局重心。

---

36. 收益平準金（Equalization Reserve）是指投資基金，尤其是開放式基金（如：共同基金或債券基金）用來平滑投資者間收益分配的機制。這種作法的主要目的是確保新投資者和現有投資者之間的收益分配公平，防止不公平的收益分配情況出現。假設某基金的累積收益為每份額0.50元，並且即將派發收益。新投資者在派發前購買了1,000份額，根據收益平準金機制，他們需要支付500元（1,000份×0.50元）的收益平準金。這筆資金將用於補充基金的累積收益，確保新投資者和原有投資者在收益分配時都能公平對待。

37. 台灣股票市場的三大法人是指外資、投信、自營商。

2-4 現金減資／航海王長榮海運

一、公司減資的三種情況分析

減資是指公司將部分發行在外的股票收回註銷，一般而言，公司減資有三種情況，分別說明如下。

1. 庫藏股註銷減資

公司減資的第一種情況是實施庫藏股[38]制度的公司買回自家公司的股票，並將庫藏股註銷減資。通常公司買回自家公司股票並加以註銷的主要原因，不外乎是股本過高，公司實施庫藏股減資後可以提高每股盈餘；或是公司經理人認為自家股票價格被市場低估，希望藉由實施庫藏股減資以提高每股價格並向投資人傳遞股票價格被低估的訊息；又或者是公司經理人希望藉由庫藏股制度拉抬自家股票價格來替特定人護盤。

此外，當經營者發現有人大量收購公司股票，這時候為了防止惡意併購，公司多以較好的價格來收購庫藏股，除了能提升自身股權比例，也有機會拉抬股價。

2. 虧損減資

公司減資的第二種情況是嚴重虧損的公司藉著減資打掉累積虧損，讓公司有重新出發的機會，通常公司獲利不佳才會實行，直接把部分流通在外的股票取消，藉此彌補累積的虧損，股東持有的股數會減少，而且不會拿到任何現金。

尤其是長年虧損的公司往往希望以私募方式引進特定人士或企業參與經營，而參與私募者為求快速提升獲利，通常都會在應募前要求公司先辦理減資，清理累積虧損。過去因嚴重虧損而辦理減資的公司，著名的例子有茂矽、旺宏、英群與漢磊等電子公司。

---

38. 庫藏股（Treasury Stock）是公司自己所發行的股票，但現在被公司本身收回或購回，並未註銷，而是被放在公司的資產部分。這些股票不再被視為在市場上公開流通的股票，也不計入發行在外的股份總數中。庫藏股通常是由公司出於各種原因進行的收購，例如：股票回購計畫、合併收購、防禦性收購等。總的來說，庫藏股是公司回購自己發行的股票後持有的股份，其作用包括提高股價、支持市場價格、彈性使用資本等。然而，在使用庫藏股時，公司需要考慮到法律、監管和股東的限制，以確保合法、合規且符合利益最大化的使用方式。

而在這種情況之下，**虧損減資之後的股價計算公式：股價÷（1－減資比例）**[39]。

3. 現金減資

公司減資的第三種情況則是處於獲利的公司以現金將資本還給股東，也就是所謂現金減資，著名的例子有2006年晶華酒店每股退還股東現金7.2元並註銷72%的股份（即減資72%）。

通常公司辦理現金減資的主要原因，不外乎是下列這三個原因。第一個原因是公司現金太多又沒有值得進行的投資計畫，因此辦理現金減資，把資金還給股東。第二個原因是公司希望適度降低股本，提升股東權益報酬率（returns on equity, ROE），進一步可能帶動股價上揚，某種程度滿足大股東拉抬股價的需求。

第三個原因則是股東需要資金進行其他投資。而在這種情況之下，**現金減資股價計算公式：（股價－退還現金）÷（1－減資比例）**[40]。

二、長榮海運現金減資案分析

1. 長榮海運現金減資股票換發作業

2022年台股最具代表性的重量級現金減資案為長榮海運[41]，長榮海運在2022年9月7日股票暫停交易並進行現金減資六成的股票換發作業，9月19日新股重新掛牌上市。

長榮海運在2022年3月15日宣布減資六成，一張1,000股的股票，減資後變成400股，減資後長榮海運資本額從529.10億元變成211.64億元。同時也宣布將會配發現金股利18元，再加上每股6元的現金還給股東，總計每一張股票會拿到24元現金股利。

---

39. 假設一檔股票的股價是75元，你擁有1,000股，公司宣布減資25%，股價會有何影響？減資25%，也就是1,000股減到750股，減資後新股價＝75÷（1－25%）＝100元。

40. 假設一檔股票的股價是75元，你擁有1,000股，減資30%，每股退還現金5元，股價會有何影響？減資30%，也就是1,000股減到700股。減資後新股價＝（75–5）÷（1－30%）＝100元。

41. 長榮海運（Evergreen Marine Corp.）是一家總部位於台灣的國際海運公司，是全球最大的集裝箱船運公司之一。長榮海運成立於1968年，其業務範圍涵蓋集裝箱航運、貨櫃運輸、船務代理、貨櫃租賃等領域。長榮海運作為全球領先的海運公司之一，在國際貿易和物流領域扮演著重要角色，為全球客戶提供優質的運輸服務。

　　2022年9月台股市場除了長榮海運重量級現金減資案登場之外，9月7日暫停交易辦理減資的股票有金像電和華上，其中金像電是現金減資一成，而華上則是虧損減資，這兩檔股票與長榮海運一樣，在9月19日新股重新掛牌上市。

　　緊接著減資的股票還有點晶、沛亨、好樂迪、熒茂、元隆、華冠、長興、友達、群創、達能、合勤控、十銓、易威、育富、中環、及成、云辰、美隆電等。

2. 股票減資恢復買賣參考價格

　　一般而言，投資人通常會聚焦在長榮海運辦理現金減資之後的合理股價，即9月19日新股掛牌股價的表現。以2022年9月6日最後交易日，配發現金股利18元，終場股價收在每股80.8元，以前述現金減資股價計算公式試算，或是直接登錄臺灣證券交易所網頁上**「退還現金股款減資參考價格試算」**平台上計算，可以得到9月19日重新掛牌參考價約在187元。

● **圖2-4-1　2022年9月1日至2022年9月30日股票減資恢復買賣參考價格** ●

資料來源：臺灣證券交易所（https://www.twse.com.tw/zh/announcement/reduction/twtauu.html）。

図2-4-2 上市公司普通股減資

資料來源：臺灣證券交易所（https://www.twse.com.tw/zh/announcement/reduction/twtavu-detail.html?2603,20220906）。

2-5 保險科技運用共享平台／理賠聯盟鏈2.0

一、保險科技運用共享平台

　　為了提高保險服務的便利性以及資安保護，並積極推動普惠金融[42]和落實數位平權，在保險科技運用共享平台[43]的架構之下，中華民國人壽保險商業同業公會（簡稱壽險公會）與18家壽險及3家產險業者攜手合作，於2020年推出「理賠[44]保全[45]聯盟鏈」服務（自2020年7月1日起進行試辦，於2021年1月1日起正式開辦），採用區塊鏈技術促進保險服務數位化，透過建立聯盟鏈，對理賠和保全傳輸資訊進行加密和維護隱私，有效提高理賠效率，優化民眾使用保險服務的便利性，藉此解決客戶辦理保險理賠、資料變更等服務之痛點，進而實現普惠金融的目標[46]。

---

42. 普惠金融（Inclusive Finance）是一種金融模式，旨在促進金融服務的普及和覆蓋，讓更多人、特別是貧困人口和小微企業，能夠獲得金融服務，提高他們的金融包容性和金融素養。普惠金融強調將金融服務擴展到傳統金融體系難以觸及的人群和地區，以實現可持續發展目標和減少金融不平等。普惠金融的實踐可以促進經濟的包容性增長，減少貧富差距，促進社會的公平和穩定。對於發展中國家來說，普惠金融還可以促進貧困人口的脫貧和社會的可持續發展。

43. 保險科技運用共享平台是指利用科技手段建立的共享平台，旨在提高保險行業的效率、創新和便利性。這種共享平台可以促進保險公司之間的合作和資源共享，同時也可以提供更好的服務和產品給客戶。在保險科技運用共享平台的建立和運行過程中，需要考慮到數據安全、隱私保護、監管合規等方面的問題，確保共享平台的安全穩定運行。同時，保險科技運用共享平台也需要與保險公司、科技公司、監管部門等各方進行合作，共同推動保險行業的數字化轉型和創新發展。

44. 理賠聯盟鏈服務申辦條件（以國泰人壽為例說明）：⑴限定有效個人人身保險契約之健康保險、傷害保險的醫療保險金給付、失能險及重大／特定傷（疾）病醫療保險金為限，不包含無記名式、旅平險保單及團險保單。⑵被保險人需年滿18歲（含）以上，且受益人須與被保險人為同一人。⑶保險金領取方式限以匯款方式給付予受益人本人之帳戶。

45. 保全聯盟鏈服務申辦條件（以國泰人壽為例說明）：限定個險保單，排除團險及待記名式保單，限人身保險契約的要保人申請。

46. 保險公司可以在共享平台上共享數據、技術、資源和服務，從而提高運營效率和成本效益。共享平台可以促進保險行業的創新和發展，吸引更多科技公司和創新企業參與保險業務，推動保險科技的應用和發展。共享平台可以促進保險行業的創新和發展，吸引更多科技公司和創新企業參與保險業務，推動保險科技的應用和發展。共享平台可以提供更先進的風險管理技術和工具，幫助保險公司更好地評估和管理風險，降低損失和風險。

在新冠肺炎疫情衝擊下，為了加速推動保險業無接觸服務之普及，壽險公會於2021年推出「保險理賠醫起通」服務，將理賠作業觸角延伸至醫院，透過客戶授權醫療院所與保險公司進行資料傳輸交換，提升理賠效率，也就是保戶可以「理賠醫起通」申請方式，授權醫院透過保險科技運用共享平台傳送其醫療單據資料予指定之保險公司達成一站式之理賠申請。

舉例來說，以國泰人壽為例（參考圖2-5-1），申請流程為先透過國泰人壽業務員以行動理賠方式提出申請，可透過授權醫院傳輸醫療單據影像（含診斷證明書、醫療費用證明等）給保險公司作為理賠申請文件。

接著，若保戶同意轉送，則由國泰人壽透過保險科技運用共享平台傳送理賠申請書內容至保戶指定之合作保險公司一併申請，後續將由各家保險公司向指定醫院申請醫療影像（含診斷證明書、醫療費用證明等）。

圖2-5-1　國泰人壽官網之聯盟鏈＆保險理賠醫起通

請用手機掃此QR Code
即可於網頁檢視。

資料來源：國泰人壽官網（https://www.cathaylife.com.tw/cathaylife/services/union-claim-change）。

二、保險存摺

此外，壽險公會於2022年6月推出「保險存摺[47]」平台，是由壽險公會、中華民國產物保險商業同業公會（簡稱產險公會）與22家壽險、14家產險公司及合作廠商中華電信、臺灣網路認證公司，在現行保險科技運用共享平台基礎上建置完成。保險存摺服務，讓民眾於加入白金會員[48]後，能夠即時、隨時、隨地透過手機查詢自己的人身保險資訊，進而瞭解自己的投保狀況及評估保障缺口，讓民眾更能掌握自己的保險資訊及保障規劃的主導權。

---

47. 保單存摺查詢平台：財團法人保險事業發展中心（https://epassbook.tii.org.tw/PISBK_QRY/login）。
48. 保險存摺分為免費的普通會員及收取年費的白金會員兩種類型，其中，普通會員免費，但僅能總覽保單；白金會員則是首年繳交新台幣100元年費，可進一步享有查閱保單資訊、下載投保紀錄、線上申請保險理賠等功能。

　　壽險公會也響應金管會及保險局推動「數位身分認證及授權」政策目標，在2022年12月20日報奉保險局核准，推出「理賠聯盟鏈2.0」試辦案，現在保戶只要透過「手機＋身分證」或「保險存摺帳號」即可進行數位身分認證，並可連結到有投保的各保險公司申請理賠，並透過結合電子簽署技術，實現無紙化理賠服務，讓民眾出院後不必奔波申請保險理賠，大幅降低了時間和成本的耗費。

2-6 保險安定基金／幸福、國寶人壽清理工作

一、保險安定基金

　　財團法人保險安定基金（以下簡稱保險安定基金）乃依據「保險法第143-1條[49]」與「財團法人保險安定基金組織及管理辦法第2條[50]」設立。只要查詢保險安定基金官方網站，即可瞭解，安定基金之設立係基於保險業者為求市場安定，共同集資以互助精神尋求金融之安定，俾落實保障要保人、被保險人及受益人之基本權益。

　　嗣保險法部分條文修正案於2007年7月18日公布施行，為使保險安定基金資源得有效率之整合、建置退場機制作業流程、進行場外監控及強化預警系統，有效掌握保險業經營資訊，協助金融監督管理委員會（以下簡稱金管會）適時監督保險業經營風險，保險安定基金成立為一專責機構將可使保險法賦予安定基金之積極性功能[51]得有效發揮，爰金管會依保險法第143條之1第2項授權規定，修正

---

49. 保險法第143-1條：為保障被保險人之基本權益，並維護金融之安定，財產保險業及人身保險業應分別提撥資金，設置財團法人安定基金。財團法人安定基金之組織及管理等事項之辦法，由主管機關定之。安定基金由各保險業者提撥；其提撥比率，由主管機關審酌經濟、金融發展情形及保險業承擔能力定之，並不得低於各保險業者總保險費收入之千分之一。安定基金累積之金額不足保障被保險人權益，且有嚴重危及金融安定之虞時，得報經主管機關同意，向金融機構借款。

50. 財團法人保險安定基金組織及管理辦法第2條：本辦法所稱安定基金，係指財團法人保險安定基金，由財團法人財產保險安定基金及財團法人人身保險安定基金合併設立之。本辦法所稱主管機關，係指保險法所稱主管機關。安定基金之組織及管理，除法律另有規定外，依本辦法之規定辦理。安定基金設立完成後，承受財團法人財產保險安定基金及財團法人人身保險安定基金之權利義務。安定基金設立完成及承受財團法人財產保險安定基金及財團法人人身保險安定基金之權利義務前，財團法人財產保險安定基金及財團法人人身保險安定基金準用本辦法相關規定。

51. 保險法第143條之3規定，安定基金之動用以下列事項為限：(1)對經營困難保險業之貸款。(2)保險業因與經營不善同業進行合併或承受其契約，致遭受損失時，安定基金得予以低利貸款或墊支，並就其墊支金額取得對經營不善保險業之求償權。(3)保險業依第一百四十九條第三項規定被接管、勒令停業清理或命令解散，或經接管人依第一百四十九條之二第二項第四款規定向法院聲請重整時，安定基金於必要時應代該保險業墊付要保人、被保險人及受益人依有效契約所得為之請求，並就其墊付金額取得並行使該要保人、被保險人及受益人對該保險業之請求權。(4)保險業依本法規定進行重整時，為保障被保險人權益，協助重整程序之迅速進行，要保人、被保險人及受益

「財團法人保險安定基金管理辦法」，名稱並修正為「財團法人保險安定基金組織及管理辦法」。保險安定基金遂於2009年7月3日成立，設立的目的是為消費者提供多一層保護，依法保障要保人、被保險人及受益人的基本權益。

保險安定基金之基金來源，依財團法人保險安定基金捐助章程第六條之規定，分別設置財產保險安定基金專戶及人身保險安定基金專戶，分別收取及保管本基金收入款項，並分別支付各該基金所屬之支出款項[52]。

當保險業被接管、勒令停業清理或命令解散，或經接管人依法向法院聲請重整時，安定基金於必要時應代該保險業墊付要保人、被保險人及受益人依有效契約所得為之請求，並就其墊付金額取得並行使該要保人、被保險人及受益人對該保險業之請求權[53]。

人除提出書面反對意見者外，視為同意安定基金代理其出席關係人會議及行使重整相關權利。安定基金執行代理行為之程序及其他應遵行事項，由安定基金訂定，報請主管機關備查。(5)受主管機關委託擔任監管人、接管人、清理人或清算人職務。(6)經主管機關核可承接不具清償能力保險公司之保險契約。(7)財產保險業及人身保險業安定基金提撥之相關事宜。(8)受主管機關指定處理保險業依本法規定彙報之財務、業務及經營風險相關資訊。但不得逾越主管機關指定之範圍。(9)其他為安定保險市場或保障被保險人之權益，經主管機關核定之事項。

52. 預告「人身保險及財產保險安定基金計提標準」修正草案2023/3/14：「人身保險及財產保險安定基金計提標準」係依據保險法第143條之1第3項授權訂定，依該法規定，保險安定基金由各保險業者提撥，其提撥比率，由主管機關審酌經濟、金融發展情形及保險業承擔能力定之。金融監督管理委員會考量計提標準逐年檢討，因多數修正內容係屬例行性調整，例如：配合年度表達修改適用年度等，為使保險業能因應經營環境情事變化，即時適用新指標計算繳納保險安定基金，已完成計提標準修正草案之研議，將於近期內依法辦理預告。資料來源：https://www.ib.gov.tw/ch/home.jsp?id=239&parentpath=0,2,238&mcustomize=news_view.jsp&dataserno=202303140001&dtable=News。

53. 有關安定基金對於要保人、被保險人及受益人提供之基本權益保障，請參閱財團法人保險安定基金對人身保險業動用範圍及限額規定、財團法人保險安定基金對財產保險業動用範圍及限額規定。

二、幸福、國寶人壽清理工作

2014年8月12日保險安定基金受金管會委託接管幸福人壽[54]、國寶人壽[55]，經金管會核准辦理兩家壽險公司的資產、負債及營業概括讓與公開標售，該標案於2015年3月23日由國泰人壽得標，並於3月27日完成簽約，7月1日由安定基金與幸福人壽、國寶人壽、國泰人壽四方在國泰人壽大樓順利完成交割，這是安定基金第一次同時標售、交割兩家壽險公司，此次以不到1年的時間，一次成功達成接管、標售，並順利移轉交割兩家公司除保留資產、保留負債以外之一切資產、負債及營業等所有業務，為台灣保險史寫下歷史性的一刻。

一路走來，從接管、標售到交割，保險安定基金均秉持保障廣大保戶權益並維護國內保險市場之穩定，期許未來台灣保險公司都能更穩定經營，共同為廣大保戶一起努力，提供最好的保險保障。

時任保險安定基金王儷玲董事長表示，保險安定基金很高興協助幸福、國寶人壽找到國泰人壽這個好歸宿，國泰人壽充分展現保險業善盡社會責任的最佳典範，不僅讓約50萬廣大保戶的保單權益不受損，同時在國泰人壽的誠意及努力下，對現有幸福、國寶人壽835位在職人員發出邀聘者高達814人（97.5%），而後依個人意願，重新收到聘書者有742人（88.9%），可以說兩家公司的員工幾乎都順利銜接到國泰人壽工作，也讓員工的權益得到最好的照顧，維持了社會、金融保險業的穩定，這一向是安定基金處理問題保險業的最大宗旨[56]。

---

54. 幸福人壽保險股份有限公司（以下簡稱幸福人壽）因資本適足率未達保險法第143條之4之法定標準，2013年底淨值為新台幣（以下同）負233億元，財務狀況顯著惡化，經金融監督管理委員會（以下簡稱主管機關或金管會）多次要求幸福人壽辦理增資與研提財務業務改善計畫，惟幸福人壽均未能依限完成增資以有效改善財務狀況，為維護保戶權益及金融市場穩定，金管會於2014年8月12日下午5時30分接管幸福人壽，並委託財團法人保險安定基金擔任接管人。

55. 國寶人壽保險股份有限公司（以下簡稱國寶人壽）因資本適足率未達保險法第143條之4之法定標準，2013年底淨值為新台幣（以下同）負232億元，財務狀況顯著惡化，經金融監督管理委員會（以下簡稱主管機關或金管會）多次要求國寶人壽辦理增資與研提財務業務改善計畫，惟國寶人壽均未能依限完成增資以有效改善財務狀況，為維護保戶權益及金融市場穩定，金管會於2014年8月12日下午5時30分接管國寶人壽，並委託財團法人保險安定基金擔任接管人。

56. 國泰人壽強調，國寶、幸福兩家公司的淨資產雖然為負（兩者合計淨值負561億），但整體規模遠低於國泰人壽（2014年淨值3,270億），加上安定基金墊支金額和金管會的行政配套，整體而言不會影響國泰人壽的股東權益和清償能力。

2-7 再保險／漢諾威國際再保險公司防疫險攤賠

一、再保險

　　根據保險業辦理再保險分出分入及其他危險分散機制管理辦法[57]規定（最新修正日期：2021年3月3日），保險業辦理自留及再保險之分出、分入，應建立風險管理機制，考量其風險承擔能力，制定至少應包括下列項目之再保險風險管理計畫據以執行，並適時檢討修正：

1. 自留風險管理：符合危險特性之每一危險單位，其最大合理損失預估、風險承擔能力、每一危險單位之最高累積限額等管理基準。

2. 再保險分出風險管理：再保險分出方式、原保險契約生效後有安排再保險分出需要時之管理基準、再保險人、再保險經紀人之選擇[58]及再保險分出作業流程等。

3. 再保險分入風險管理：再保險分入之險種、地域、危險單位及累積限額等管理基準。

4. 集團內再保險風險管理[59]：集團內再保險分出、分入之風險管理流程及交易處理程序。

　　我國政府為加強再保險制度，促進國內保險事業之健全發展，於1968年10月31日由財政部設立「中央再保險股份有限公司」（以下簡稱中再保），設立時資本額為新台幣1,500萬元，中再保為國內唯一之專業再保險公司，專營承受與轉分國內、外各種產、壽險再保險業務。

　　中再保為因應企業自由化及國際化的潮流並提升競爭力，已於2002年7月11日完成民營化。中再保迭經多次增資，迄2023年為止，實收資本額已提高為新台幣80.038875億元。

---

57. 全國法規資料庫，法規名稱：保險業辦理再保險分出分入及其他危險分散機制管理辦法。資料來源：https://law.moj.gov.tw/LawClass/LawAll.aspx?pcode=G0390082。

58. 符合下列情形之一者，為適格再保險分出對象：(1)主管機關核准在中華民國境內專營或兼營再保險業務之保險業。(2)經主管機關許可在中華民國境內專營或兼營再保險業務之外國保險業。(3)經國際信用評等機構評等達一定等級以上之國外再保險或保險組織。(4)依照我國法律規定得經營再保險業務之再保險組織、保險組織或危險分散機制。(5)其他經主管機關核准之再保險組織、保險組織或危險分散機制。

59. 集團內再保險分出，指保險業辦理再保險分出對象屬於同一關係企業或同一母公司之子公司。

　　由於每一家保險公司之業務各有特色，也各有自己的營業方針，因此，其風險管理及財務需求也會不相同。再保險公司一般都會根據保險公司的個別需求，安排最適合之再保險方式，亦即提供以比例再保險及超額賠款再保險基礎的合約再保或臨時再保[60]，或相互搭配的各種再保險安排，讓保險公司的事業能更穩健經營。

　　在國際再保險市場上，並不是每家再保險公司都能履行其承諾。在過去的歷史中，就有許多再保險人破產，或是退出再保險市場，結果是未能信守再保承諾，導致其客戶陷於經營困境。對於絕大多數的保險公司來說，合約再保險是極為重要的再保險方式。

　　其再保險保障通常涵蓋一個或多個不同險種，有時甚至涵蓋整個保險業務。從經營的角度來說，合約再保作業處理最簡便而且效果顯著，例如：分擔鉅額損失、平衡經營績效、增強承保能量；除此之外，尚能從再保險人獲取風險評估、保險費率擬訂、理賠及保險商品包裝等諮詢服務。

圖2-7-1　再保險公司

請用手機掃此QR Code
即可於網頁檢視。

資料來源：財團法人保險事業發展中心（https://www.tii.org.tw/tii/links/02/）。

二、漢諾威國際再保險公司防疫險攤賠

　　根據金管會的統計，截至2023年3月底，國內防疫雙險（防疫險、疫苗險）總理賠金額已達到2,649.7億元，保險局長施瓊華並指出，國內產險公司的再保部位總共337億元，而四家產險業者（富邦產險、國泰產險、兆豐產險、泰安產

---

60. 臨時再保（Temporary Reinsurance）是一種再保險形式，通常在保險公司需要暫時轉移風險的情況下使用。在再保險交易中，原保險公司（被保險人）將部分或全部風險轉移給再保險公司（再保險人），以降低其風險敞口或獲得額外的保險容量。臨時再保通常是保險業務中一種靈活且便捷的風險管理工具，可以幫助保險公司應對各種突發情況和風險。然而，保險公司在使用臨時再保時需要仔細評估風險和收益，確保再保險協議符合其業務目標和戰略。

險）更處於德國漢諾威國際再保險公司[61]（以下簡稱漢諾威）「再保拒絕攤回」的窘境。根據再保合約，當漢諾威收到產險業者的損失通知（俗稱再保帳單）後30天內，漢諾威就需做攤賠，部分業者說明漢諾威至少延遲給付了2022年第二季起及2023年的再保應攤賠款項。

　　保險局長施瓊華指出，漢諾威因對政府開放數位證明、快篩陽性及居家照護等融通理賠有道德風險的疑慮，產險公會及保險局正協助業者，提出數據的公正性，如果協商破局將藉由國內仲裁進行司法救濟。

---

61. 漢諾威再保險公司（Hannover Re）是一家全球領先的再保險公司，總部位於德國漢諾威。作為一家跨國再保險公司，漢諾威再保險公司提供各種再保險產品和服務，涵蓋多個行業和地區。漢諾威再保險公司提供各種再保險產品，包括傳統再保險、特定風險再保險、財產再保險、人壽再保險、健康再保險、責任再保險等。公司還提供再保險解決方案和專業服務，以滿足不同客戶的需求。

2-8 純網銀／國家隊將來銀行

一、純網銀

隨金融科技發展，年輕世代應用行動裝置取得服務已形成趨勢，國際間已有純網路銀行（下稱純網銀）。金融監督管理委員會（下稱金管會）在2018年4月26日的新聞稿，主旨為開放設立純網路銀行之政策說明中公告表示，金管會近年積極推動「打造數位化金融環境3.0」計畫，本國銀行多已提供數位銀行服務。考量引進此種新型態銀行可促使市場學習新種業務經驗、提高產業升級動力，提供客戶更完善的金融服務，金管會爰與金融研究發展基金管理委員會針對國際間純網銀經營模式進行研究，並會同派員赴韓國及日本考察後，就純網銀實務現況及監理經驗，提出我國開放純網銀之政策方向[62]。

首先，在最低實收資本額方面，為承擔新銀行營運風險及初期資本需求，並確保未來永續穩健經營，純網銀之資本額，採設立一般商業銀行之相同標準為新台幣100億元，以使投資人加入市場前審慎評估投資效益，並兼顧強化純網銀之風險承擔能力及因應未來業務擴張能力。

而在業務範圍方面，純網銀業務範圍與一般商業銀行一致，一般商業銀行於網路可辦理之業務，純網銀亦可辦理。

在監理原則方面，純網銀與傳統銀行之差異在於提供服務之通路不同，其性質仍為一般商業銀行，應適用與現有銀行相同之法規與監理要求，如：法令遵循、客戶資料保護、資訊安全控管、防制洗錢及公司治理等相關規範。擬進入國內金融市場之純網銀業者，應建置相關管理機制並能落實執行。

最後，則是營業據點，除應設置總行據點及設立與客戶面對面提供服務之客服中心外，純網銀不得設立實體分行。金管會新聞稿公告開放設立純網銀後，計有LINE Bank連線商業銀行籌備處、NEXT Bank將來商業銀行籌備處及Rakuten Bank樂天國際商業銀行籌備處提出申請（依遞件申請先後排序），經成立審查會

---

62. 金融監督管理委員會新聞稿，2018/4/26，新聞稿主旨為開放設立純網路銀行之政策說明。資料來源：https://www.fsc.gov.tw/ch/home.jsp?id=96&parentpath=0,2&mcustomize=news_view.jsp&dataserno=201804260002&aplistdn=ou=news,ou=multisite,ou=chinese,ou=ap_root,o=fsc,c=tw&dtable=News。

進行評選[63]，金管會於2019年7月30日新聞稿宣布，3家均獲得設立許可。金管會原規劃開放設立2家純網銀，主要係為適度管理市場競爭壓力，惟經實際審查評選，基於3家申請人所提之營運模式不同，目標客群亦有差異，3家均有助於提升客戶使用金融服務之便利性及滿足消費需求，促進普惠金融，並鼓勵金融創新及推動金融科技普及[64]。

　　金管會於新聞稿中明確表示，純網銀應於科技創新中兼顧風險控管，於多元開放下維持市場秩序，於發展利基時深耕普惠金融。金管會將督導純網銀落實申請設立時之相關承諾或規劃，包括大股東財務支援承諾等，並持續與中央銀行交流合作，強化純網銀之監理，共同維持金融穩定。金管會未來將由下列面向強化對純網銀之監理：1. 流動性風險管理；2. 信用風險管理；3. 作業風險管理[65]；4. 信譽風險管理；5. 落實公司治理；6. 維持金融市場競爭秩序[66]；7. 消費者保護。

二、國家隊將來銀行

　　有純網銀國家隊之稱的「NEXT Bank將來銀行」在2022年3月29日正式宣布開業（純網銀中將來銀行是唯一由台灣企業合資籌組），龐大的股東團隊包括中

---

63. 金管會為公平、公正辦理純網銀申請設立案之審查作業，於2019年3月依據「純網路銀行審查會設置要點」，邀集4位外部專家學者與5位金管會代表共同組成審查會（審查委員名單詳附件）。審查會於審查期間，除就申請書件、書面簡報資料等進行審閱外，並召開9次審查會議與3場申請人簡報及面試會議，透過簡報及面試會議之詢答過程，進一步瞭解申請人之業務規劃等，並於9次審查會議中充分交換意見，共同完成評選。

64. 根據香港、新加坡及韓國等經驗顯示，純網銀之家數界線並非絕對，且依日本及韓國經驗，純網銀市占率仍低，對實體銀行與市場競爭之影響尚屬有限，故審查會建議可考量許可3家籌備處設立純網銀。金管會參採審查會建議，許可連線商業銀行籌備處、將來商業銀行籌備處及樂天國際商業銀行籌備處設立純網銀，期許該3家純網銀設立後，透過新營運模式及新科技使用，帶動市場創新及相關產業發展，發揮鯰魚效應，並落實普惠金融。資料來源：https://www.fsc.gov.tw/ch/home.jsp?id=96&parentpath=0,2&mcustomize=news_view.jsp&dataserno=201907300001&aplistdn=ou=news,ou=multisite,ou=chinese,ou=ap_root,o=fsc,c=tw&dtable=News。

65. 為加強資訊安全及個人資料保護，純網銀開業前，應經專業獨立機構依「金融機構辦理電腦系統資訊安全評估辦法」及「金融機構提供行動裝置應用程式作業規範」完成檢測，並檢附至少1個月之模擬營業操作紀錄，且自評符合資訊安全、個人資料保護及作業委託他人處理等規範。應於開業後1年內，通過並取得資安標準（如：ISO27001）及個資保護標準（如：BS10012、TPIPAS）等認證。

66. 純網銀之產品與服務，其定價須充分考量各項成本與合理利潤等，不應以不合理之定價妨礙金融市場秩序，以維健全經營。純網銀應由董事會通過定價之政策方針，並建立定價合理性之評估檢討機制，納入內部控制與內部稽核。

華電信、兆豐銀行、新光集團、全聯實業、凱基銀行及關貿網路等公司，結合電信、通路、零售、生活消費、資通訊等產業優勢，開業首波即推出「帳號自由選」、「N倍券」等優惠，吸引台灣民眾上網開戶，經營策略就是結合各股東在多元產業的資源，快速建立生態圈，導入各種金融新科技，開發各種創新服務。

NEXT Bank將來銀行董事長鍾福貴在開業記者會上表示：「NEXT Bank將來銀行會朝三個方向努力。第一是優化用戶的體驗，快速獲取大量的客群。第二是會推出創新優質的服務，來增加營收，盡力達到損益平衡。第三則是希望達到永續經營，也會兼顧企業社會責任跟普惠金融的使命，希望對台灣的金融發展盡一份心力。」

根據3家純網銀公布2022年的財報，NEXT Bank將來銀行至2022年底累積虧損23.32億元、其次為LINE Bank連線銀行累積虧損15.8億元，Rakuten Bank樂天國際銀行累虧12.06億元最少，虧損越多則增資壓力也越大。

現行銀行法規定，銀行累積虧損達資本額三分之一法定上限，就要限期增資。LINE Bank連線銀行就已在2022年第三季完成增資，採先減資25億元再現金增資75億元；以NEXT Bank將來銀行資本額100億元來看，虧損達33億元時就需增資。NEXT Bank將來銀行為強化資本，預計2023年底前，同樣規劃先減資後增資，以符合銀行法要求，據悉增資金額同樣在100億元以內。

金管會於2023年1月10日召開純網路銀行業務聯繫會議，金管會主委率各局與業者充分溝通討論，於存款、授信、基金銷售及網路投保等面向獲致多項共識，將朝試辦或調整法規等方向續處。會議中討論內容包含有存款業務、授信業務、基金銷售及兼營證券投資顧問業務以及網路投保業務。

其中最受到關切的就是授信業務，有兩點討論：1. 有關現行以月收入衡量信用貸款還款能力之評估方式，可針對具有還款能力但無法提出月收入證明者，提出其他能評估借款人還款能力及控管授信風險之機制，申請試辦小額消費為目的之授信業務。2. 純網銀建議有條件開放試辦企業貸款，以及參貸聯貸案件，因涉及風險評估方法調整、資產配置、專業人力充實等層面，請純網銀提出具體規劃。

2-9 擠兌／矽谷銀行倒閉

一、金融事件：矽谷銀行倒閉

矽谷銀行[67]（Silicon Valley Bank, SVB）是美國一家專注於向科技公司提供貸款，為投資科技和生物技術的風險投資和私募股權公司提供多種服務的銀行，並在其美國國內市場為高淨值個人提供私人銀行服務。

除了吸收存款和發放貸款外，該銀行還經營風險投資和私募股權部門，這些部門有時會投資於公司的客戶。

矽谷銀行獨特的地方在於結合了商業銀行的獲利模式跟投資銀行的部分業務，但也小部分做一些創投的事情，所以是獨特的業種，透過跟創投的關係來貸款給新創，還有創造交易的機會，也是因為矽谷獨特的產業需求而能存在。

● **圖2-9-1** 矽谷銀行於2023年3月10日宣布倒閉並尋求買家，而後由美國聯邦 ●
存款保險公司FDIC介入管理，並保證用戶將可以全數領回帳戶資金

圖片來源：shutterstock。

---

67. 矽谷銀行（Silicon Valley Bank）是一家位於美國的商業銀行，專注於為創業公司、創新企業和風險投資者提供金融服務。該銀行總部位於加州聖塔克拉拉，是一家專業化、高科技的銀行機構，以支持科技、生命科學、清潔技術和創新行業聞名。總的來說，矽谷銀行是一家專注於支持科技和創新行業的商業銀行，透過其專業化服務、風險投資和生態系統支持，為創業者、初創企業和風險投資者提供全面的金融解決方案和支持。

就在2023年3月9日稍晚，矽谷銀行的母公司表示已出售其投資組合中約210億美元的證券，這將導致第一季度稅後虧損18億美元，令市場感到意外。該行還出售了12.5億美元的普通股和5億美元的可轉換優先股證券。消息公布後，包括Founders Fund、Coatue Management和Union Square Ventures在內的幾家風險投資公司建議其投資組合公司從矽谷銀行撤資，銀行擠兌[68]。當天，矽谷銀行的母公司SVB Financial Group的股價暴跌60%，帶動了美國銀行股下跌以及美國三大股指下跌。3月10日，監管部門加州金融保護和創新部以流動性不足和資不抵債為由關閉，並由美國聯邦存款保險公司[69]接管了銀行存款。

矽谷銀行倒閉是自2008年金融危機以來最大的銀行，也是美國史上第二大倒閉銀行。3月12日，拜登政府宣布，所有矽谷銀行存戶可於13日上午領出全額存款，不過投資者和銀行經理將承受風險。

2023年3月13日，美國聯邦存款保險公司創建了矽谷過橋銀行（Silicon Valley Bridge Bank），矽谷銀行重開，不過多間營業點大排長龍。2023年3月26日，美國聯邦存款保險公司同意將矽谷銀行出售給第一公民銀行[70]股份。矽谷銀行17家分行於次日起作為第一公民銀行旗下銀行營業。

拜登總統強調稱，不會對矽谷銀行破產處理動用稅金。可能是忌憚「政府拯救矽谷的富裕儲戶」這一批評。在美國的上次金融危機中，動用公共資金的討論也是在雷曼破產、危機波及全球之後才開始。

---

68. 擠兌是一種金融術語，指的是大量的人或機構同時對某一金融機構或市場進行大額提款或賣出金融資產的行為，以求迅速取得現金或資產轉換成其他資產的行為。這種行為通常是由對該機構或市場信心不足或恐慌情緒所引發的。為了應對擠兌，政府和監管機構通常會採取措施，例如：提供應急資金支援、實施限制性措施、加強監管和溝通等，以穩定金融體系和市場信心。此外，金融機構本身也會透過提高流動性、改善風險管理、加強溝通等方式應對擠兌風險。

69. 美國聯邦存款保險公司（Federal Deposit Insurance Corporation, FDIC）是美國政府的一個獨立機構，成立於1933年，其主要職責是保障美國存款人的存款安全。FDIC提供對合格的銀行和儲蓄信用合作社的存款進行保險，以確保在這些機構倒閉或破產時，存款人的存款不會損失。FDIC透過對參與該計畫的銀行和儲蓄信用合作社的存款進行保險，保障每位存款人在同一家銀行或合作社的存款金額高達250,000美元。

70. 第一公民銀行股份公司（First Citizens BancShares, Inc.）是一家總部位於美國北卡羅來納州的銀行控股公司。該公司擁有第一公民銀行（First Citizens Bank），是美國東南部地區的一家主要銀行，提供各種銀行業務和金融服務。

　　避免動用公共資金的當局只剩下兩個手段。即由中央銀行進行資金週轉支援、捐贈和救助性併購等民間支援。針對前者，美聯儲設定了新的緊急融資額度。關於後者，美國中型銀行第一共和銀行（First Republic Bank）獲得了11家大銀行的存款支援，地方銀行的救助性併購也已敲定。在歐洲，瑞士信貸集團也在政府的指導下獲得瑞銀集團的救助性併購。

二、數位銀行擠兌（Digital Bank Run）

　　此外，數位化在為金融帶來商機的同時，也引發了新的危機「數位銀行擠兌（Digital Bank Run）」。矽谷銀行經營惡化的消息透過推特等社交網站擴散，矽谷銀行前首席執行長貝克爾（Greg Becker）出席聯邦參院銀行委員會聽證會時，將銀行倒閉直接歸咎於社群媒體，認為是意外、前所未有的因素。

　　根據貝克爾的證詞，2023年3月初，質疑矽谷銀行財務狀況不佳的網路推文開始散播，3月8日，矽谷銀行宣布出售證券籌款，使得市場對銀行財務狀況擔憂升級，美國加州灣區的科技業紛紛在推特表達關心，同時透過APP或網路銀行開始提領現金，2天後爆發大量擠兌，存款戶當時在10小時內共提領了420億美元，全體存款戶平均每秒從矽谷銀行提領100萬美元（約合新台幣3,061萬5,400元）。

　　美國聯準會（也稱美國聯邦準備理事會，Fed）主席鮑威爾承認當局應對不力，表示：「存款流失的速度是前所未有的，需要改變規定和監督。」

2-10 美國10年期公債殖利率／殖利率曲線倒掛

一、殖利率曲線倒掛

殖利率曲線（Yield curve）[71]的斜率是一項能預測未來經濟成長、通膨及經濟衰退的指標。在美國，3個月和10年期的美國國債收益差，被聖路易斯聯邦準備銀行定期發布。而另一種評鑑斜率的方法，即10年期美國公債殖利率[72]和聯邦基金利率（Federal Funds Rate）[73]之差，則由諮詢商會發布。

一般而言，年期越長的債券殖利率應該越高。此時，殖利率曲線斜率為正值，預示著通貨膨脹和經濟成長。相反，當年期較短的殖利率比長期的還要高的時候，殖利率曲線斜率為負值，也就是處於「倒掛」狀態。

殖利率曲線倒掛是經濟衰退的預兆。經濟學家Arturo Estrella和Tobias Adrian的研究[74]確立了殖利率曲線能有效預測經濟衰退。他們的模型指出，在聯邦準備局的貨幣政策緊縮週期末期，當10年期美國國債殖利率減去3個月美國國庫券收益率是負值或小於93個基點的正值時，接下來的日子很可能出現失業率上升等現象。

基於這兩位學者的研究，紐約聯邦準備銀行每月出版按照殖利率曲線所預測的衰退風險機率。在美國，所有自1970年至今的經濟衰退發生前都出現殖利率曲線倒掛的現象。

---

71. 收益率曲線（Yield Curve）是一個描述不同到期期限下固定收益證券收益率的曲線，通常是以圖表形式展示的。在收益率曲線上，橫軸表示到期期限，縱軸表示相應的收益率。當短期利率低於長期利率時，收益率曲線呈現正斜率。這通常意味著市場預期未來經濟增長強勁，但也可能暗示著通脹壓力或市場風險。當短期利率高於長期利率時，收益率曲線呈現負斜率。這通常被視為經濟衰退的先兆，市場預期未來經濟增長放緩或衰退。

72. 美國10年期公債殖利率：意指從買入10年期公債至到期的投資報酬率。

73. 聯邦資金利率是指美國聯邦基金利率（Federal Funds Rate），它是美國聯邦準備理事會（Federal Reserve System）所控制的一種短期利率。聯邦資金利率是銀行之間借貸聯邦基金（即銀行存款在聯邦準備系統內的存款）的利率。美國聯邦基金利率由美國聯邦準備理事會控制和調整。聯邦公開市場委員會（Federal Open Market Committee, FOMC）是負責設定和調整聯邦基金利率的機構，通常透過買賣政府證券來影響聯邦基金利率。

74. Arturo Estrella and Tobias Adrian，紐約聯邦準備銀行職員報告第397號，2009年。

二、美國10年期公債殖利率

　　美國公債殖利率可以理解為投資人購買美國公債的報酬率。美國公債是美國政府為了發展國家經濟，以發行公債的方式向投資人募集資金。美國公債依照時間通常可分為短期債券（1～3年）；中期債券（4～10年）；長期債券（10年以上）。

　　由於債券年期越長，投資人的風險也越高，因此公債年期越長，殖利率也會越高。市場普遍以觀察美國10年期公債為主，可適度反映市場情緒和美國景氣，投資人也能透過美國10年期公債殖利率的變化，觀察股市動向。

　　殖利率曲線、長短天期公債利差與景氣榮枯興衰息息相關，自1970年代起至今，美國已歷經了五次衰退前都曾出現殖利率曲線倒掛以及長短天期公債利差轉負。長短天期公債殖利率曲線係以橫軸為到期期限、縱軸為收益率，點繪其分布關係，而以10年減2年、或10年減3個月的公債利差，對於經濟榮枯準確預測效果更高。

　　長短利差作為景氣領先指標之經濟意涵有二。其一，短天期公債殖利率與聯準會升降息預期連動，長天期公債則反應市場對經濟成長動能及通膨預期；當經濟動能及通膨預期上揚，長天期公債殖利率上升以彌補投資人所需的額外報酬；反之，景氣趨緩及通膨預期下降時，長天期公債殖利率隨之下降甚至低於短天期公債殖利率，形成所謂的殖利率曲線倒掛。

　　其次，銀行以同業融資甚或短中期存款為資金源，進行長天期企金房貸放款，賺取借短貸長、期限錯配的利潤差；當短期籌資利率高於長期放款利率時，銀行盈利能力及放貸意願將受侵蝕，甚至引起市場資金緊俏及流動性短缺。

　　但殖利率曲線是否萬無一失？2005年前聯準會主席葛林斯潘[75]任內，其升息僅拉抬短債利率但長債利率文風不動，更以著名的「葛林斯潘難題[76]」稱之，後經研究發現，新興國家累積龐大外匯存底構成龐大美債買盤而壓低長債利率。

---

75. 亞倫‧葛林斯潘在經濟學領域擁有豐富的經驗和專業知識。他於1987年至2006年期間擔任美國聯邦準備理事會主席，是美國歷史上任期最長的聯邦準備理事會主席之一。

76. 「葛林斯潘難題」（Greenspan Conundrum）是指2005年至2006年期間美國聯邦準備理事會（Fed）主席亞倫‧葛林斯潘面臨的一個難題，即長期利率持續下降的情況下，聯邦基金利率卻在上升或保持不變。這種情況與通常情況下聯邦基金利率與長期利率之間的相關性相違背。

其次，長期潛在經濟增速及生產力趨降、石油危機後的通膨預期定錨，均使長天期公債殖利率承壓。最後，自2008年金融風暴後美歐日等主要央行陸續採用量化寬鬆等非傳統貨幣政策，政策外溢效果使美債高收益相對吸金、無形中使公債殖利率承壓。

殖利率曲線受上述三大因素扭曲，經濟衰退的預測可靠性隨之下滑，解讀殖利率曲線、評估總體經濟甚至金融市場發展也需更謹慎。

Chapter 3

近代金融大事記

3-1 1929年華爾街股災

在一次大戰後的1920年代，美國經歷了10年的經濟蓬勃發展，又稱為「咆哮式成長」的年代。當時美國汽車從不到700萬輛，10年間成長到2,300萬輛，例如最著名的福特T型車，成功地讓汽車從權貴們的奢侈品變成廣大中產階級皆可消費的商品，與此同時，美國的股市與房地產也隨之飆漲。

尤其股票市場表現強勁、迭創新高。而當時的信貸政策過於寬鬆，也讓投資者可以輕易借款購買股票，這使得許多民眾的投資槓桿越來越大，進一步推高股票價格。隨著投資者對股票市場的盲目樂觀，股市泡沫逐漸擴大，一般人都認為股市只會上漲，而且是長期的上漲。

直到1929年的10月股災發生，市場信心受挫，泡沫破裂，許多投資者無法償還債務，最終導致金融市場的崩潰。1929年10月28日（黑色星期一）道瓊工業指數當天即下跌了將近13%，然後再隔天10月29日（黑色星期二）再度下跌將近12%，恐慌的情緒持續蔓延，以致於從1929年10月下旬到11月的1個月內，道瓊工業指數從1929年9月高點386點跌至11月最低點198點，短短2個月跌幅高達49%。

1929年10月股災過後，雖然經過了幾次股市反彈，但接著迎來3年的經濟蕭條，導致股市仍持續下跌到1932年7月8日的最低點41點，道瓊工業指數3年間，從高點386點到最低點41點，總共下跌了89%。

而一直要到25年後的1954年11月23日，道瓊工業指數才重新回到1929年的高點。因此美國經濟學家理查‧M‧薩斯曼曾說過：「任何人在1929年股市高點買入股票，就算是一直持有，他也是要等到大部分的人生的黃金歲月消逝（25年後）才可以賺回自己所虧損的。」

1929年華爾街股災所影響的層面，堪稱人類歷史上最嚴重的一次股災，後代人們以「黑色星期四」、「黑色星期五」、「黑色星期一」以及「黑色星期二」等來形容股災，這是因為整個華爾街股災是一連串的幾個恐慌賣壓日的統稱，最先在1929年的10月24日星期四發生，但股市的暴跌卻發生在隔週10月28日的星期一跟10月29日的星期二才真正大跌，自此開始了1929年美國股市大崩潰。

1929年華爾街股災也對全球經濟產生了巨大影響，除了美國經濟陷入蕭條、

失業率飆升至25%、許多企業因為消費需求大幅下滑而破產；美國的金融危機迅速蔓延至全球，由於美國經濟與其他國家的緊密相連，包括歐洲、亞洲和拉丁美洲在內的許多國家同時經歷了經濟衰退、失業率上升和社會動盪。全球貿易受到重創，國際貿易額在1930年代初期下降了約60%。

在1929年股災接下來的3年裡，美國經濟進入蕭條期，導致公司破產，失業率急劇上升，許多民眾失去了工作與房子。經濟蕭條的影響持續了相當長的一段時間。1929年華爾街股災源自於金融市場高度投機和信貸過剩，對於全球經濟和金融體系產生的重大影響，也成為了後世防範金融風險和穩定經濟的重要教訓。2008年美國金融海嘯重演，當時的美國聯準會主席柏南克，即是研究1930年代股災與經濟大蕭條的重要學者，2009年以來美國為首的全球貨幣寬鬆政策（QE），即是為了避免重演1929年10月股災之後引發經濟大蕭條的對應政策。

圖3-1-1　股災導致經濟蕭條

股災：企業與個人資產大減

企業與個人的投資與消費減少

消費減少＝企業營收減少＝國家稅收減少

GDP與EPS下跌→經濟衰退、蕭條
→企業與個人財務危機

銀行呆帳增加→金融體系危機→民眾融資難

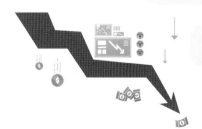

惡性循環

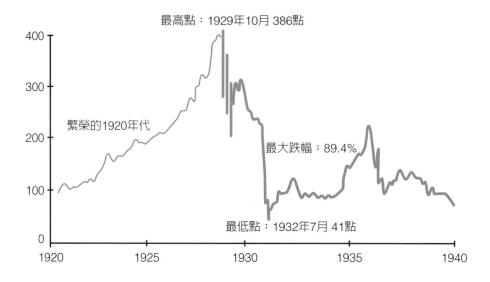

圖3-1-2 1929年華爾街股災時期的美國道瓊工業指數下跌89%

最高點：1929年10月 386點

繁榮的1920年代

最大跌幅：89.4%

最低點：1932年7月 41點

3-2 1930年代經濟大蕭條

經濟大蕭條是二十世紀最嚴重的經濟衰退，一般泛指1929～1933年間的全球經濟大衰退，影響直到1930年代末，從美國股災開始進而影響了全球經濟。以下是經濟大蕭條的主要成因和影響：

1. 股市崩盤：經濟大蕭條的開端可追溯至1929年10月，當時美國股市崩盤，導致投資者信心受挫。這場股市崩盤被稱為十月股災，在幾個星期內，股市跌掉了大量市值。

2. 過度擴張的信貸：1920年代的美國經歷了一段繁榮時期，信貸過度擴張。許多人借貸購買股票和其他投資品，導致市場泡沫。當股市崩盤時，泡沫破滅，許多借款人無法償還債務，銀行陷入困境。

3. 銀行危機：隨著債務追訴和企業倒閉，銀行面臨資金短缺。無法提供足夠的貸款，經濟活動受限。許多銀行倒閉，導致民眾對金融體系失去信心，進一步惡化經濟狀況。

4. 國際貿易受限：為了保護本國產業，各國紛紛實行貿易保護主義政策。1930年美國通過了《斯穆特－霍利關稅法》，導致關稅大幅提高，也使得歐洲各國升高關稅壁壘反制，導致國際貿易萎縮，全球經濟陷入更深的衰退。

5. 失業率上升：受到經濟衰退的影響，企業倒閉和裁員導致失業率大幅上升。美國在1933年的失業率高達25%。這使得家庭收入下降，消費需求減少，進一步加劇經濟衰退。

6. 沒有及時採取有效的政策應對：在經濟大蕭條初期，政府並未採取足夠有效的政策來應對經濟危機。當時的美國政府堅持實行自由市場原則，認為經濟最終會自我修復，這導致政府對經濟衰退的干預不足，使得經濟持續惡化。

7. 從1929年美國的GDP為基準，隔年1930年衰退約8.5%、1931年衰退6.4%、1932年衰退12.9%。

在這場危機中美國股票市場重挫89%，美國GDP跌掉近1/3，消費物價下跌1/4，而失業率飆破了25%，且幾乎沒有任何主要國家不受影響。各國政府爭相升高關稅以保護本國產業（美國斯姆特－霍利關稅法案對於進口棉布產品實際按價

課稅，稅率高達46%），全球貿易因此萎縮了2/3，將近15,000家美國銀行（占總數的2/5）倒閉。

為了應對經濟危機，各國政府紛紛採取措施以挽救經濟，1933年當時美國的新任總統富蘭克林‧德拉諾‧羅斯福（Franklin D. Roosevelt）推行了一系列稱為新政（The New Deal）的政策，以促使經濟復甦。這些政策包括提供聯邦救濟、創造就業機會、實施金融監管改革等。「新政」在一定程度上緩解了經濟困境，並對後來美國的社會福利制度和政府干預經濟產生了深遠影響。

全球其他國家也採取了各種措施來應對經濟衰退，然而部分政策：如高關稅造成的貿易壁壘反而加劇了國際經濟緊張局勢，進一步加深了全球經濟衰退。直到1939年，隨著第二次世界大戰的爆發，各國經濟逐漸走出蕭條。戰爭促使各國大規模投資軍事和基礎設施建設，也直接刺激了經濟復甦。然而，這場戰爭也給全球帶來了巨大的人員和財產損失。

圖3-2-1　大蕭條引發的高失業率，造成嚴重社會問題

圖3-2-2　1920～1930年代的股災與經濟蕭條演進

一戰過後的經濟大幅成長 → 槓桿融資盛行 → 股市資產泡沫成長 → 欲降溫股市，貨幣緊縮

經濟進入蕭條 ← 關稅保護主義抬頭 ← 經濟衰退 ← 美股崩盤50%

銀行擠兌、破產倒閉 → 政府撙節政策 → 經濟更蕭條 → 英國退出金本位

德國民粹主義興起 ← 一戰戰敗國德國債務更難償還 ← 美元升值 ← 歐澳國家競相貶值與印鈔票

1931美股再跌30%撙節政策失敗 → 美國國會賦予Fed額外印鈔權 → 德國納粹黨崛起 → 因經濟蕭條獨裁、軍國主義興起

二戰爆發 ← 修昔底德陷阱，大國最終難免一戰 ← 崛起的德日與美英法爭奪資源 ← 貧富不均1930年代達到高峰

3-3 金本位

　　「金本位」制度是指以黃金作為貨幣的主要標準，貨幣的價值與黃金直接掛鉤，有著悠久的歷史。如同我們在前面的章節中提到中國的錢莊與紙幣的興起，即是以銀本位來作為紙幣的擔保，本節我們將介紹金本位制度的起源及其歷史的演進。

　　金本位制度的起源可以追溯到公元前七世紀的土耳其與古希臘。當時各城邦開始大量鑄造金幣，將黃金作為貨幣價值的主要貴金屬。到了公元前六世紀左右，波斯帝國國王大流士一世統一了該地區的貨幣制度，鑄造了純金貨幣，其金幣純度可達97%，在當時稱為廣為流傳的貨幣。然而，金本位制度真正成為國際性的貨幣制度，還需等待幾個世紀的發展。

　　十八世紀工業革命開始，國際貿易需求大增，也因此各國貨幣需要有統一價值的基準，因此到了十九世紀，金本位制度在全球範圍內迅速普及。1844年，英國通過「銀行特許法」，規範國內只有英格蘭銀行才能發行紙幣，而英格蘭銀行如要發行紙幣則需有等值黃金為保證，從此確立了「金本位制度」。這一舉措為後來的其他國家所效仿，美國於1873年實行金本位，法國、德國等國家也紛紛建立起金本位制度。

　　金本位制度在十九世紀末和二十世紀初達到巔峰，全球主要國家均採用金本位制度。這一時期的國際金融市場進入了一個相對穩定的階段，貨幣的兌換率在各國之間基本保持穩定。金本位制度為國際貿易和投資創造了互信的有利條件，世界經濟得以蓬勃發展。

　　然而，金本位制度並未持續到現代，隨著世界經濟的變化和戰爭的爆發，金本位制度逐漸顯露出其固有的弱點。第一次世界大戰期間，歐洲各國為了龐大戰爭資金與一次大戰後戰敗國的鉅額賠款，紛紛脫離金本位制度以大量印鈔，使得金本位制度受到沉重打擊。而戰後的經濟復甦，各國對黃金需求增加，導致黃金供應不足，也進一步顯現了金本位制的局限性。

　　1929年，美國爆發了著名的經濟大蕭條。為了挽救經濟，各國政府開始實行貨幣寬鬆政策，大量印鈔以刺激經濟增長。這使得金本位制度的基礎逐漸動搖，各國對其信心不足。二次大戰結束後，國際貨幣基金組織（IMF）成立，世界各

國為了重建戰後經濟，於1944年達成了「布雷頓森林協定」。該協定確立了以美元為基礎的固定匯率制度，美元與黃金價值掛鉤（35美元兌換1盎司黃金），美元成為了各國的貨幣儲備（取代黃金儲備），其他國家貨幣則與美元掛鉤。這一協定實質上保留了金本位制度的部分內容，但大幅削弱了黃金在國際貨幣體系中的地位。

然而，布雷頓森林體系在1960年後遭遇困境。美國的貨幣寬鬆政策和國際收支失衡導致美元信用下降，國際社會對美元與黃金掛鉤的信心不足。1976年「牙買加協定[1]」後，全球終於放棄美元掛鉤黃金的「布雷頓森林協定」，改採行浮動匯率，終結了金本位制度在國際貨幣體系中的地位。金本位制度在歷史上曾經起到了促進國際貿易和投資的重要作用。然而，隨著全球經濟的變化，金本位制度顯露出越來越多的問題。從1970年代起，各國紛紛建立起浮動匯率制度，金本位制度已不再是國際貨幣體系的主流。然而，作為經濟史上的一個重要階段，金本位制度仍對後世的貨幣政策和國際金融體系產生深遠影響。

圖3-3-1　金本位制度演進簡圖

> **公元前七世紀**的土耳其與古希臘。當時各城邦開始大量鑄造金幣，將黃金作為貨幣價值的主要貴金屬

> **公元前六世紀左右**，波斯帝國國王大流士一世統一了該地區的貨幣制度，鑄造了純金貨幣

> **1884年**，英國通過「銀行特許法」，規範國內只有英格蘭銀行才能發行紙幣，而發行紙幣需有等值黃金為保證，從此確立了「金本位制度」

> **1944年**達成「布雷頓森林協定」。確立以美元為基礎的固定匯率制度，35美元兌換1盎司黃金，美元成為各國的貨幣儲備（取代黃金儲備）

> **1970年代**起，各國紛紛建立起浮動匯率制度，金本位制度已不再是國際貨幣體系的主流

---

1. 牙買加協定（Jamaica Agreement）：在布雷頓森林制度瓦解後，全球金融秩序仍一片混亂，為重建國際金融秩序，IMF於是提出國際貨幣制度改革，並於1976年簽訂牙買加協定，允許各國在不影響全球貿易及經濟情況下可自由選擇匯率制度（包括自由浮動匯率、釘住匯率或管理浮動匯率），IMF則負有監督各會員國干預匯率之責任。資料來源：中央銀行，2015/12/17央行理監事會後記者會參考資料。

　　1970年代的「石油危機」分為兩個階段，第一次石油危機發生於1973年至1974年，第二次石油危機則在1979年至1980年。這兩次石油危機均對全球經濟和社會產生了重大影響。

　　第一次石油危機起因於第四次中東戰爭（又稱為贖罪日戰爭）。1973年10月，埃及和敘利亞聯合對以色列突然發動進攻，引發了第四次中東戰爭。這場戰爭使得石油輸出國組織（OPEC）的阿拉伯成員國決定減少石油出口，並對支持以色列的西方國家實行石油禁運。這導致石油價格在短期內飆升（原油價格從每桶3美元漲到約12美元），油價大漲造成全球大幅度的通貨膨脹，導致世界經濟陷入衰退。

　　第二次石油危機的發生原因則是1979年伊朗伊斯蘭革命。革命導致伊朗石油生產受阻，國際石油市場供應短缺。同時，蘇聯入侵阿富汗也加劇了國際局勢的緊張。這些因素共同推高了國際石油價格（原油價格從每桶15美元漲到約39美元），導致石油危機加劇。

　　第一次石油危機期間，西方國家採取了多項措施，例如：提高能源效率、開發替代能源和擴大戰略石油儲備。此外，OPEC國家在1974年取消了對西方國家的石油禁運。而在第二次石油危機中，國際間透過擴大石油生產、提高能源利用效率和調整能源政策等方式，緩解了石油供應短缺問題，使石油市場逐漸恢復穩定。

　　1970年代的石油危機對全球經濟和社會產生了深遠影響。首先，石油是人類最主要的能源，而且原油也是許多日常生活用品的最上游原料（例如：塑膠製品等）。石油危機導致通貨膨脹率飆升、經濟成長放緩、失業率上升。使得各國政府面臨巨大的財政壓力，不得不調整經濟政策，以應對危機帶來的挑戰。其次，石油危機也促使各國對能源多元化的投入。石油危機期間，許多國家開始大力發展核能、太陽能、風能等替代能源，以降低對石油的依賴。這不僅有助於保障能源供應安全，還為應對氣候變化提供了重要基礎。石油危機也改變了國際政治格局。危機期間，石油出口國在國際政治舞台上的地位顯著提升，成為西方國家不容忽視的力量。而西方國家為了確保石油供應，不得不與石油生產國建立更緊密

的外交關係。綜合上述，1970年代的石油危機對全球政治與經濟格局產生了重大影響。

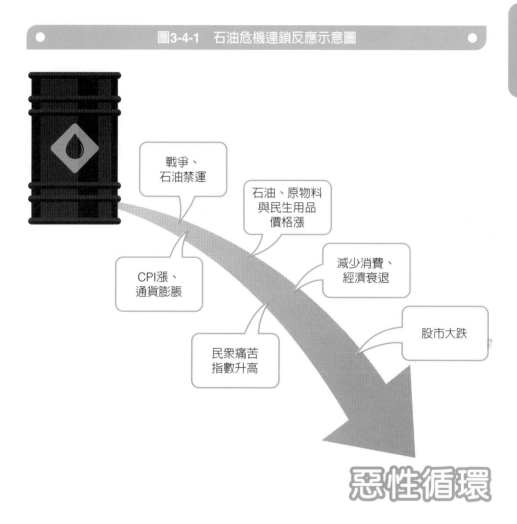

圖3-4-1　石油危機連鎖反應示意圖

戰爭、
石油禁運

石油、原物料
與民生用品
價格漲

CPI漲、
通貨膨脹

減少消費、
經濟衰退

民眾痛苦
指數升高

股市大跌

惡性循環

3-5 亞洲金融風暴

　　1997年7月亞洲金融風暴爆發，引發全球金融市場的震盪。此次金融風暴的爆發源自東南亞地區的泰國，最終波及到了東南亞其他國家以及日本、韓國等國家。此次風暴對亞洲地區以及全球經濟產生了重大影響。

　　1997年之前，東南亞地區經濟發展迅速，亞洲地區從1980～1990年代經濟高速發展，當時有「亞洲經濟奇蹟」之稱，像我們台灣在當時也有「台灣經濟奇蹟」、「亞洲四小龍」等美譽。然而隨著全球熱錢的湧入，亞洲新興市場國家的房地產與股市也都隨之暴漲而存在泡沫化危機。當時，東南亞國家的經濟發展主要依賴外來投資，而這些資金多來自歐美等先進國家。然而，在1997年，歐美等國家逐漸提高了利率，並逐步收回對東南亞國家的投資，這導致了東南亞地區的貨幣貶值、外資大量的流出、資產價格泡沫破裂，進而引發了金融風暴的爆發。

　　泰國是亞洲金融風暴的起點，當時泰國的匯率受到炒家的大量拋售而暴跌，泰國央行不得已宣布放棄固定匯率，允許泰銖自由浮動，1997年7月2日當天，泰銖兌美元的匯率一天暴跌17%。這使得泰國的企業和銀行面臨巨大的償債壓力，許多企業和銀行因為外債過高，無法償還債務，最終倒閉。此外，其他東南亞國家的貨幣也遭受拋售，市場信心受到嚴重打擊。隨著投資者對這些國家的失去信心，進一步促使了這些國家的貨幣貶值和國際信貸市場的動盪。許多企業和銀行因為外債過高，無法償還債務，最終倒閉。導致了許多人失業，亞洲多個國家的經濟成長陷入停滯或衰退，尤其是泰國、印尼、韓國等國家，經濟成長率出現了明顯下滑。

　　為了遏制金融風暴對經濟的影響，國際貨幣基金組織（IMF）給予泰國、印尼、韓國等國家鉅額的貸款，以穩定其匯率，恢復市場信心，同時進行經濟結構調整和金融體制改革。這些改革措施在經過漫長的時間後，終於取得了一定的成效，幫助這些國家逐漸走出危機。

表3-5-1　亞洲金融風暴期間，受影響較嚴重國家的匯率與GDP跌幅

貨幣	對1美元匯率		漲跌幅
	1997年6月	1998年7月	
泰銖	24.5	41	▼40.2%
印尼盾	2,380	14,150	▼83.2%
披索	26.3	42	▼37.4%
馬幣	2.5	4.1	▼39.0%
韓元	850	1,290	▼34.1%

國家	國民生產總值（10億美元）		漲跌幅
	1997年6月	1998年7月	
泰國	170	102	▼40%
印尼	205	34	▼83.4%
菲律賓	75	47	▼37.3%
馬來西亞	90	55	▼38.9%
南韓	430	283	▼34.2%

資料來源：Cheetham, R. 1998. Asia Crisis. Paper presented at conference, U.S.-ASEAN-Japan policy Dialogue. School of Advanced International Studies of Johns Hopkins University, June 7-9, Washington, D.C.。

3-6 2008年金融海嘯

　　2008年金融海嘯，是全球金融體系史上最嚴重的金融危機之一，金融海嘯一開始的原因是房地產泡沫的破裂。2000年代初期，由於網路泡沫危機，美國聯準會（Fed）開始降息，形成了寬鬆貨幣政策和低利率環境，當時美國政府積極鼓勵人們購房，讓許多債信不佳的民眾也可以貸款買房。房地產開始上漲，吸引大量抱持投機心態的投資者進場追求高額回報，讓美國房地產市場經歷了一波空前的繁榮。

　　由於股市與房市過熱，Fed開始升息抑制通膨，利息增加讓許多民眾還不起貸款，2007年房地產泡沫開始破裂，一些大型金融機構擁有的房地產資產價值急劇下降，導致嚴重虧損。由於這些金融機構在全球金融體系中占據著重要地位，其破產和危機對整個金融體系產生了巨大的衝擊。

　　當時的一些重大事件包括：

1. 次貸危機：由於許多銀行和金融機構在2000年代初期放貸過於寬鬆，使得許多信用評級較差、無法從正常銀行管道借到錢的借款人也可以獲得貸款（即為次級房貸），從而促進了房地產市場的繁榮。而這些次級房貸又被金融業者組合包裝為證券（即不動產抵押貸款證券MBS）銷售給投資大眾與金融機構。所以當房地產泡沫破裂時，這些次級貸款的證券價值急劇下降，進而導致大量金融機構的財務狀況惡化。

2. Fannie Mae（房利美）和Freddie Mac（房地美）的破產：Fannie Mae和Freddie Mac是美國政府特許的房地產抵押貸款企業，它們在房地產市場中扮演著關鍵的角色。當房地產泡沫破裂時，Fannie Mae和Freddie Mac的抵押貸款資產價值急劇下降，進而導致財務狀況惡化，面臨破產的風險。

3. 雷曼兄弟的破產：雷曼兄弟是美國第四大投資銀行，也是在房地產市場中重要的參與者。當房地產泡沫破裂時，雷曼兄弟持有的大量資產價值下降，導致其財務狀況急劇惡化，最終於2008年宣布破產，引發了金融市場的動盪與信心危機。

　　當時一些大型金融機構也陸續出現問題，除了美國房地產抵押貸款公司Fannie Mae和Freddie Mac、雷曼兄弟外，還有投資銀行貝爾斯登、美林證券、

花旗銀行、AIG保險集團等。這些公司的財務狀況嚴重惡化，面臨破產或被收購的風險。

2008年秋季，當時的雷曼兄弟（Lehman Brothers）和美國國際集團（AIG）在金融海嘯中風雨飄搖。雷曼兄弟是美國一家歷史悠久的大型投資銀行，擁有廣泛的金融業務，包括證券承銷、資產管理和投資銀行業務等。然而，由於雷曼兄弟在房地產市場上投資過多，且長期以來存在著大量的債務和風險投資，導致該公司的負債逐漸增加，財務狀況日益惡化。2008年，雷曼兄弟因無法還債和融資而陷入嚴重的財務危機，最終於2008年9月宣布破產。

AIG則是一家全球性的大型保險公司，也擁有多個金融業務部門，例如：投資銀行和資產管理等。在金融危機中，AIG集團同樣受到重創，2008年9月15日，雷曼兄弟宣布破產，而隔天9月16日，美國政府戲劇性的宣布對AIG進行緊急注資，防止該公司破產。

對於雷曼兄弟，美國政府沒有提供直接的救援措施，而是讓該公司自行破產清算。這是因為當時的政府認為，雷曼兄弟的問題太過嚴重，無法在短期內解決。另外，一些政府官員認為，如果繼續為雷曼兄弟提供救援，可能會引發更多的問題和風險。

但是對於AIG，則採取了不同的處理方式。美國政府認為，AIG的破產可能會對整個金融體系與社會大眾造成更嚴重的影響，因為AIG是美國最大的保險公司，服務客戶多達7,400萬人，許多美國民眾的退休金與醫療保險，均寄託在AIG身上。另外，AIG也為許多銀行提供信用債的擔保，如果AIG破產，將會大幅增加銀行與金融體系的風險，因此政府決定進行緊急救援，並提供了高達850億美元的貸款援助，以防止AIG破產。美國政府對雷曼兄弟和AIG採取了不同的處理方式，這表明政府當時對金融市場和整個經濟的影響進行了不同的評估和風險控制。而此事件也是「大到不能倒」（Too Big to Fail，縮寫TBTF）的代表案例。

2008年金融海嘯對全球經濟產生了深遠的影響，造成的經濟損失和失業率的上升也十分嚴重。在美國，大量企業破產，許多人失去工作和家園，對整個國家的經濟造成了嚴重的打擊。全球許多國家的經濟成長率大幅下降，失業率和通貨膨脹率大幅上升，似乎有重演1930年代經濟大蕭條的可能性。許多國家開始實行了更積極的財政刺激和貨幣寬鬆政策以應對危機，但恢復經濟成長的進程非常緩

慢,尤其是歐洲地區,其經濟危機延續了多年。

　　2008年金融海嘯揭示了全球金融體系的脆弱性和不穩定性,使得許多國家開始重新思考金融監管的重要性,加強了監管措施,以避免未來類似事件的發生。

圖3-6-1　2008年金融海嘯大事記

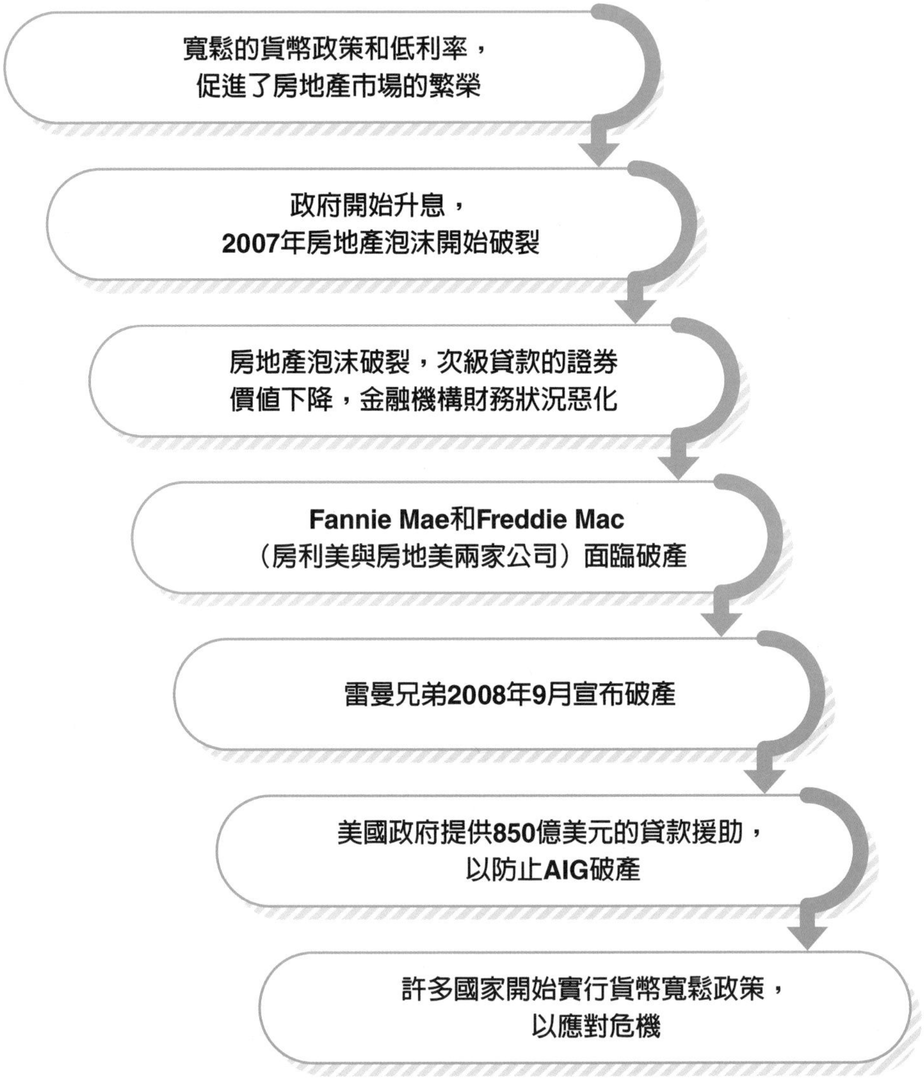

寬鬆的貨幣政策和低利率,
促進了房地產市場的繁榮

政府開始升息,
2007年房地產泡沫開始破裂

房地產泡沫破裂,次級貸款的證券
價值下降,金融機構財務狀況惡化

Fannie Mae和Freddie Mac
(房利美與房地美兩家公司)面臨破產

雷曼兄弟2008年9月宣布破產

美國政府提供850億美元的貸款援助,
以防止AIG破產

許多國家開始實行貨幣寬鬆政策,
以應對危機

3-7 安倍三箭

「安倍三箭」是指日本前首相安倍晉三在2012年上任時提出的一套經濟政策，又稱為「安倍經濟學」，旨在重振日本經濟，希望帶領日本從1990年代經濟泡沫化之後「失落的20年」通貨緊縮困境中走出來。

而這三支箭分別為：

1. **貨幣寬鬆政策**：安倍政府實行大規模貨幣寬鬆政策，透過向市場注入大量貨幣，使日本銀行的貨幣供應量增加，並保持低利率環境，以降低企業與民眾的借貸成本，能夠有效推動投資與鼓勵消費，進而刺激經濟增長，提升通貨膨脹率達到2%的溫和成長。另外一方面，大規模的貨幣寬鬆政策與低利率，也讓日幣貶值，利於出口產業獲利。

2. **財政刺激政策**：安倍政府實施的財政刺激政策主要包括兩個方面：公共投資和減稅政策。公共投資方面，政府將大量資金投入到基礎設施建設、能源和環境保護等領域，帶動了相關產業的發展和就業增長。在減稅方面，政府實行了一系列稅收減免措施，包括對企業和個人的所得稅、購置稅、住宅稅等減稅政策，降低了企業和個人的負擔，提高了可支配收入，進一步促進了消費和投資。

3. **經濟結構改革**：安倍政府進行了一系列經濟結構改革，旨在提高日本經濟的競爭力和生產力。改革包括：放鬆管制，開放日本市場、推進女性和外國勞工的就業、簡化商業營業執照、降低公司稅等措施。

「安倍三箭」政策在推行初期取得了一定的成效，日本經濟開始反彈，GDP成長率提升，失業率逐漸下降，日本股市也相應上漲。此外，經濟結構改革措施也取得了一定的進展，包括放寬外國勞工入境限制、增加女性就業率、降低企業稅等。這些措施的實施提高日本經濟的競爭力和生產力，對經濟發展有正面的影響。

但日本經濟也存在一些問題和挑戰，例如：通貨膨脹率未能如預期達到2%水準、無法逆轉的人口老齡化、國債與財政赤字持續增加等問題。不過整體來說「安倍經濟學」引發了國際社會的關注，也引起了廣泛的研究與討論，前美國財

政部長桑默斯就曾經說過：「全世界的先進國家，在面對長期經濟成長疲弱的挑戰時，應該要研究安倍經濟學。」

圖3-7-1　安倍經濟學的三大政策

貨幣寬鬆政策
· 供給市場大量資金
· 有效推動投資與鼓勵消費

財政刺激政策
· 擴大公共建設
· 稅收減免

經濟結構改革
· 放鬆管制，開放日本市場
· 鼓勵民間投資

3-8 QE量化寬鬆

　　自2008年金融危機爆發以來，全球經濟陷入前所未有的困境。為了穩定金融市場並重振經濟，各國央行紛紛採取了一系列的非傳統政策手段，其中最具代表性的就是「量化寬鬆」（Quantitative Easing, QE）。承上一節探討，2008年美國次貸危機引發了全球金融危機，導致金融機構破產、經濟衰退，失業率急劇上升。傳統貨幣政策如降息等手段已無法應對此次危機。在此背景下，各國央行如美國聯準會（Fed）、歐洲央行（ECB）、日本央行（BOJ）等紛紛實施量化寬鬆政策，以提振經濟。

　　量化寬鬆政策主要是透過購買國債、企業債及其他金融資產，增加市場上的貨幣供應，降低長期利率，以刺激投資和消費。美國中央銀行（又稱為聯準會、美聯儲，以下簡稱Fed）自2009年開始實施了三輪量化寬鬆政策，共購買了數兆美元的國債和抵押貸款擔保證券（MBS）。歐洲央行則於2015年開始實施量化寬鬆政策，主要購買歐元區國家的國債。日本央行則在2013年開始實施大規模購債計畫，以實現2%通膨目標。

　　量化寬鬆政策在一定程度上達到了穩定金融市場和刺激經濟增長的目的。根據經濟數據顯示，量化寬鬆政策實施後，美國、歐洲和日本等國家的經濟狀況逐漸好轉，失業率下降，通貨膨脹率逐步回升。此外，量化寬鬆政策還有助於提振市場信心，刺激資產價格上升，降低企業融資成本。然而，量化寬鬆政策同時也存在一些副作用。首先，長期實施量化寬鬆可能導致通膨壓力加大。其次，資產價格上升過快可能引發金融市場泡沫（如房地產與股票市場大漲），進而造成貧富差距擴大。

　　Fed在2014年開始縮減QE規模，並逐步提高利率。然而，在經濟面臨新的挑戰時，如2019年的經濟放緩，央行可能需要暫停或調整退場策略。歐洲央行和日本央行則依然在實施量化寬鬆政策，退場時間相對較晚。

圖3-8-1　量化寬鬆政策的目的

低利率環境

政府購買國債、企業債等，增加市場上的貨幣供應

達成經濟成長與溫和的通膨目標

減少民眾與企業的借貸成本

增加民眾與企業的消費投資

3-9 TBTF，大到不能倒

「大到不能倒」，Too Big to Fail，簡稱TBTF，是用來描述特定金融機構因其規模龐大，一旦倒閉將對整體經濟體系造成巨大影響，因此政府在面對這些金融機構出現重大危機時，往往會出手金援，以避免連鎖反應而對整體國家經濟造成災難性後果，此即「大到不能倒」的概念。

近數十年來，由於金融市場的自由化與全球化加速了金融機構的擴張。金融機構在國際市場上競爭激烈，規模越來越大。這使得某些金融機構的規模達到了對整個金融體系有重大影響的程度。而金融創新又推動了金融機構之間的風險傳播，例如：衍生性金融商品、不動產抵押貸款證券化（MBS）等。這些金融工具在滿足市場需求的同時，也使得風險在金融體系內迅速擴散，加大了金融機構之間的相互依賴性。2008年美國次貸危機爆發，一些龐大的金融機構陷入困境。美國政府為了阻止金融危機擴散，對一些大型金融機構給予財政支援，避免其倒閉對金融體系造成更大的衝擊。金融危機迅速蔓延至全球範圍，各國政府紛紛出手救助自家的金融機構。

金融危機後，各國政府與監管機構加強了對金融機構的監管，進一步重視風險控制。2010年由國際清算銀行與各主要國家中央銀行代表組成的「巴塞爾銀行監理委員會」，合作制定了「巴塞爾協議III」（Basel III），全球金融業正式步入巴塞爾協議III時代，巴塞爾協議的主要內容是促進金融市場穩健發展，及確保金融機構更具因應經濟衝擊之彈性，以支應經濟發展，避免再次出現「大到不能倒」的金融機構風險。

我國為因應國際改革潮流，並使本國銀行資本適足性之計算及自有資本之品質能符合「巴塞爾協議III」標準，金管會於2012年11月26日修正發布「銀行資本適足性及資本等級管理辦法」及「銀行自有資本與風險性資產計算方法說明及表格」，並於2013年開始實施。

關於台灣「大到不能倒」金融機構名單，正式名稱是「系統性重要銀行」（Domestic Systemically Important Banks, D-SIBs），根據金管會最新（2023年10月）公布的「系統性重要銀行」名單為：中國信託銀行、台北富邦銀行、國泰世華銀行、合作金庫銀行、兆豐銀行以及第一銀行等6家銀行。金管會要求

這些銀行要比一般銀行擁有更強的資本，否則需要增資。金管會訂定2025年前這6家銀行三類資本（普通股權益、第一類資本、資本適足率）均要達到11%、12.5%及14.5%的目標。

簡單來說，「系統性重要銀行」指的就是規模較大而複雜，且與全國金融體系運作有高度相關，或是對於台灣金融體系有不可替代性的地位。這些銀行被認定為台灣的系統性重要銀行，意味著它們在台灣金融體系中具有重要地位，對金融穩定有著顯著影響。因此，這些銀行也需要承擔更高的監管要求，以確保在金融市場遭遇波動時能夠維持穩定。

● 表3-9-1 金管會依規模、相互關聯性、可替代性及複雜程度等四大指
標，作為指定「系統性重要銀行」的依據

指標類別（權重）	個別指標	個別權重
規模（25%）	資產總額	25%
相互關聯性（25%）	與金融同業有關之資產	8.33%
	與金融同業有關之負債	8.33%
	發行有價證券餘額	8.33%
可替代性（25%）	存款及匯款	6.25%
	放款餘額	6.25%
	結算及清算交易量	6.25%
	保管業務	6.25%
複雜程度（25%）	交易及備供出售金融資產	6.25%
	店頭衍生商品名目本金	6.25%
	跨國活動	6.25%
	集團內交互影響	6.25%

資料來源：金管會網頁。

　　承3-8單元關於量化寬鬆（QE）的說明，2008年美國次貸危機引發了全球金融危機，傳統貨幣政策，例如：降息等手段已無法應對此次危機。在此背景下，各國央行如美國聯準會（Fed）、歐洲央行（ECB）、日本央行（BOJ）等紛紛實施量化寬鬆政策，以提振經濟。量化寬鬆政策主要是由政府透過購買國債、企業債及其他金融資產，增加市場上的貨幣供應，降低長期利率，以刺激投資和消費。

　　美國聯準會（Fed）自2009年開始實施了三輪量化寬鬆政策，共購買了數兆美元的國債和不動產抵押貸款證券（MBS）。從2009年開始到2020年疫情前後，美國實施量化寬鬆政策QE的概況如下：

1. QE1：實施時間在2009～2010年間，購買規模約1.725兆美元，平均每月逾1,000億美元，主要購買不動產抵押貸款證券（MBS）、美國公債、機構證券。

2. QE2：實施時間在2010～2011年間，購買規模約6,000億美元，平均每個月購買金額為750億，主要用於購買財政部發行的長期債券。

3. QE3：實施時間從2012年9月開始，約1.61兆美元，主要購買機構證券、MBS。QE3沒有明確截止日，但加入退場機制，如果通膨率高於2.5%及失業率低於6.5%時，即開始縮減購債規模。

4. QE退場：美國聯準會（Fed）於2014年1月起開始縮減QE規模，並於2014年10月QE退場，並逐步提高利率。

5. 無限QE：2020年3月，受新冠肺炎疫情對全球經濟的衝擊，美國聯準會（Fed）當月緊急推出7,000億美金的購債計畫，接著Fed宣布無限量收購美國公債與不動產抵押貸款證券（MBS），且沒有宣布何時結束，只要有需求，QE就會持續下去，此即「無限QE」政策。

　　當時，國際間主要國家也因應疫情，實施各種量化寬鬆政策，歐洲央行（ECB）宣布擴大購債規模，新增7,500億歐元因應疫情緊急購買計畫。日本央行（BOJ）宣布無上限購買日本公債及美元融資供給操作，也推出新型企業金融支援特別操作，規模達90兆日圓；且積極購買指數股票型基金（ETF）與不動產

投資信託基金（J-REIT），年度購買上限分別達12兆日圓與1,800億日圓，以支援企業融資與金融市場穩定。中國人民銀行因應疫情衝擊，也調降法定存款準備率3次、調降利率等。

「無限QE」後來在2022年6月前後結束，量化寬鬆政策告一段落。而隨著疫情逐漸趨緩、俄烏戰爭影響及全球嚴重的通貨膨脹等因素，Fed於2022年3月又開始了升息循環，共計在2022年3月～2023年3月間升息了9次，美國基準利率從0.25%調升到5%。

過去10多年的QE，基本上都是為了避免讓金融危機演變成1930年代的經濟大蕭條。在當時，美國以至於全世界因為股市崩盤，進而導致通貨緊縮，金融體系失衡，演變成失業率大幅增加等嚴重的社會問題。2008年當時的美國聯準會（Fed）主席柏南克（Ben Bernanke），是研究1929到1933年美國經濟大蕭條的學者。而從2008年到2014年止，美國的量化寬鬆的確相當程度地避免重演1930年代的大蕭條。

但是透過QE想要克服的經濟問題並沒有真正解決，反而造成另外的副作用就是資產價格不斷的膨脹。道瓊工業指數從2008年的低於8,000點，漲到2024年5月的超越39,000點。而全球的房地產自量化寬鬆以來，該修正的價格未見修正，反而因為資金氾濫而再度大幅的上漲。而2020年開始的「無限QE」貨幣寬鬆政策，讓全球股市與房市再創歷史新高，又更進一步加劇貧富差距。

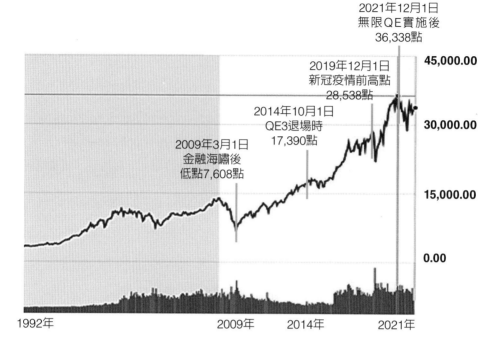

圖3-10-1　QE期間美國股市道瓊工業指數的漲幅

2021年12月1日
無限QE實施後
36,338點

2019年12月1日
新冠疫情前高點
28,538點

2014年10月1日
QE3退場時
17,390點

2009年3月1日
金融海嘯後
低點7,608點

45,000.00

30,000.00

15,000.00

0.00

1992年　　　　　2009年　　　2014年　　　　2021年

1. 《大債危機》,瑞·達利歐(Ray Dalio)著,陳儀譯,商業周刊。

2. 《文明:決定人類走向的六大殺手級APPS》,尼爾·弗格森(Niall Ferguson)
   著,黃煜文譯,聯經。

3. 中央銀行網頁。

4. MoneyDJ理財網,財經知識庫(https://www.moneydj.com/kmdj/wiki/
   wikiviewer.aspx?keyid=630183bd-d8e1-43e8-9b1f-cc0724ac0e61)。

5. 《資本主義的罪惡咖啡館:咖啡館裡的書摘與管理哲思》,黃世芳,雅書堂。

6. 牙買加協定。

7. 金管會網頁。

第二篇
保險

　　規律與秩序似乎是存在於自然界的常態，春夏秋冬四時更迭總是有序，人間善惡因果循環似乎天經地義。人類社會對於混亂有著出奇的畏懼，祈求平安無災是人之所願。台灣有著全球最密集的廟宇，或者可以說明長期帝國主義更迭殖民下的台灣人民有多麼期待安穩有秩序的生活。但天總未盡如人願，儘管四季分明，然而偶發的颱風、暴雨、地震還是無規律地帶來災難。而「趨吉避凶」乃人的本性，因此「保險」的需求也根植於人心深處。

　　以我們常聽到的「蝴蝶效應」來說，源自於1970年代開始興起「混沌理論」，是由美國氣象學家愛德華‧勞倫茲（Edward Lorenz）發現微小的熱對流事件，竟能引起令人難以想像的巨大氣象變化，即所謂的「蝴蝶效應」。

　　科學家們終身追求規律與定律，如大家所知的地心引力、槓桿原理等。所謂「定律」就是能用單一的數學公式加以描述，並可以依據此公式準確預測物體的行徑，此「線性因果關係」一般被視為科學上的常態。

　　而「混沌理論」卻認為自然與人類社會有時是以「非線性」、「無秩序」的狀態下存在，形成錯綜複雜的「混沌狀態」，並非一切事物都有道理、有規律可循。簡言之，人類社會充滿了隨機性、非線性的不確定現象，很難完全控制或預測。也因此，為了避險，人類從遠古開始即發展了許多具備保險概念的人類歷史。

　　本篇將介紹關於「保險」重要的Keywords與通識概念。

Chapter 4

關於保險起源與原則

4-1 古埃及的石匠

　　4,000多年前古埃及法老王為了追求永生，從即位開始就興建自己的陵寢，建造金字塔的工程週期經常長達數十年，而且參與的工匠眾多，石匠在古埃及時代可以說是勞動人口相當龐大的族群。而由於埃及位處沙漠地帶，缺少林木建材，因此埃及的古建築，尤其是法老王的陵墓與舉辦祭典的神廟等重要建築，經常使用大量的石材。從採石、運石、鑿石、砌石、雕刻、繪畫等土木與建築工程，可以說是集古埃及建築與藝術設計的龐大工匠體系。目前已知最大的埃及金字塔距今約4,500年前建造，高度將近150公尺（約現代40層樓高的住宅大樓），直到近代以前，金字塔一直是全世界最高的建築物。

　　但如同古代中國的萬里長城一樣，建造過程當中會有許多工匠因為必須操作動輒數噸重的大石塊，導致意外不時發生。也因為工期長達數十年，意外與疾病導致許多工匠的身故或殘疾，因此古埃及石匠們建立了互助組織，眾人集資建立了喪葬互助基金，當意外或疾病發生時，當事人或家屬得以獲得醫療與喪葬費用作為撫卹，據聞是人類社會最早的保險組織與模式。

　　石匠保險不僅為個人與家庭提供了經濟保障，還有利於整個社會。由於這些保險互助組織的存在，石匠們可以在一個後顧無憂的社會安全制度下工作，而不必擔心工作帶來對家庭的經濟風險。古埃及的石匠保險制度，不僅為個人提供了保護，還有助於保持石匠這個職業的生產力和社會的穩定。

　　這也是我們現代社會中保險的基本原則，也就是集合眾人之力共同分攤、互助共濟，以幫助家庭與個人在不可抗力的事件發生時，能夠得到損害的賠償。同時也安定就業、利於社會穩定發展。

圖4-1-1　古埃及的石匠發展了人類社會最早的保險組織與模式

　　《禮記》的〈禮運大同篇〉是描述孔子心目中一個天下太平、豐衣足食、安居樂業的理想世界，其部分原文如下：「大道之行也，天下為公。選賢與能，講信修睦。故人不獨親其親，不獨子其子；使老有所終，壯有所用，幼有所長，矜、寡、孤、獨、廢疾者，皆有所養；男有分，女有歸。貨，惡其棄於地也，不必藏於己；力，惡其不出於身也，不必為己。是故謀閉而不興，盜竊亂賊而不作，故外戶而不閉，是謂大同」。自古以來，儒家文化始終強調禮、義、廉、恥等道德觀念，認為這是維持社會秩序和國家安定的基礎。在〈禮運大同篇〉中提出了一個理想的世界觀，即「大同世界」。而在現代社會，保險制度相當程度地實現了這個理想。

　　首先，保險制度可以調節財富分配。在大同世界中，財富分配應該是公平的，每個人都能夠享有基本的生活保障。社會保險與商業保險制度提供各種人身與財產保險商品，讓人們能夠在遇到意外、疾病或老年時得到經濟支持。而由於台灣保險業蓬勃發展，帶動近40萬人的就業人口，行業收入在各行業中名列前茅，也助於經濟發展與減少貧富差距。保險制度在一定程度上讓人們享受到安定的生活，達到〈禮運大同篇〉中所描述的「使老有所終，壯有所用，幼有所長，矜、寡、孤、獨、廢疾者，皆有所養；男有分，女有歸」。

　　其次，〈禮運大同篇〉中強調，大同世界的人們相互扶持，共同度過困難。現代保險制度就是一種社會互助的具體體現。當一個人遇到困難時，可以透過保險公司獲得賠償，而這些賠償金來自於其他參與投保大眾的保費。人們生活在這樣的環境中，更能夠無後顧之憂地發揮自己的潛能。保險制度為人們提供了一個有效的風險轉移和分散的手段。當災難或意外發生時，保險公司承擔相應的賠償責任，減輕個人和家庭的經濟壓力，維持社會穩定，如此實現了人們在困難時「故人不獨親其親，不獨子其子」互相幫助的精神。

　　此外，保險制度還能夠推動公共福利和公共事業的發展。在〈禮運大同篇〉中，提倡政府要為民眾提供教育、醫療等基本福利。我國的全民健保、勞工保險、軍公教保險與各種社會保險制度，正是政府履行責任的具體表現。透過這些

保險計畫，政府可以為民眾提供基本的生活保障，創造良好的社會福利體系，使得每個人都能夠在公平的環境中發展，實現「大道之行也，天下為公」理想。

最後，保險制度有助於倡導社會道德。在孔子的大同世界觀中，道德觀念被視為社會秩序的基石。現代保險制度需要遵守法律與契約精神，以及尊重和保護他人的權益，進一步弘揚了孔子的道德理念。例如：民眾在投保時需秉持最大誠信原則、善盡告知義務；而保險公司則依善良管理人之責並負忠實義務，依約給付契約約定之賠付責任。也可以說，道德與守法精神越高的「講信修睦」的社會，保險制度越能蓬勃發展。

綜上所述，現代保險制度在調節財富分配、強化社會互助、維持社會穩定、推動公共福利和公共事業的發展以及倡導社會道德等方面，相當程度實現如〈禮運大同篇〉中提出的理想世界。

圖4-2-1　保險制度實現〈禮運大同篇〉中的大同世界理想

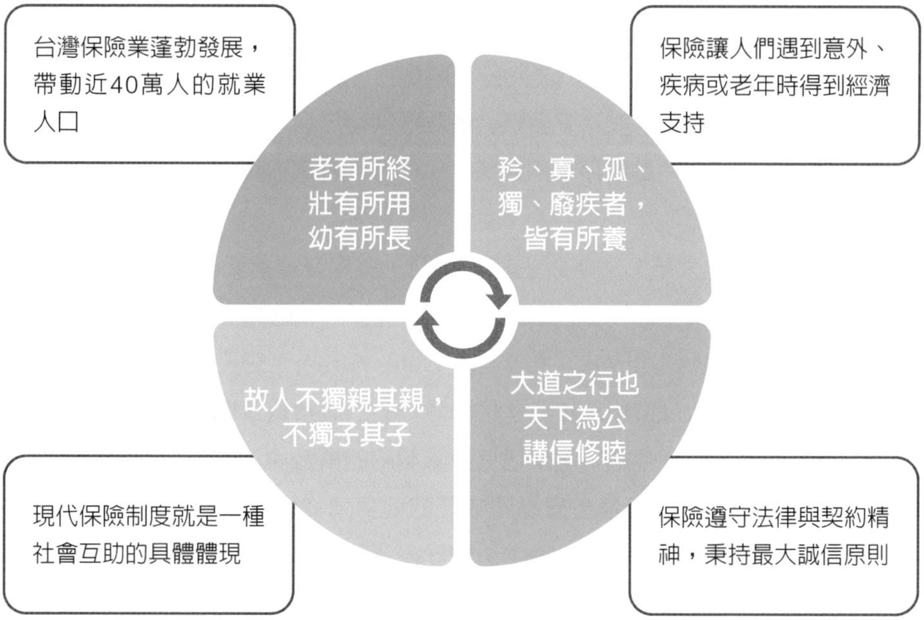

台灣保險業蓬勃發展，帶動近40萬人的就業人口

保險讓人們遇到意外、疾病或老年時得到經濟支持

老有所終
壯有所用
幼有所長

矜、寡、孤、獨、廢疾者，皆有所養

故人不獨親其親，不獨子其子

大道之行也
天下為公
講信修睦

現代保險制度就是一種社會互助的具體體現

保險遵守法律與契約精神，秉持最大誠信原則

　　咖啡館最早於十六世紀在阿拉伯世界流行，從十七世紀開始逐漸普及到全歐洲，而當時正是荷蘭與英國的東印度公司，大肆掠奪殖民地原物料資源，並藉由興盛的海運，開展了龐大的貿易與商業利益，在商業的蓬勃發展過程中，英國的日不落帝國稱號也由此而生。在十七世紀的歐洲，殖民帝國主義興盛的時代，咖啡館經常扮演著商業與政治的實用功能，既是商人們交換訊息的場所，也是社會名流聯誼之處，而非僅是浪漫寫意的藝文場所。

　　其中最為人稱道的咖啡館與商業結合的案例是愛德華‧勞埃德（Edward Lloyd）在泰晤士河畔開設了「勞埃德咖啡館」，當時的海上霸權英國，有許多的船老闆，坐在港邊Lloyd's咖啡館內，等待貨船的返航，然而海象多變，風險頻生，在咖啡館老闆Edward Lloyd的見證下，船老闆們運用互助的概念，在咖啡館開辦保險業務。1969年勞埃德咖啡館遷至倫敦金融中心，成為現在的倫敦的Lloyd's保險組織（又稱勞合社）的前身，它高居全球最知名保險公司的寶座200多年，咖啡館轉變成全球最大的企業總部之一，而保險業起源於咖啡館，的確是個浪漫而有趣的歷史。

　　咖啡館既然是人們習慣交流談話的公開場所，自然也經常成為討論時事與政治的地方，英國查理二世就像很多統治者一樣缺乏自信，對於民眾的言論自由頗為忌憚，1675年間下令關閉所有的咖啡館，一時之間輿論譁然，以至於此項禁令持續10幾天後就取消。

　　1789年的法國大革命，據說主其事者們，就是在經常聚會的一家名為Cafe Foy咖啡館門前，號召革命人士發起革命並建立了共和國體制。十八世紀末；坐落在紐約華爾街（Wall Street）和水街（Water Street）交叉路口的通天咖啡館（Tontine Coffee House），當時是紐約最有名的股票買賣場所。通天咖啡館裡擠滿了證券交易商、許多金融產業包括保險契約的買賣與洽談均在此進行，原址後來成為十九世紀初紐約證券交易所成立的前身。從歷史來看，金融業的興起與咖啡館的確關係密切。在咖啡館中，也孕育了許多的歐洲文化，包含商業、政治、文學與藝術。

圖4-3-1　保險業起源於咖啡館

4-4 瑞士再保公司Sigma報告

　　再保險（Reinsurance）係指由於每一間保險公司承保能力有其上限，所以將承保風險的一部分或全部，再向其他保險公司投保，以減輕需要承擔的風險，而接受此業務的保險公司即稱為「再保險公司」。其中總部位於瑞士蘇黎世的瑞士再保險公司（THE SWISS RE GROUP），成立於1863年，在世界各地約有80個辦事處，是全球第二大的再保公司。

　　Sigma報告是瑞士再保公司研究部門經常性發布的報告，主要分析全球保險市場的現狀和未來發展趨勢。該報告由瑞士再保險公司的專家團隊編撰，涵蓋了全球各地的保險市場情況和經濟趨勢，為業內人士提供了詳盡的分析和預測。

　　我國財團法人保險事業發展中心（簡稱保發中心）依據瑞士再保公司2022年Sigma報告統計，公告保險業三大業務指標：總保費、保險密度、保險滲透度的各國最新排名如下：（統計年度為2021年）

1. 台灣的「壽險總保費收入」排名全世界第10名，若是含「財產保險總保費收入」，則台灣的「保險業總保費」排名全世界第11名。（2019年總保費排名為全球第10名）。

2. 台灣「保險密度」為4,804美元（壽險3,772美元；產險1,032美元），排名全世界第13名，所謂「保險密度」即平均每人每年的保費支出，約為新台幣14～15萬元（依匯率變動）。（2019年保險密度為4,994美元，排名為全球第9名）。

3. 台灣「保險滲透度」達14.8%，排名全世界第3名，其中「壽險滲透度」達11.6%，「產險滲透度」達3.46%。所謂「保險滲透度」（總保險費÷GDP）即是計算各國保險費占其國內生產毛額（GDP）的比重，亦代表該國保險業對其經濟的重要性及貢獻度。（2019年保險滲透度為19.97%，排名為全球第1名）。

　　其中「保險滲透度」指標，台灣在2020年以前曾經連續十數年居全世界第1名，2020年以後依瑞士再保Sigma報告，近2年台灣保險滲透度在全球排名落居第2～3位，被香港與開曼群島超越。此由於金管會鑒於保險業即將要正式接軌

IFRS 17[1]，並強化國人保障，以至於2020～2021年保險業指標微幅衰退。依金管會保險局解釋，IFRS 17是國際會計準則理事會（IASB）發布之國際財務報導準則第17號「保險合約」，規範保險合約衡量及表達之會計處理準則，IFRS 17以公允價值評估保險合約負債，並提供保險合約不同獲利來源資訊等，有助於保險業落實資產負債管理，使財報表達更透明及貼近保險業經營實質，回歸保險業經營之核心價值。

　　「總保費排名」、「保險密度」、「保險滲透度」三項指標，代表該國保險業發展的程度。

---

1. 過去國際間對保險合約無一致之會計準則規範，且現行會計處理採類似現金基礎之方式處理保險合約，不但使保險業財務報導基礎不同於其他產業，更難以呈現保險產業之長期業務特性；又保險業財務報表資產、負債面會計處理不一致，使保險業財務報表容易波動、無法真實呈現經營績效，亦使保險業資產負債管理難以落實，影響保險業長期健全發展。IASB（International Accounting Standards Board，國際會計準則理事會）經多年研議，於2017年5月18日發布IFRS 17草案，原訂於2022年生效，又鑒於各界反映該準則實務執行之困難及複雜度，IASB基於各界持續反映之意見，並於2020年6月25日發布正式準則，訂於2023年生效。鑒於IFRS 17對我國保險業影響重大，金管會於2015年2月16日函示我國接軌時程將以國際生效日後至少3年再實施為原則，以利觀察國外實施狀況，配合我國國情適度調整因應，並予業者較充裕之準備時間。（目前國際生效日為2023年1月1日，我國則於2026年1月1日開始實施）資料來源：金管會。

圖4-4-1　台灣保險滲透度在全球排名

2021年世界各國保險滲透度前20名排行表

單位：%

排名	國家	總計	壽險業	產險業
1	開曼群島	21.0	1.6	19.4
2	香港	19.6	17.3	2.3
3	台灣	14.8	11.6	3.2
4	南非	12.2	10.0	2.2
5	美國	11.7	2.6	9.1
6	丹麥	11.4	8.5	2.9
7	英國	11.1	8.9	2.2
8	南韓	10.9	5.8	5.2
9	芬蘭	10.3	8.4	1.9
10	法國	9.5	6.1	3.4
11	新加坡	9.3	7.5	1.8
12	義大利	9.1	6.9	2.2
13	荷蘭	9.1	1.4	7.7
14	日本	8.4	6.1	2.2
15	加拿大	8.1	3.3	4.8
16	巴哈馬	7.9	1.8	6.1
17	瑞典	7.6	5.8	1.9
18	瑞米比亞	7.1	5.1	2.0
19	瑞士	7.1	3.1	4.0
20	澳門	7.0	6.4	0.6
	世界	7.0	3.0	3.9

資料來源：摘譯自Swiss Re, Sigma No. 4/2022。
註：保險滲透度為保費收入對GDP之比率。

4-5 大數法則

「大數法則」（Law of Large Numbers）是數學和統計學中的一個重要概念。它描述了在某些事件，乍看之下是隨機而無規律，但當事件發生的樣本數無限增加時，會達成一個穩定的平均機率值。舉例來說：生男或生女的機率約當50%，但如果樣本數不大的時候，不一定會得到50%的平均值，只要樣本數夠大，則最後會得到趨近於50%的穩定平均機率值。換句話說，當你進行越來越多次的隨機試驗，其事件發生的頻率會來到一個穩定值。

「大數法則」在保險領域有重要的運用，可以幫助保險公司更準確地評估風險、制定合適的保費和提供適切的保障。以下是大數法則在人身保險方面的幾個具體運用：

1. 人壽保險：在壽險領域，保險公司需要估算客戶的預期壽命以設計出合適的保費和保障。大數法則可以幫助保險公司透過分析大量客戶的年齡、性別、健康狀況等因素，估算客戶的死亡率。隨著數據量的增加，這些估計將越來越接近事實，從而使保險公司更精確地評估風險並制定合適的保費。

2. 健康保險：在健康保險領域，保險公司需要評估客戶未來可能支出的醫療費用。透過大數法則，保險公司分析大量客戶的歷史醫療數據，以估計未來需要支付醫療理賠金的期望值。在此基礎上可以計算出合理的保費，並有足夠的準備以支付未來的理賠金。

3. 意外保險：在意外保險領域，保險公司需要評估不同類型意外事件（如交通事故、意外受傷等）的事故發生機率和相應的賠付金額。大數法則可以幫助保險公司透過分析大量歷史數據，更準確地評估風險，制定合適的保費和保障。

4. 風險分散：在人身保險領域，保險公司可以透過承保大量不同類型的風險（如壽險、健康保險和意外保險等），將風險分散在眾多客戶和保險項目上，降低單一事件對公司的影響。根據大數法則，隨著保險公司承保的業務越多，整體風險就越容易平均分散，公司的收益和支出也越趨穩定。有助於保險公司維持穩健的經營，為客戶提供持續且高質量的保障。

5. 產品設計和定價：運用大數法則，保險公司可以根據不同客戶群體的風險特徵和需求，研發出更加精確和個性化的保險產品。例如：針對不同年齡層、職業

類別和健康狀況的客戶，保險公司可以設計出不同保障範圍和保費水平的產品，以滿足客戶的需求並確保風險得到合理控制。

6. 管理和監控：保險公司可以利用大數法則，對其承保業務進行實時監控和分析，及時發現風險異常並採取相應措施。例如：保險公司可以定期檢查各類保險業務的賠付率，並與預期值進行比較。如果某一類保險業務的賠付率出現明顯偏高，則表明可能存在風險評估不足或保費定價不合理的問題，需要進一步調查和調整。

7. 總之，大數法則在人身保險領域的運用有助於保險公司更精確地評估風險、制定合適的保費和保障、優化產品設計，同時提高公司的風險管理和監控能力。這對保險公司的經營和客戶利益都具有重要意義。

圖4-5-1 大數法則（男女出生機率約當各50%）

但樣本數不夠大時，當局者迷容易誤判，尤其在原始社會，常歸責於機率以外的因素，並尋求偏方以增加生男或生女的機率，但其實隨著統計數愈大，男女比例會趨近1：1

甲村莊某一年內新生兒，男女比例2：4（生女機率66.7%）

乙村莊某一年內新生兒，男女比例5：1（生女機率16.7%）

隨著統計數愈大，男女比例會趨近1：1（生男或生女機率各50%）

4-6 保險利益

在「人身保險」中，要保人如果因為被保險人發生風險而導致損失，這個關聯性就稱為「保險利益」。而就「財產保險」而言，要保人會因為所保的財物標的（例如：要保人所擁有的房屋、汽車、工廠機械）發生風險而導致損失，此也是要保人對於此財物有「保險利益」。

以下是與「保險利益」有關的保險法條：

第3條

本法所稱要保人，指對保險標的具有保險利益，向保險人申請訂立保險契約，並負有交付保險費義務之人。

舉例說明：王太太為老王買一份儲蓄險，因為係夫妻關係，故有保險利益，王太太是可以以自己作為「要保人」、老王為「被保險人」，來跟保險公司訂立保險契約。由於王太太是「要保人」，所以負有繳保費的義務，當然此張保單的保單價值亦歸屬王太太的財產與權益。

第14條

要保人對於財產上之現有利益，或因財產上之現有利益而生之期待利益，有保險利益。

舉例說明：老王買了一台車作為代步工具，這台車對於老王來說既是代步工具、也可能是生財器具，一旦發生事故車輛毀損，就會造成老王需支付修車費用、代車費用的損失或是造成車禍事故對方的損傷，因此就這台車而言，老王會有投保車體保險、責任保險等需求，此即為「對於財產上之現有利益」有保險利益。

第15條

運送人或保管人對於所運送或保管之貨物，以其所負之責任為限，有保險利益。

例如：常見的貨物運輸保險，包括海上貨物運輸、航空貨物運輸及郵寄包裹等保險業務。簡言之，只要是貨物運輸，皆可由貨主投保貨物運輸保險，以保障貨物運輸過程遭致意外事故所致之損失。

第16條

要保人對於下列各人之生命或身體，有保險利益。
一、本人或其家屬。
二、生活費或教育費所仰給之人。
三、債務人。
四、為本人管理財產或利益之人。

　　由於人身保險是「以人的死亡或身體損害為請領要件」，故要求要保人與被保險人之間要有一定程度的利害關係，亦即要保人會因為被保險人死亡而蒙受經濟上的損害，才認定要保人對被保險人有保險利益，可以成立有效的保險契約。

　　此乃為了避免要保人為了保險金，而做出對於被保險人不利之行為，因此在保險法第16條中列出：一、本人或其家屬。二、生活費或教育費所仰給之人。三、債務人。四、為本人管理財產或利益之人。規範要保人僅對這四類人具有人身保險的保險利益。

第17條

要保人或被保險人，對於保險標的物無保險利益者，保險契約失其效力。

第20條

凡基於有效契約而生之利益，亦得為保險利益。

　　關於保險法第17條與第20條，舉例說明如下：張三向李四租下一間店面經營餐廳，由於李四係房屋所有權人，當然可以依保險法第17條，為此店面投保火險等保險。而張三與李四簽訂店面租賃契約營業，若是發生火災亦會蒙受損失。因此張三亦可依照保險法第20條「凡基於有效契約而生之利益，亦得為保險利益」，為此店面投保火險。

圖4-6-1　要保人對於下列各人之生命或身體有保險利益，得以其為被保險人

4-7 主力近因

　　「主力近因」原則，係指導致事故發生「最主要且最有效」之原因，而且與事故的發生有「因果關係」，不一定是指「時間上最接近」的因素。

　　舉例來說：

1. 假設一位司機在駕駛時分心看手機，導致撞上前方的車輛。雖然事故發生時，前方的車輛正在超速行駛，但根據主力近因原則，分心的司機可能會被認定為這次事故的主要原因，因為他的行為是導致事故的最直接、最重要的原因。

2. 假設一位醫生在進行手術時，由於疏忽大意，留下了手術器械在病人的身體內。病人在手術後感到極度不適，並最終導致嚴重併發症。雖然病人可能有其他的健康問題，但根據主力近因原則，醫生的疏忽行為可能會被認定為這次併發症的主要原因，因為這個疏忽是導致併發症的最直接、最重要的原因。

　　「主力近因」原則運用在保險契約，主要用來確認該事故是否在保險責任範圍內，保險人是否應負賠償責任。例如：某位民眾在浴室滑倒導致頭部受傷而死亡，就外觀形式上係因意外跌倒導致頭部受傷身故，似乎符合傷害險（意外險）之理賠範圍。然經過調查該民眾有高血壓病史，因此本案例可能有如下幾種情況：

1. 先發生腦溢血，直接導致腦出血死亡後跌倒。（應視為非意外）
2. 因為跌倒，撞到頭部間接導致腦溢血死亡。（需要專業判斷或法院判決）
3. 因為跌倒，撞到頭部重傷，直接導致撞擊出血死亡。（應視為意外）

　　依照保險法第131條規定：所謂意外傷害，係指非由疾病引起之外來突發事故所致者。意即「意外」的幾個要件：包含「非疾病」、「外來的」、「突發的」三個要素，所導致的身體傷害。因此一方面除了要參考醫院的死亡證明與檢察機關開立的相驗屍體證明書之外。還需要依照「主力近因」原則，來判斷造成此死亡事故的「最主要且最有效」之原因。以確認該事故是否在傷害險的保險責任範圍內，保險人是否應負賠償責任。

　　以下舉真實法院判決案例說明：

　　某甲於診所接受洗腎時，走到洗腎室門口滑倒致頭部撞地，經緊急轉送醫院急診，並於加護病房住院治療後不幸去世，地方法院檢察署相驗屍體證明書記載

為「意外死亡」，死亡原因為「跌倒、頭部外傷、顱內出血」。

「保險公司主張」：依某甲原來就診之診所開立之病歷摘要，經醫師認定死亡原因為「高血壓性腦病變」，係屬內發疾病，並非外力直接導致，不符條款約定之保險範圍，故不應給付意外身故保險金。

「法院判斷」：雖然依照診所醫院之診斷懷疑為「頭部外傷、腦中風或高血壓性腦病變」，惟該院無法確定真正病因係上述三種診斷之何種病因。另電腦斷層掃描顯示某甲左側硬腦膜下血腫及兩額前葉腦挫傷出血，並未顯示腦中風或高血壓性腦病變。由於地方法院相驗屍體證明書記載死因的確為「頭部外傷引起顱內出血」。最後法院判定死因為頭部外傷所致之顱內出血，建議保險公司依約給付意外身故保險金。

當然每一個案件其原因都不盡相同，因此需抽絲剝繭、仔細判斷，方能判定造成意外傷害的「主力近因」為何。

圖4-7-1　主力近因的案例

保險公司依據某甲就診之病歷摘要與醫師認定死因為「高血壓性腦病變」，非意外死亡

某甲於診所接受洗腎時，滑倒致頭部撞地，不幸去世

法院判定死因為頭部外傷所致之顱內出血，建議保險公司依約給付意外身故保險金

地方法院檢察署記載死亡原因為「跌倒、頭部外傷、顱內出血」，為「意外死亡」

4-8 代位求償

「代位求償原則」是財產保險中的一個重要概念，基本原理是當保險事故發生後，保險公司依約賠付給被保人（例如：車主）因事故損失的保險金後，保險公司得代替被保人，針對此保險事故損失負有法律責任的第三方（保險公司與客戶以外的第三人）進行求償。如此，保險公司可以從應負責任的第三方，依責任歸屬比例收回部分或全部的保險金。此原則旨在確保損失的最終責任由肇事方承擔。另一方面，對於被保險人來說，透過代位求償的機制，讓被保險人向肇事方索賠過程，得以減少了複雜冗長的程序。

舉例來說：假設你的車輛被另一個司機撞擊，而這個司機是事故的責任方。你向保險公司申請理賠後，保險公司根據代位求償原則，可以轉向事故責任方（或他的保險公司）進行追討已支付的修車費用。另外如房子由於鄰居的疏忽大意，導致火災而受到波及損壞。當保險公司賠付了你的損失之後，同樣可以依據代位求償原則，向你的鄰居（或他的保險公司）追討賠款，因為他是這場火災的肇事者。這兩個案例都是「代位求償」原則的運用，保險公司在給付被保人保險金後，對於負有責任的第三方有追討求償的權利，以確保保險公司不因為承擔超出其責任範圍的賠償而受損，也確保了損失由實際造成損失的一方負責。

依照現行「汽車保險共同條款」第15條，關於代位求償的規定如下：「被保險人因本保險契約承保範圍內之損失而對於第三人有損失賠償請求權者，本公司得於給付賠償金額後，於賠償金額範圍內代位行使被保險人對於第三人之請求權。被保險人不得擅自拋棄對第三人之求償權利或有任何不利於本公司行使該項權利之行為，否則賠償金額雖已給付，本公司於受妨害未能求償之金額範圍內得請求被保險人退還之。

前項第三人為被保險人之家長、家屬或受僱人時，本公司無代位請求權；但損失係由其故意所致者，不在此限。

要保人或被保險人為保全本公司之求償權利所支出之必要費用本公司同意償還並視為損失之一部分。」

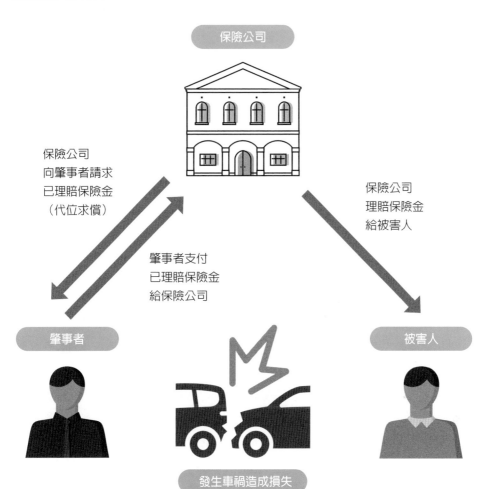

圖4-8-1 代位求償流程

保險公司

保險公司
向肇事者請求
已理賠保險金
（代位求償）

保險公司
理賠保險金
給被害人

肇事者支付
已理賠保險金
給保險公司

肇事者

被害人

發生車禍造成損失

　　「損害填補原則」又稱「損失補償原則」，是保險業的基本原則之一，一般適用財產保險與人身保險中的實支實付保險，其主要目的是補償被保人實際受損害的經濟損失，而不是因此獲得利益。這個原則對於確保保險的運作和保險市場的穩定極為重要，並防止保險欺詐的行為。

　　以下就健康保險與汽車保險，簡易說明損害填補原則的運作：

1. **健康保險**：民眾遭逢健康問題，需要進行昂貴的手術和治療。以現行健保制度，民眾僅需支付健保給付之外的金額（自費部分），而在實支實付醫療保險中，保險公司也僅理賠此位民眾實際支付的醫療費用。

2. **汽車保險**：一輛汽車在交通事故中受到嚴重損壞。車主向他的保險公司申請賠償。根據損害填補原則，保險公司會賠償足夠的金額來修理或更換該汽車，使得車主的經濟狀況與事故發生前相同，但車主不能從事故中獲利。例如：如果該車只值20萬，但是修理費用需要30萬，保險公司只會支付20萬的市場價值，而不是全部的修理費用，因為後者會讓車主得到超過其實際損失的補償。此外，如果車主藉由事故謀求獲得全新的車輛，那麼也違反了損害填補原則，讓投保者試圖從保險賠償中獲得利益。

　　這兩個案例清楚地解釋了損害填補原則，並表明了該原則在實際保險狀況中的應用和重要性。無論是健康保險還是汽車保險，保險的主要目的都是為了彌補受保人的損失，而不是從中獲得額外的利益。損害填補原則是保險法的基石，它不僅確保了保險的公平性，還防止了潛在的保險欺詐行為。在目前的保險市場中，該原則仍然被嚴格遵守，並在保險理賠運作過程中發揮著重要的作用。

　　另外，依「損害填補原則」延伸出「複保險」的相關規範，以避免投保人利用保險不當得利，以下是保險法對於複保險的規定：

保險法第35條規定：「複保險，謂要保人對於同一保險利益，同一保險事故，與數保險人分別訂立數個保險之契約行為。」

保險法第36條規定：「複保險，除另有約定外，要保人應將他保險人之名稱及保險金額通知各保險人。」

保險法第37條規定：「要保人故意不為前條之通知，或意圖不當得利而為複保險者，其契約無效。」

以上關於「複保險」法條均係基於「損害填補原則」，為防止被保險人藉由財產保險的「複保險」不當得利、獲致超過其財產上損害之保險給付，以維護保險市場交易秩序、降低交易成本與健全保險制度之發展。

另依照大法官釋字第576號：人身保險契約並非為填補被保險人之財產上損害，因此人身保險沒有財產保險之保險金額是否超過保險標的價值之問題，自不受保險法關於複保險相關規定之限制。

● **圖4-9-1 依照大法官釋字第576號，人命無價，因此人身保險沒有保險** ●
　　金額是否超過保險標的價值之問題

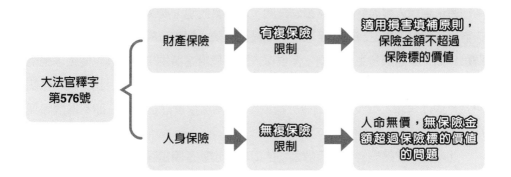

　　保險契約是最大善意契約，應以誠信原則為其根本核心。保險的「最大誠信原則」是指保險契約中的當事人雙方（保險公司和要保人）在簽訂契約時應該秉持完全誠實的原則。雙方應該提供真實和完整的資訊，並按照契約條款履行義務，以確保契約的有效性和公平性。最大誠信原則要求要保人在投保時提供真實和完整的個人健康與財務資訊。例如：當要、被保人在要保書中被問及健康狀況時，應該如實回答並披露任何重要的就診與用藥狀況或疾病史。如此才能讓保險公司能夠正確評估風險並確定適當的承保條件。

　　由於保險制度係利用「大數法則」分散風險，透過保險公司之專業精算，藉由承擔社會上廣大投保民眾之共同風險。在「收支相等」的原則下銷售保單收取保險費，並對發生保險事故之被保險人給付保險金，而其保險費之費率及承保範圍均由專業之精算程序及主管機關所核定。因此保險公司對於投保民眾既需要經過審查核保流程的「危險選擇」，也需要投保民眾善盡告知義務。而「善盡告知義務」，即是「最大誠信原則」的體現。

　　保險法第64條即是關於「最大誠信原則」的主要法令，第64條規範：「訂立契約時，要保人對於保險人之書面詢問，應據實說明。要保人故意隱匿，或因過失遺漏，或為不實之說明，足以變更或減少保險人對於危險之估計者，保險人得解除契約；其危險發生後亦同。但要保人證明危險之發生未基於其說明或未說明之事實時，不在此限。前項解除契約權，自保險人知有解除之原因後，經過1個月不行使而消滅；或契約訂立後經過2年，即有可以解除之原因，亦不得解除契約。」

　　此處的「解除契約」是保險公司的權利，也就是說當客戶投保時未據實告知健康或財務狀況時，保險公司是可以在契約成立2年內單方面解除該契約的。許多民眾由於不瞭解保險的「最大誠信原則」與保險法第64條的規範，因而投保時避重就輕地回答應該告知的事項，往往造成日後理賠上的爭議，而這方面的爭議，實務上也占保險訴訟案件相當大的比例。

　　綜合上述，保險契約是「最大誠信契約」，因此法律上要求要保人在保險契約訂定時須善盡告知義務，例如：被保險人近年病史與就診治療、用藥等資訊，

若未告知而足以影響保險公司對危險之估計、甚至不願承保，則保險公司自得於契約成立2年內；且知情後1個月內解除保險契約，縱使危險事故發生後亦同。

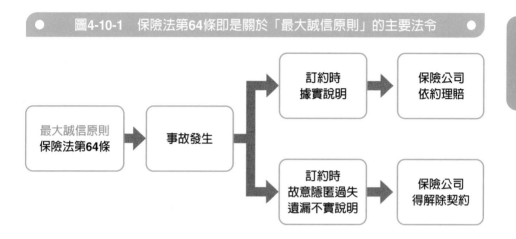

圖4-10-1　保險法第64條即是關於「最大誠信原則」的主要法令

保險公司行使「解除契約權」期限

1. 知有解除之原因，經過1個月不行使而消滅
2. 或契約訂立後經過2年，即不得解除契約

參考資料

1. 《資本主義的罪惡咖啡館:咖啡館裡的書摘與管理哲思》,黃世芳,雅書堂。

2. 《禮記·禮運大同篇》,先秦儒家。

3. 財團法人保險事業發展中心,摘譯自Swiss Re, Sigma No. 4/2022。

4. 大法官釋字第576號。

5. 台中地方法院101年保險簡上字第1號民事判決。

6. 高雄地方法院101年保險字第8號民事。

Chapter 5

近期保險主流險種

5-1 利率變動型壽險

一、保險業六項保險商品發展方向

本章各章節中，將針對利率變動型壽險、投資型壽險、分紅壽險、長期照護保險、重大傷病保險，以及實支實付醫療保險和外溢保單等，詳細深入剖析，並佐以衛生福利部統計處數據，以及保險公司現行主流商品說明，更輔以投保案例探討理賠項目及理賠金額整理，供民眾投保規劃參考。

金融監督管理委員會（下稱金管會）主委黃天牧，2023年年底在一場「保險業接軌二制度[1]之保險商品結構轉型經驗國際研討會」致詞時，提出六項保險商品發展方向。黃天牧表示，這幾項是金管會認為未來在商品發展方向上，可以與公會精進討論，能否讓這些商品成為未來發展的主流。

金管會保險局後續還將洽公會，共同就業者需要的配套誘因，做精細規劃，讓業者有足夠誘因機制，推動發展這些商品。

壽險六項保險商品發展方向，分別條列如下：

1. **分紅壽險**：強化分紅管理機制的分紅保單，將訂定注意事項、送審規範，強化商品設計、資訊揭露兩面向。

2. **利率變動型壽險**：高保障成分利變型保險，將透過獎勵機制引導壽險業發展高保障成分、繳費年期較長的利變型保單。

3. **投資型壽險**：鼓勵高保障成分投資型壽險，將適度提高壽險門檻比率，讓投資型保單有良性發展，也能厚實保險合約服務邊際（Contractual Service Margin, CSM）。

4. **實支實付醫療險**：改革實支實付醫療險，落實損害填補原則，保發中心將進行新藥、新醫療技術等發生率與醫療費用損失幅度等專案研究，完善資料庫，漸進推動改革，讓實支實付落實損害填補。

5. **異業結盟的創新商品與服務**：金管會已在2023年10月大幅鬆綁，保險業可與「大數據資料分析、介面設計、軟體研發、物聯網、無線通訊業務」等具金融

---

1. 金管會新聞稿：我國保險業接軌「保險合約」（IFRS 17）利率轉換措施及「保險業新一代清償能力制度」（TW-ICS）第二階段過渡性措施，2023/11/23。資料來源：https://www.fsc.gov.tw/ch/home.jsp?id=96&parentpath=0,2&mcustomize=news_view.jsp&dataserno=202311230002&dtable=News。

科技業進行異業合作，目前保險局已收到部分保險公司送件試辦申請。

6. **永續保單**：鼓勵發展永續保險商品，目前產險業已有許多農業保單，未來因應全球淨零碳排趨勢，保險業有必要在保單上跟進，像氣候變遷保單、再生能源保單等。

二、金管會對於壽險業辦理利率變動型保險商品業務之期許

金管會在2022年8月新聞稿[2]中提醒消費者在選擇投保利率變動型保險商品時應注意下列事項：

1. **宣告利率非保證利率**：利率變動型保險商品之本質仍為保險商品，保險公司會收取提供保險保障之保險成本及附加費用，且宣告利率非保證利率，民眾購買時應慎選適合自己的保險商品。

2. **宣告利率不宜作為唯一投保考量**：各保險公司宣告利率雖有高低差異，然消費者購買時不宜僅以宣告利率高低作為唯一考量，宜先向保險公司索取保單條款樣張，詳細檢視商品保障範圍是否符合自身需求。

3. **宣告利率機制**：利率變動型保險商品雖具有宣告利率機制，但因其為長期契約，若保戶欲提前辦理解約，保險公司仍會收取解約費用，保戶可能因提前解約而導致無法拿回所繳保險費之全部金額。

4. **匯率風險**：外幣收付之利率變動型保險商品，其保險費及保險金等款項給付之幣別均為外幣，購買前應特別注意匯率風險。

三、利率變動型保險說明：輔以國泰人壽豪美利101利率變動型美元終身壽險（定期給付型）商品說明

國泰人壽分析，與美元定存相較，美元利率變動型保單可以提供身故保險金、生存保險金等保障項目，更可依不同人生階段對應的需求選擇，滿足遺族照護、退休規劃等多元需求，透過宣告利率機制可適度參與市場，有機會獲得額外增值回饋分享金，達到獲取保障、累積資產的兩大目標。

1. **利率變動型保險商品**：同時具有壽險保障與累積資產的功能，除基本項目保障外，有機會享有額外的增值回饋分享金。

---

2. 金管會新聞稿：金管會對於壽險業辦理利率變動型保險商品業務之期許，2022/8/18。資料來源：https://www.fsc.gov.tw/ch/home.jsp?id=96&parentpath=0,2&mcustomize=news_view.jsp&dataserno=202208180002&dtable=News。

2. 宣告利率：每月第一個營業日宣告，適用於本契約之當月利率，該利率係參考市場利率及本公司運用此類商品所累積資產的實際狀況而訂定。宣告利率只適用於利率變動型保險商品。（宣告利率不代表保單報酬率）

3. 增值回饋分享金：當宣告利率高於預定利率，就能享有增值回饋分享金，並分為兩種給付方式（儲存生息、增購保額），16歲以下給付方式依條款約定辦理[3]。增值回饋分享金只適用於利率變動型保險商品。宣告利率越高增加回饋金通常越多，是目前最受歡迎的類型。適合想要參與保險公司投資績效，透過宣告利率累積保障與資產的小資族或中壯年族群。非利率變動型的保障型壽險是透過保額增值，不斷累積保障，適合三明治族群，建構家庭保障。非利率變動型還本保險則是每年可領取生存保險金，適合退休族群，打造穩定現金流。

4. 分期定期給付：自被保險人身故日起，保險公司依保單約定之給付期間（5～30年不等）將指定保險金給付予受益人。即自分期定期給付開始日起，國泰人壽依分期定期保險金給付期間[4]及保單條款第2條定義之分期定期保險金預定利

---

3. 增值回饋分享金的給付方式：增值回饋分享金係指國泰人壽於本契約有效期間內之每一保險單週年日，按前一保險單年度宣告利率平均值減去本契約預定利率（2.5%）之差值，乘以前一保險單年度末保單價值準備金所得之值。國泰人壽於本契約有效期間內之每一保險單週年日，以增值回饋分享金作為躉繳純保險費，計算自該保險單週年日當日起生效之增額繳清保險金額。但被保險人為受監護宣告尚未撤銷者，應依保單條款第18條約定辦理。本契約之增值回饋分享金自第7保險單年度起，得依要保人之申請，變更為儲存生息之方式，逐月以各月宣告利率，依據複利方式累積至要保人請求時給付。

   如被保險人於該保險單週年日保險年齡未滿16歲者，國泰人壽將改以下列方式處理，不適用前兩項之約定：⑴繳費期間內：增值回饋分享金將以抵繳保險費方式辦理。⑵繳費期滿後：增值回饋分享金將依儲存生息之方式，逐月以各月宣告利率，依據複利方式累積至被保險人保險年齡到達16歲的保險單週年日時，並以此累積之金額，作為躉繳純保險費，計算自該保險單週年日當日起生效之增額繳清保險金額。⑶要保人依保單條款第31條約定申請辦理減額繳清保險，而不必再繼續繳保險費時，依前款方式辦理。
   國泰人壽於給付「身故保險金或喪葬費用保險金」、「完全失能保險金」或「祝壽保險金」時，本契約如有要保人尚未請求的儲存生息金額者，一併給付予該保險金受益人。但於保單條款第11條第10項、第13條或第27條第3項之約定情形時，則給付予要保人或應得之人。

4. 「分期定期保險金給付期間」，係指依本契約約定書約定自分期定期給付開始日起之給付期間，該期間最短為5年，最長為30年，如該期間有所變更時，則以變更後並批註於保險單之期間為準。

率[5]將指定保險金換算成每年年初應給付之金額，按約定將每期分期定期保險金給付予各該受益人。

5. 投保案例分析：以國泰人壽推出的「豪美利101利率變動型美元終身壽險（定期給付型）」而言，可選擇6、10、20年繳，繳費年期多樣化以分散匯率波動風險，且身故保險金可約定分期定期給付，達到遺族照顧目的。

參照圖5-1-1整理所示，40歲的豪先生投保「國泰人壽豪美利101利率變動型美元終身壽險（定期給付型）」，繳費6年期，基本保險金額50萬美元，年繳應繳保險費39,150美元（加計自動轉帳1%及高保額折減2%後，年繳實繳保險費37,975美元）。

假設宣告利率每年皆為3.70%，增值回饋分享金選擇「增購保額」，則累計增加保險金額及保單現金值（解約金）如表所示，總計之保單現金值（解約金）也可參照圖5-1-1所列金額。

● **圖5-1-1　國泰人壽豪美利101利率變動型美元終身壽險（定期給付型）** ●
　　商品說明

請用手機掃此QR Code
即可於網頁檢視。

資料來源：國泰人壽官方網站。

---

5. 「分期定期保險金預定利率」，係指國泰人壽於分期定期給付開始日用以計算分期給付金額之利率。該利率係以分期定期給付開始日國泰人壽公告於國泰人壽網站之利率為準。

5-2 投資型壽險

一、「人身保險商品審查應注意事項」、「投資型保險專設帳簿保管機構及投資標的應注意事項」及「投資型保險資訊揭露應遵循事項」部分規定修正

　　為充分保障保戶權益及健全保險市場之發展，金管會針對投資型保險、利率變動型保險及房貸壽險研擬相關強化監理措施，經與壽險業者充分溝通討論後，擬具「人身保險商品審查應注意事項」、「投資型保險專設帳簿保管機構及投資標的應注意事項」、「投資型保險資訊揭露應遵循事項」三項修正草案[6]，上述修正草案內容，已於2023年2月16日公告，訂於2023年7月1日實施。

　　前開草案修正重點如次：

1. 「人身保險商品審查應注意事項」部分

⑴ 為避免資產撥回機制損及本金或該機制之設計過於複雜而誤導消費者，明定限制保險業委託經營或兼營全權委託投資業務之事業代為運用與管理專設帳簿資產之投資型保險商品（下稱類全委投資型保險商品）之全權委託帳戶單位淨值低於帳戶成立當日單位淨值80%時，不得提供資產撥回，且僅得以「現金撥回」之方式設計商品。

⑵ 配合臺灣壽險業經驗生命表之更送，修正投資型保險商品計算目標保險費之上限，所適用之預定死亡率基礎為「最新發布臺灣壽險業經驗生命表」。

⑶ 保單帳戶價值尚未累積時即提供加值給付，如同於保戶手中收取保費後，即刻退還保費予保戶，恐扭曲費率結構，明定投資型保險商品如提供加值給付，應於保單年度屆滿5年以上始得提供加值給付；另保險業應揭露其給付來源。

⑷ 為利公司確實評估保戶商品適合度，明定房貸保險商品，其給付項目非屬身故保險金或喪葬費用保險金及完全失能保險金者，應以附約方式設計，供要保人自由選擇。

---

6. 金管會新聞稿：預告「人身保險商品審查應注意事項」、「投資型保險專設帳簿保管機構及投資標的應注意事項」及「投資型保險資訊揭露應遵循事項」部分規定修正草案，2023/2/16。資料來源：https://www.fsc.gov.tw/ch/home.jsp?id=96&parentpath=0,2&mcustomize=news_view.jsp&dataserno=202302160001&dtable=News。

⑸ 為使業者反映利率變動型壽險商品之保戶解約行為具一致性，以真實反映商品獲利，於現行商品送審文件——保險商品利潤分析，額外增訂主管機關指定之解約率測試情境。

2. 「投資型保險專設帳簿保管機構及投資標的應注意事項」部分

⑴ 為避免保戶承受過高的風險，明定投資型保險商品完全禁止連結至槓桿型及反向型ETF。

⑵ 投資型保險商品連結之債券型基金如以投資非投資等級債券為訴求，將使保戶面臨較高信用風險，爰明定類全委投資型保險商品，所投資非投資等級債券型基金及新興市場債券型基金合計投資比例上限不超過20%，且其中非投資等級債券型基金之投資比例上限不超過10%。其餘投資型保險商品連結之投資標的，不得投資於非投資等級債券基金及新興市場債券基金。

3. 「投資型保險資訊揭露應遵循事項」部分

　　為強化投資型保險商品之資訊揭露，以保障保戶權益，明定保險商品說明書、簡介、保單價值定期報告應揭露之事項及相關警語。

二、金管會提醒消費者購買投資型保險商品應依自身需求審慎評估並注意風險[7]

　　金管會提醒消費者，如考慮以手邊間餘資金購買投資型保險商品，因投資型保險商品投資相關風險係由保戶承擔，且商品種類及費用結構有多種型態，消費者在投保之前，應瞭解擬投保商品之風險及各種費用結構，審慎選擇適合自己的商品，以避免爭議。

　　市面上銷售之投資型保險商品可分為投資型人壽保險及投資型年金保險兩大類，分別提供被保險人死亡與生存年金之保障。因此，消費者在選擇投資型保險商品時，務必要確認是否有人壽保險或年金保險之保障需求，且應瞭解每年的壽險保障費用將隨年紀提高，而當投資虧損導致保單帳戶價值不足以支應壽險部分之保障費用時，需補繳保費。

---

7. 金管會新聞稿：金管會提醒消費者購買投資型保險商品應依自身需求審慎評估並注意風險，2022/2/4。資料來源：https://www.fsc.gov.tw/ch/home.jsp?id=96&parentpath=0,2&mcustomize=news_view.jsp&dataserno=202201280011&dtable=News。

投資型保單得連結之標的包括共同基金、金融債券、公司債及結構型商品等，保戶需自行承擔連結投資標的價值下跌、流動性等多項風險，如為外幣商品尚可能面臨匯率風險。

而坊間所稱「類全委保單」係指由保險公司委託證券投資信託公司代為運用與管理專設帳簿資產之投資型保險商品，該等專設帳簿資產雖由保險業委託專業機構代操，惟投資相關風險仍由要保人承擔。

此外，一般投資型保險商品的費用包含前置費用（如：保費費用）、保單相關費用（如：保單管理費、保險成本）、投資相關費用（如：投資標的申購手續費、贖回及轉換費用）與後置費用（如：解約、部分提領費用）等項目，消費者投保前務必詳細瞭解其意涵及商品收費架構。

另市面上有部分投資型保險商品訴求連結投資標的之定期配息或收益分配機制，惟部分商品之配息或收益分配來源可能由本金，民眾購買前，應特別注意各該商品之警語揭露。

金管會提醒消費者，投資型保險雖具有投資性質，但本質上仍為保險商品，投保前應審慎評估保險需求以選擇適合的保險商品，尤其在決定連結複雜之投資標的前，需確認自己具備相關投資知識及風險承擔能力，切勿僅因預期投資報酬率可能優於銀行存款利率就盲目決定投保，而忽略投資型保險商品本質上具有自負盈虧且不保證收益之特性。

另消費者簽約後如發現保單內容不符合需求，仍可依保險契約約定，於收到保單翌日起10日內向投保之保險公司撤銷保險契約，保險公司即應無條件退還所繳保險費，以維護自身權益。

三、投資型壽險說明：輔以國泰人壽新溢起愛變額萬能壽險商品說明

投資型壽險同時具備保障與資產配置的功能，主要包含變額年金、變額壽險、變額萬能壽險以及投資鏈結型，分別說明如下：

1. **變額年金**：年金累積期間，可透過投資標的累積保單帳戶價值，待一定期間後，可一次領取年金或分次領取年金。強調年金給付的功能，適合作為退休規劃。

2. **變額壽險**：享有壽險保障，且保障會隨著投資的帳戶價值而有所變化。

3. **變額萬能壽險**：繳費時間及金額是彈性的，保障會隨投資內容的價值而有所變化，可依據人生不同的階段調整保障。

4. 投資鏈結型：投資項目多為結構型債券，此類保單大多需要一次繳清保費，好處是能獲取固定收益。

5. 變額萬能壽險說明：輔以國泰人壽新溢起愛變額萬能壽險商品說明，參照圖 5-2-1說明整理，國泰人壽新溢起愛變額萬能壽險商品特色有以下四點：

⑴ 可搭配人生週期的規劃，彈性調整自身保障需求，並可彈性決定額外繳交保費的時間及金額[8]。

⑵ 如按期繳交目標保險費，自第5至第9保單週年日止，可享加值給付，金額最高約當於目標保險費費用。目標保險費及超額保險費的保費費用說明請參照圖 5-2-2所示。

⑶ 第10保險費年度起免收超額保險費費用，適時加碼，退休理財及資產累積皆可再升級。

⑷ 投資標的多元，提供包含委託專業投資機構投資運用且具有穩定撥回資產之委託投資帳戶，亦有多檔以永續、ESG等訴求的共同基金供選擇。

本保險不提供未來投資收益、撥回資產或保本之保證，另投資標的的收益或撥回資產可能由投資標的的收益或本金中支付。

---

8. 繳費方式：定期定額（在契約有效期間內且已繳足前面各保單年度至當期所累積的目標保險費後，可另外繳交超額保險費或申請按月扣繳超額保險費）。

圖5-2-1　國泰人壽新溢起愛變額萬能壽險商品特色

請用手機掃此QR Code
即可於網頁檢視。

資料來源：國泰人壽官方網站。

表5-2-2　國泰人壽新溢起愛變額萬能壽險保費費用說明

請用手機掃此QR Code
即可於網頁檢視。

資料來源：國泰人壽官方網站。

圖5-2-3　國泰人壽新溢起愛變額萬能壽險保單運作流程

請用手機掃此QR Code
即可於網頁檢視。

資料來源：國泰人壽官方網站。

5-3 分紅壽險

一、保單分紅相關訊息

金管會在2005年5月10日新聞稿[9]中公告,針對當時數家保險公司競相發布分紅保單新聞稿,以標榜分紅保單報酬或分紅率等,恐有誤導保戶之虞,行政院金管會保險局業於2005年5月9日邀集壽險公會、保發中心及專家學者代表研商相關對策,就分紅保單未來資訊揭露規劃方向說明如後:

1. 明訂分紅保單業務應獨立設帳,分開記帳,以明確區分收入、費用之歸屬,俾便查核。

2. 保單分紅應依保險契約之約定為之,並應於年度結算後依一定程序辦理。

3. 爾後公司送審保單所附「分紅與不分紅人壽保險單費用分攤及收入分配辦法」及「紅利分配辦法」應具體明確,且其辦法應有一貫性及延續性,不宜任意變動。若紅利分配處理準則及收入、費用分攤基礎有所變更應依規定報主管機關備查。年度紅利分配報告中紅利之計算及分配辦法應與「分紅與不分紅人壽保險單費用分攤及收入分配辦法」及「紅利分配辦法」一致,並應由簽證精算人員就其公平性、合理性予以分析。如使用的方法有所變更,應予揭露並說明理由。

4. 當時針對少數公司自行發布新聞稿之「分紅率」並非法定公開揭露之事項,且分紅金額依各保單之實際內容、保戶之性別、投保年齡、投保年期、投保金額的不同會有差異,缺乏一致比較基礎,易誤導消費大眾,各公司在共通性之標準或定義未建立之前,不宜公布。金管會將請壽險公會參考國外作法,就保險公司每年度分紅之結果研議訂定共通性標準或定義,及合理資訊揭露方式,並建置相關分紅保單資訊揭露平台。

5. 各公司不得於行銷廣告上強調其分紅或分紅率為業界最高,亦不得將分紅率與同業或銀行存款利率比較,或僅作選擇性揭露,上述事項金管會已納入「保險業招攬廣告自律規範[10]」中,俾供業者遵循。

---

9. 金管會新聞稿:保單分紅相關訊息,2005/5/10。資料來源:https://www.fsc.gov.tw/ch/home.jsp?id=96&parentpath=0,2&mcustomize=news_view.jsp&dataserno=1625&dtable=News。

10. 保險業招攬廣告自律規範,修正日期:2021/10/27。資料來源:https://law.lia-roc.org.tw/Law/Content?lsid=FL039170。

二、壽險業配合分紅保單資訊揭露相關建議措施

金管會在2005年6月14日新聞稿[11]中公告，為健全分紅保單行銷秩序，避免壽險業競相以自由分紅保單之紅利分配作不當之宣傳，誤導消費大眾，本會曾於2005年5月10日發布新聞稿說明分紅保單未來資訊揭露之規劃方向，希望壽險業在「分紅率」計算之共通性標準或定義未建立之前，不宜公布，並請壽險公會參考國外作法，就保險公司每年度分紅之結果研議訂定共通性標準或定義，及合理資訊揭露方式，並建置相關分紅保單資訊揭露平台。

案經壽險公會函報「壽險業配合分紅保單資訊揭露相關建議措施」。該等措施係依下列原則擬定：

1. 分紅率一詞之定義模糊，故不予採用。
2. 不與其他金融商品相互比較。
3. 分紅保單建議採舉例方式（舉例被保險人性別、投保年齡、投保險種、繳費年期及保額）揭露其紅利金額等。其重點略為：

⑴ 由壽險公會建置網頁揭露平台，連結各公司資訊公開網頁之分紅保單資訊，保戶可透過公會平台上網查詢。

⑵ 壽險公會網站首頁應清楚明示導讀警語，教導民眾正確解讀各公司揭露之分紅資訊。

⑶ 各公司本年應於主管機關核定後1個月內完成相關資料，俾便建置網頁平台。爾後年度應於提報董（理）事會通過或紅利宣告日後1個月內完成。 前揭壽險公會所報之分紅保單資訊揭露相關建議措施乙案，業經本會2005年6月13日業務會報同意。至於前揭壽險業將不予採用分紅率一詞及不與其他金融商品相互比較之原則，壽險公會已納入其刻正研議之「保險業招攬廣告自律規範」中，俾供業者遵循。

三、分紅壽險說明：輔以富邦人壽美富紅運外幣分紅終身壽險商品說明

1. 分紅保單

分紅保單是一種具有保障功能、又能分享保險公司經營分紅保單所產生盈餘的一種保單。

---

11. 金管會新聞稿：壽險業配合分紅保單資訊揭露相關建議措施，2005/6/14。資料來源：
https://www.fsc.gov.tw/ch/home.jsp?id=96&parentpath=0,2&mcustomize=news_
view.jsp&dataserno=1619&dtable=News。

面對無法預測的大環境，民眾對於保險保障以及想穩健累積資產需求日益提高，而分紅保單進可攻、退可守，兼具「壽險保障及紅利分享」的特性，面對景氣差的時候，享有基本保障與預定利率最低保證，在景氣好轉時，還有機會依保單的經營績效，分配到更多的保單紅利，兼顧保障與長期累積資產的優勢，是保守及穩健型客戶資產配置的不錯選擇。

2. 分紅宣告資訊揭露

分紅保單之獨立分紅帳戶投資配置會由專業投資團隊因應市場變化做資產靈活配置，長期報酬率相對穩定，因此選擇一家穩健經營且有績效表現的投資團隊至關重要。

3. 分紅保單紅利來源

分紅保單之紅利來源為死差、利差、費差，其中主要來源為利差益， 也就是分紅保單實際投資報酬率高於保單計算保單價值準備金的預定利率， 依法令規範給保戶的紅利不可低於可分配紅利盈餘的70%。

分紅保險單連續2年未能達到在合理精算假設下推估之可能紅利金額之累積值時，保險公司應向主管機關說明理由及改善措施。其有變更前述在合理的精算假設下推估之可能紅利金額時，保險公司並應書面向要保人解釋原因。

4. 紅利給付方式

雙重紅利給付項目「年度保單紅利」及「終期保單紅利」，保險公司每年會根據分紅保險業務上一會計年度實際經營狀況，宣告保戶當年可領取的保單紅利。

其中「年度保單紅利」為契約有效期間且屆滿第二保單年度起，有機會享有保險公司於每一保單週年日公告「年度保單紅利」，可參照圖5-3-1所示。且視商品設計提供多元方式包含「現金給付」、「儲存生息」、「購買增額繳清」及「抵繳保費」。分紅保單提供客戶自行選擇紅利給付方式，可以滿足資金靈活運用、資產長期累積、保障穩健增值等不同客戶的需求。

而終期保單紅利為屆滿第五保單年度起有機會享有，包含身故或喪葬費用紅利、完全失能紅利、解約紅利或祝壽紅利。

5. 分紅壽險說明：輔以富邦人壽美富紅運外幣分紅終身壽險商品說明

富邦人壽美富紅運外幣分紅終身壽險商品特色有以下三點：

⑴ 壽險保障：分期繳費，終身壽險保障。

⑵ 年度紅利：年度保單紅利給付方式為購買增額繳清保險金額。

⑶ 美元規劃：滿足外幣資產累積及傳承需求。

參照圖5-3-2投保範例說明，45歲的富先生投保「富邦人壽美富紅運外幣分紅終身壽險」保額15萬美元，繳費6年，年繳保險費18,975元（假設首、續期以轉帳繳費，並符合高保額折扣條件，共可享2%保費折減，保費折減後之實繳年繳保險費為18,596元）。

假設分紅－中分紅（非保證給付）；年度保單紅利給付方式：繳清保險金額，則累計增加保險金額、終期保單紅利——身故／完全失能／祝壽（預估值）等詳細數據如表列所示。

圖5-3-1　富邦人壽分紅壽險紅利宣告機制

請用手機掃此QR Code
即可於網頁檢視。

資料來源：富邦人壽官方網站。

圖5-3-2　富邦人壽分紅壽險投保範例說明

請用手機掃此QR Code
即可於網頁檢視。

資料來源：富邦人壽官方網站。

5-4 創新型保險商品

一、金管會鼓勵發展創新型保險商品，修正「保險業辦理電子商務應注意事項」等相關規定[12]

金管會於2023年10月3日新聞稿公告，隨著數位經濟及新興科技之快速發展，消費者透過網路取得創新、多元、便捷的保險商品或服務已為趨勢，且外界迭有建議保險業應結合異業建構多元服務之生態系，使保險業與金融科技業者有更多合作開發創新型保險商品之機會，又現行銷售前程序作業準則第16條之1已明訂保險業經核准後，得銷售創新型保險商品，爰金管會修正「保險業辦理電子商務應注意事項」及「保險業保險代理人保險經紀人與異業合作推廣附屬性保險商品業務應注意事項」（修正後名稱為「異業合作推廣保險業務應注意事項」）等法規，並因應數位化趨勢，停止適用現行本會公告排除電子簽章法適用項目（保險部分）。重點說明如下：

1. 「保險業辦理電子商務應注意事項」修正草案

⑴ 開放保險業得與從事大數據資料分析、介面設計、軟體研發、物聯網、無線通訊業務等具金融科技專業之異業合作辦理本業務之創新型保險商品，並依據保險業申請業務試辦作業要點申請試辦，又創新型保險商品的範圍，包含商品或服務之內容或流程之創新。

⑵ 參考產、壽險公會建議，考量登山綜合保險與海域活動綜合保險具有承保天數較短，實務執行電話訪問不易等情形，爰增列該等保險得免辦理電話訪問；新增保單還款、變更個人投保風險屬性、利變型保單及團體年金自費單次增額保費變更等為網路保險服務得辦理項目。

2. 「保險業保險代理人保險經紀人與異業合作推廣附屬性保險商品業務應注意事項」修正草案

⑴ 為擴大將保險業與異業合作推廣創新型保險商品納入本注意事項規範，爰修正

12. 金管會新聞稿：金管會鼓勵發展創新型保險商品，修正「保險業辦理電子商務應注意事項」等相關規定，2023/10/3。資料來源：https://www.fsc.gov.tw/ch/home.jsp?id=96&parentpath=0,2&mcustomize=news_view.jsp&dataserno=202310030001&dtable=News。

名稱為「異業合作推廣保險業務應注意事項」。

⑵ 保險業與異業合作模式，除現行附屬性保險商品外，增列「保險業直接與具金融科技專業之異業合作辦理創新型保險商品」之型態。

3. 停止適用本會公告排除電子簽章法適用之項目（保險部分）

考量現行保險業公告排除電子簽章法之6項法規，倘其內容可完整呈現，並可於日後取出供查驗者，經相對人同意，亦得以電子文件為之，已兼顧消費者權益保障，並有助提升消費者申請理賠之便利性、簡化保險人解除或終止契約之紙本作業，爰擬停止適用該公告。

配合上開「保險業辦理電子商務應注意事項」增訂登山綜合保險與海域活動綜合保險得免辦理電話訪問，為使保經代業者辦理該等商品之網路投保業務，亦得免辦理電訪，併修正「保險代理人公司保險經紀人公司辦理網路投保業務及網路保險服務管理辦法」。

二、金管會核准首宗保險業與異業合作服務與流程創新試辦案申請[13]

金管會為鼓勵保險業創新發展，於2023年10月鬆綁法規，開放保險業與金融科技異業以試辦方式，合作辦理創新型保險商品、服務或流程，並於近日核准首宗保險業與電信業合作試辦申請案。

金管會持續推動保險業數位創新轉型政策，包括業務試辦申請、遠距投保及辦理電子商務業務等政策，並於2023年10月修正「保險業辦理電子商務應注意事項」與「異業合作推廣保險業務應注意事項」等規定，開放保險業與從事大數據資料分析、介面設計、軟體研發、物聯網、無線通訊業務等金融科技異業合作辦理創新型保險商品、服務或流程之試辦申請，透過建構金融保險生態圈，滿足民眾多元保險需求。

金管會於2024年1月2日新聞稿公告已核准首宗由富邦產物保險股份有限公司（以下簡稱富邦產險）與台灣大哥大股份有限公司（以下簡稱台灣大哥大）合作之創新服務及流程試辦申請，台灣大哥大用戶於申請國際漫遊服務或從事登山及海域活動時，得直接在台灣大哥大APP完成投保旅行平安保險、登山綜合保險或

---

13. 金管會新聞稿：金管會核准首宗保險業與異業合作服務與流程創新試辦案申請，2024/1/2。資料來源：https://www.fsc.gov.tw/ch/home.jsp?id=96&parentpath=0,2&mcustomize=news_view.jsp&dataserno=202401020001&dtable=News。

海域活動綜合保險，並以電信帳單繳付保險費，所有商品頁面說明由富邦產險提供及負責，保戶個資亦由富邦產險蒐集及管理，雙方透過API介接，相關保險商品於電信業網站即可完成投保與服務，大幅縮短網路投保時間並提供消費者一站式服務體驗，有助電信保險生態圈建立，在符合資訊安全與個資保護之前提下，透過試辦過程導入金融科技應用並讓保險業與電信業調和營運合作模式，開發場景式保險商品，擴展保險可及性。

　　隨著數位經濟及新興科技之快速發展，消費者透過網路取得保險商品或服務已為趨勢，金管會鼓勵更多保險業與金融科技業合作提出試辦申請，提供民眾更創新、多元、便捷的保險保障，營造更具金融包容性之友善環境，實現普惠金融的目標。

5-5 實支實付醫療保險

一、有關實支實付醫療保險商品落實損害填補原則議題，尚需時研議

金管會於2023年12月30日新聞稿中澄清說明[14]，因應保險業接軌國際會計準則IFRS 17及新一代清償能力制度（TW-ICS），保險商品宜逐步轉型回歸「保險保障」本質，其中包括實支實付醫療保險商品應落實損害填補原則。

惟相關細節需要有相當時間進行充分討論及建立配套機制來推動，例如：因應新藥及醫療科技進步，將來是否能在實支實付醫療保險商品納入給付範圍，此部分有賴於經驗統計資料是否能取得，金管會已請中華民國人壽保險商業同業公會提出具體經驗統計資料需求，待其提出需求後將責成財團法人保險事業發展中心精進精算統計的基礎工程，就創新醫藥及新型醫療方式之發生率與醫療費用損失幅度等專案進行相關研究，完善健康保險相關發生率經驗資料庫，以利保險公司研發高端或自費醫療保險商品。

二、實支實付醫療險理賠，降低醫療自費的壓力

1. **什麼是實支實付**：保障自行負擔及不屬全民健保給付的住院醫療費用，在投保的醫療額度內，用多少賠多少。

2. **為什麼需要實支實付**：隨著醫療科技進步，醫療過程而產生的門診、住院手術或特定處置治療等「自費項目、自費額度」均增加，可保障在保障額度內，用多少賠多少。

3. **實支實付比較重點**：依理賠條件不同，可分為「限額實支實付」及「自負額實支實付」。兩者主要的差異，在於「限額實支實付」會依照保單約定，給付被保險人自行負擔的部分，直到理賠上限；「自負額實支實付」則須先由被保險人自行負擔一定金額的醫療費用，超過自負額的部分才可申請保險理賠，直到保單約定的理賠上限。

---

14. 金管會新聞稿：金管會針對媒體報導實支實付醫療保險商品掀停售潮、民眾買不到所需醫療保險保障之澄清說明，2023/12/30。資料來源：https://www.fsc.gov.tw/ch/home.jsp?id=96&parentpath=0,2&mcustomize=news_view.jsp&dataserno=2023123 00001&dtable=News。

4. 實支實付有理賠上限嗎：實支實付的理賠金額是有上限額度的，額度以內的醫療相關費用可憑醫療收據申請給付。

三、投保案例分析：輔以國泰人壽實全心意住院醫療健康保險附約[15]商品說明

1. 保障內容

參照圖5-5-1中商品DM之保障內容表格整理所示，依照不同的計畫別M10、M20、M30，給付項目包含住院保險金（擇優給付）、門診手術費用保險金限額、特定處置費用保險金限額、重大住院慰問保險金（入住加護或燒燙傷病房）以及每年保險金給付總限額，分別條列於相對應的欄位當中。

2. 投保範例1

參照圖5-5-1所示，30歲的子奇投保實全心意住院醫療健康保險附約－計畫別M20，後來因車禍以全民健保之保險對象身分住院20天（其中2天加護病房）並施行手術，部分負擔費用：病房費35,000元、手術費20,000元、手術材料費15,000元、醫生指示用藥50,000元，子奇可獲得的保險給付如圖5-5-1中表格整理。

3. 投保範例2

參照圖5-5-1所示，50歲的杏仁投保實全心意住院醫療健康保險附約－計畫別M30，後來因視力模糊以全民健保之保險對象身分於門診接受水晶體囊內（外）摘除術及人工水晶體置入術，並置換特殊功能人工水晶體，需自負差額2.5萬元，杏仁可獲得的保險給付如圖5-5-1中表格整理。

圖5-5-1　國泰人壽實全心意住院醫療健康保險附約商品說明之一

請用手機掃此QR Code
即可於網頁檢視。

資料來源：國泰人壽官方網站。

---

15. 國泰人壽實全心意住院醫療健康保險附約。資料來源：https://www.cathaylife.com.tw/cathaylife/products/health-reimbursement-benefits/cv2。

5-6 外溢保單

一、金管會鼓勵保險業研發具外溢效果之健康管理保險商品

1. 事前預防之效益重於事後補償

為提升國人對於健康管理的重視，金管會鼓勵保險業者研發具外溢效果之健康管理保險商品，透過消費者之自主健康管理與保險商品之結合，由保險公司提供保費折減或服務，鼓勵被保險人持續運動或接觸健康飲食，降低罹病風險，以達到事前預防之效益，除可增進國人身體健康、間接減少整體社會之醫療支出及保險公司理賠支出，並可帶動相關產業發展等，對整體社會有所幫助，並創造保險公司、消費者與相關產業三贏之局面[16]。

2. 實物給付型與非實物給付型之健康管理保險商品

為鼓勵保險業研發推動此類商品，金管會業於2015年8月21日修正發布「人身保險商品審查應注意事項」，開放人身保險業辦理實物給付型保險業務，實物給付的態樣則包含健康管理服務及為執行前述服務所需之物品。

對消費者而言，實物給付型之健康管理保險商品除可透過保險公司的大量採購或議價能力，以更優惠的價格獲取所需要的物品或服務，並可確保被保險人能獲得所需要之物品或服務。

除了上述實物給付型之健康管理保險商品外，目前國內外保險市場亦陸續發展非實物給付型之健康管理保險商品，例如：針對維持良好體況之保戶，提供保費折減及健康促進獎勵金，另金管會亦核准保險業設計結合穿戴裝置之非實物給付型之健康管理保險商品，依據穿戴裝置所記錄之步數情形，提供健康回饋金或保費折減，引導保戶做好健康管理。

金管會在兼顧保護消費者權益、公司風險控管及穩健經營前提下，支持並鼓勵保險業積極研發具外溢效果之健康管理保險商品，以及適時開發創新商品，達到滿足消費者投保需求及提升產業競爭力之雙贏效果。

---

16. 金管會新聞稿：金管會鼓勵保險業研發具外溢效果之健康管理保險商品，2017/1/30。
    資料來源：https://www.fsc.gov.tw/ch/home.jsp?id=96&parentpath=0,2&mcustomize=news_view.jsp&dataserno=201701260005&dtable=News。

二、外溢保單介紹

外溢保單＝自主健康管理＋保險＋回饋。

保險局從2016年6月推出「外溢保單」，目前市場上可以簡單區分為三類，包括健走型、健診型、實物給付健診型。

1. **以運動習慣折減保費或增加保額**：如依據每日步行次數、跑步或運動時間等提供保費折減或提高保額方式回饋者。舉例說明，被保人於指定期間內，以保險公司指定之電子傳輸方式「FitBack健康吧」上傳步數紀錄，若單月達標（指單月至少有21日單日步數達7,500步以上）符合保單條款規定月數，可獲得不同比例之保費折減、保障增額或加值給付。

2. **以體況數值折減保費或增加保額**：如依據健康檢查、抽血結果等提供保費折檢或提高保額方式回饋者。舉例說明，於指定期間所作之「健康檢查報告」，給予不同比例保費減免／保障增額。或是於指定期間內提供該指定期間所作之「癌症篩檢證明」或是「疫苗接種證明」，給予不同比例保費減免保障增額。

3. **提供其他非現金方式給付促進健康之服務**：如保戶可選擇保險公司所提供指定醫療院所健康檢查等相關促進健康之服務方式回饋者。

保險公司如國泰人壽，致力建構完整的保險保障，同時推廣健康促進讓保險從「事後理賠」走向「事前預防」，結合數位化工具的應用發展設計更創新且具外溢效果的健康醫療保險商品。

三、壽險公司對具外溢效果保險商品之銷售情形

金管會表示，2023年截至第三季壽險公司對具外溢效果保險商品之銷售情形如下[17]：

1. 金管會目前已核准及備查13家壽險公司共197張具外溢效果之保險商品

參照圖5-6-1所示，該類商品2023年截至第三季新契約銷售件數為846,835件，較2022年同期之894,728件減少5%，初年度保費收入約新台幣（下同）163億5,703萬元，較2022年同期之110億8,003萬元增加48%。

---

17. 金管會新聞稿：壽險公司112年截至第三季具外溢效果保險商品及實物給付保險商品之銷售情形，2023/10/31。資料來源：https://www.fsc.gov.tw/ch/home.jsp?id=96&parentpath=0,2&mcustomize=news_view.jsp&dataserno=202310310004&dtable=News。

● **圖5-6-1　2023年截至第三季壽險公司對具外溢效果保險商品之銷售情形** ●

項目	112年1至9月	111年1至9月	差異金額	差異比率
新契約件數	846,835件	894,728件	-47,893件	-5%
初年度保費收入	163億5,703萬元	110億8,003萬元	+52億7,700萬元	48%

資料來源：金管會新聞稿，2023/10/31。

2. 初年度保費收入按性質區分（以主要健康管理回饋項目類型區分）

　　參照圖5-6-2所示，初年度保費收入按性質區分（以主要健康管理回饋項目類型區分）。

　　金管會將持續鼓勵保險業者研發具外溢效果之健康管理保險商品及實物給付型保險商品，以提升國人對於健康管理的重視，並滿足保戶對保險保障之多樣需求。

● **圖5-6-2　初年度保費收入按性質區分（以主要健康管理回饋項目類型區分）** ●

主要回饋項目（註）	112年1至9月			111年1至9月			差異	
	公司數/商品件數	新契約件數	初年度保費收入	公司數/商品件數	新契約件數	初年度保費收入	新契約件數	初年度保費收入
以運動習慣折減保費或增加保額	8/73	304,746	92億9,244萬元	6/50	194,908	52億5,712萬元	109,838	40億3,532萬元
以體況數折減保費或增加保額	8/58	205,193	36億7,021萬元	7/40	150,931	23億630萬元	54,262	13億6,391萬元
提供其他非現金方式給付促進健康之服務	2/22	57,054	20億2,819萬元	2/15	21,631	13億9,460萬元	35,423	6億3,359萬元
其他	5/44	279,842	13億6,619萬元	2/29	527,258	21億2,201萬元	-247,416	-7億5,582萬元

註：
1. 以運動習慣折減保費或增加保額：如依據每日步行次數、跑步或運動時間等提供保費折減或提高保額方式回饋者。
2. 以體況數值折減保費或增加保額：如依據健康檢查、抽血結果等提供保費折減或提高保額方式回饋者。
3. 提供其他非現金方式給付促進健康之服務：如保戶可選擇保險公司所提供指定醫療院所健康檢查等相關促進健康之服務方式回饋者。
4. 其他：合併2種以上回饋項目或非屬前開3種回饋項目者。

資料來源：金管會新聞稿，2023/10/31。

5-7 小額終老保險

一、持續推動微型保險及小額終老保險，提供消費者基本保障

為使經濟弱勢或特定身分族群得以較低保費取得基本保險保障，並因應高齡社會下高齡者基本保險保障需求，金管會持續推動微型保險及小額終老保險，並鼓勵保險業者開發設計與推廣銷售該等商品，以善盡保險業之社會責任。

微型保險是為經濟弱勢或特定身分族群提供因應特定風險基本保障之保險商品，而小額終老保險是因應我國人口老化與少子化趨勢，為普及高齡者基本保險保障而推動之保險商品。

為鼓勵保險業推廣微型保險及小額終老保險，已提供多項監理誘因：包含核准制商品得採備查方式辦理、增加國外投資額度優惠與可提撥較低之人身保險安定基金等獎勵，並對績優業者公開表揚，以鼓勵保險業者積極開發、銷售該等商品。

二、金管會鼓勵消費者投保小額終老保險，建構基本保障

金管會持續推動小額終老保險[18]，除透過監理措施獎勵保險業者開發設計與推廣銷售是類商品外，亦鼓勵消費者多加運用投保小額終老保險，建構基本保險保障。

目前小額終老保險商品種類包含傳統型終身壽險主約，可提供被保險人身故或完全失能時之保障，保障期間為終身，並可附加1年期傷害保險附約，增加因意外傷害事故所致死亡或失能之保障。

1. 小額終老保險商品的特色

小額終老保險具有以下幾項特色：(1)保障終身；(2)低保費，保險費較其他同類型壽險便宜；(3)低投保門檻，對於已超過一般壽險承保年齡的高齡族群，可透過本險建構基本保險保障。

2. 小額終老保險商品之商品種類

(1)傳統型終身人壽保險主契約。(2)1年期傷害保險附約。

---

18. 金管會新聞稿：金管會鼓勵消費者投保小額終老保險，建構基本保障，2024/1/3。資料來源：https://www.fsc.gov.tw/ch/home.jsp?id=96&parentpath=0,2&mcustomize=news_view.jsp&dataserno=202401030001&dtable=News。

3. 小額終老保險商品之相關限制

⑴傳統型終身人壽保險主契約保險金額上限90萬，1年期傷害保險附約保險金額上限10萬。⑵個別被保險人之「小額終老保險」商品組合有效契約以四件為限，主、附約視為一件。

4. 其他注意

傳統型終身人壽保險主契約，保險給付範圍為身故保險金及失能保險金，除各該保險金給付為新台幣90萬元外，不得有增額或加倍給付設計，並以承保單一保險事故為限。其中投保後三個保單年度內，倘被保險人身故或完全失能時，身故保險金或失能保險金改以「已繳保險費總和」之1.025倍金額給付。

三、小額終老保險有效保單破百萬件，年增近二成

小額終老保險具有低保額、低保費的特性，且無投保身分之限制，相較於一般壽險商品，投保年齡最高只到65歲，小額終老保險放寬承保年齡，最高投保年齡可達84歲，且承保門檻亦較一般壽險商品低，核保相對簡便，無論銀髮族、預算有限的人或具家庭責任之三明治族，皆能透過小額終老保險建構基本壽險保障。

自2023年5月1日起，金管會已放寬小額終老保險投保金額及件數限制，傳統型終身人壽保險主契約保額上限由70萬元提高至90萬元，有效契約件數由三件放寬為四件。

據金管會統計，截至2023年11月底止，已有17家壽險業者開辦小額終老保險，有效契約件數逾104.3萬件，較2022年同期87.5萬件成長19.2%，對於提供民眾基本保險保障，成效日益彰顯。

金管會說明，民眾如想進一步瞭解小額終老保險可透過中華民國人壽保險商業同業公會建置之「小額終老保險專區」[19]以瞭解小額終老保險商品與相關投保資訊，亦可透過「保障型保險商品平台」[20]瞭解商品資訊並以網路投保方式向合作保險公司辦理投保。

---

19. 中華民國人壽保險商業同業公會建置之「小額終老保險專區」。資料來源：https://www.lia-roc.org.tw/list_article?article_content=199#gsc.tab=0。
20. 財團法人保險事業發展中心「保障型保險商品平台」。資料來源：https://www.tii.org.tw/tii/insurance/insurance7/。

圖5-7-1　小額終身壽險三大特色

請用手機掃此QR Code
即可於網頁檢視。

資料來源：國泰人壽官方網站（https://www.cathaylife.com.tw/cathaylife/campaign/CathayLove）。

5-8 長期照顧保險

一、金管會提醒民眾可考量自身需求，適時購買長期照顧保險商品及應注意事項

金管會曾在2019年1月分的新聞稿[21]中表示，因應我國高齡化趨勢，消費者宜及早規劃以因應高齡化社會之老年長期照護需求，金管會提醒民眾可考量自身需求，適時購買長期照顧保險商品，為長期照顧風險預做準備。

依「長期照顧保險單示範條款」，被保險人於符合契約條款約定之「長期照顧狀態」者，不論造成該狀態之原因（疾病或傷害）為何，保險公司即應依約給付「長期照顧一次保險金」或「長期照顧分期保險金」，有助於民眾支應長期照顧所產生之一次性及持續服務需要。

金管會提醒民眾購買該類商品前宜注意下列事項，並應審慎評估自身之保障需求及瞭解保險商品之特性，避免日後因認知不同而衍生爭議：

1. **「長期照顧狀態」定義**：參照圖5-8-1所示，長照保險之「長期照顧狀態」係指被保險人符合契約條款約定之生理功能障礙或認知功能障礙之一者，消費者於投保前應充分瞭解相關名詞定義。

2. **申領保險金應具備文件及免責期間**：保險公司針對不同的長照給付項目於契約條款明定受益人申領時應檢附之文件可能不同；另該類保險商品一般訂有免責期間，係指被保險人自符合「長期照顧狀態」起，需持續一段約定時間（免責期間不得高於6個月）後，保險公司才開始給付長期照顧保險金，消費者於申請理賠時應注意相關條款約定。

---

21. 金管會新聞稿：金管會提醒民眾可考量自身需求，適時購買長期照顧保險商品及應注意事項，2019/1/8。資料來源：https://www.fsc.gov.tw/ch/home.jsp?id=96&parentpath=0,2&mcustomize=news_view.jsp&dataserno=201901080006&dtable=News。

圖5-8-1 長期照顧狀態

請用手機掃此QR Code
即可於網頁檢視。

資料來源：國泰人壽官方網站。

另目前市場上除了長期照顧保險商品外，亦有銷售含有定期給付之「特定傷病保險」及「殘扶險」商品，該等商品雖然與長期照顧保險商品一樣都具有定期給付保險金的功能，惟兩者之理賠認定標準、承保事故及保障範圍各有不同，民眾購買前務必充分瞭解保險商品之特性及內容。

有關保險契約當事人權利義務皆詳載於保單條款，各保險業所銷售長期照顧保單條款相關資料，消費者可逕自財團法人保險事業發展中心網站→保險專區→保險商品查詢選項中下載，或電洽保險公司0800免費服務專線，或向業務員索取。對於保單條款約定有不清楚的地方，除可逕向業務員諮詢外，亦可進一步向保險公司確認，以確保自身權益。

二、長照險、類長照險、失能扶助險說明

1. **什麼是長期照顧險**：當需要他人長期照顧時，提供分期給付照顧保險金。一般分為長照險（以長照狀態認定）、類長照險（以疾病認定）、失能扶助險（以失能等級認定）三大類型。

2. **為什麼需要長期照顧險**：社會保險雖提供失能保障，但給付有限，一旦發生長照狀態，每月照護及耗材費用更是可觀。

3. **長照理賠機制**：以符合「長期照顧狀態」作為理賠依據，被保險人只要符合「生理功能障礙」或「認知功能障礙」兩項情形之一，即會啟動長照理賠機制。

4. **生理功能障礙**：經專科醫師依巴氏量表（Barthel Index）或依其他臨床專業評量表診斷判定其進食、移位、如廁、沐浴、平地行動及更衣等六項日常生活自理能力（Activities of Daily Living, ADLs）持續存有三項（含）以上之障礙。

5. **認知功能障礙**：係指被保險人經專科醫師診斷判定為持續失智狀態〔係指按「國際疾病傷害及死因分類標準」第十版（ICD-10-CM）〕，且依臨床失智量

表（Clinical Dementia Rating Scale, CDR）評估達中度（含）以上（即CDR大於或等於2分，非各分項總和）者。

6. **長期照顧服務**：參照圖5-8-2所整理之照顧服務內容與費用，以及圖5-8-3所整理之如何申請長期照顧所示，輔以國泰人壽為例說明，由保險公司合作之長期照顧服務機構，針對不同的照顧對象提供相對應的服務，例如：基本服務（協助備餐、沐浴等）、健康促進服務（語言復健指導、上下樓梯訓練指導等）、失智照顧服務、癌症照顧服務。

圖5-8-2　照顧服務內容與費用

請用手機掃此QR Code
即可於網頁檢視。

資料來源：國泰人壽官方網站。

圖5-8-3　如何申請長期照顧服務

請用手機掃此QR Code
即可於網頁檢視。

資料來源：國泰人壽官方網站。

三、投保案例分析：輔以國泰人壽樂齡守護長期照顧定期健康保險（外溢型）（實物給付型保險商品）說明

1. 長照險投保率

據金管會統計，至2023年6月底，長照險有效契約件數（不含公司團保）為101萬件，投保率約占台灣總人口的4.32%，整體投保率在2022年也只有4.12%，至今長照險投保率仍難超過5%。

金管會發現，從60歲之後投保率就大幅下降，主要有兩因素，一是60歲後保費高昂，二是超過投保年齡上限或體況變差而無法投保。

2. 純長照（一次／分期金）保障設計，中高齡族群填補長照保障缺口

國泰人壽針對熟齡族設計新的長照險，承保年齡最低設定在40歲，但承保年齡上限則提高至75歲，85歲前診斷符合長期照顧狀態，可領取「長期照顧一次保險金」，之後每年生存且符合長照狀態，即給付「長期照顧分期保險金」，僅提供單純長照保障設計，沒有還本，以降低保費負擔，也搭配外溢機制，完成指定健康任務最高10%保費折減。

3. 投保案例說明

參照圖5-8-4所示之保費說明及給付說明，55歲的樂先生是「FitBack健康吧」會員（等級：實踐家），為補足長照保障缺口，故投保20年期樂齡守護，投保保額2萬元、表定保險費19,580元，其後認真參與健康任務，第二保單年度起每年皆維持樂享家。

若樂先生於65歲發生車禍，經過免責期間90天後仍符合長照狀態，選擇長期照顧分期保險金給付：理賠項目包含有長期照顧一次保險金為12萬元（保額6倍）；長期照顧分期保險金為24萬元／年（保額12倍，最多10期）；以及豁免保險費（豁免第12～20保險單年度之保險費）。詳細理賠項目請參照圖5-8-4中給付說明整理。

圖5-8-4　投保案例之保費說明與給付說明

請用手機掃此QR Code
即可於網頁檢視。

資料來源：國泰人壽官方網站。

圖5-8-5　「FitBack健康吧」健康計畫說明

請用手機掃此QR Code
即可於網頁檢視。

資料來源：國泰人壽官方網站。

5-9 意外骨折保險

一、2022年國人死因統計結果

1. 2022年十大死因

　　根據衛生福利部「2023/6/12統計處新聞稿附件」2022年國人死因統計結果之簡報資料[22]，依死亡率排序，該年十大死因依序為：(1)惡性腫瘤（癌症）；(2)心臟疾病；(3)嚴重特殊傳染性肺炎（COVID-19）；(4)肺炎；(5)腦血管疾病；(6)糖尿病；(7)高血壓性疾病；(8)事故傷害；(9)慢性下呼吸道疾病；(10)腎炎腎病症候群及腎病變。與2021年相較，癌症及心臟疾病續居前2名；COVID-19由2021年第19名升至第3名，餘均下降1名。

　　十大死因死亡人數合計15萬7,267人，占總死亡人數75.5%，與2021年相較，2022年死亡人數均呈增加，年增率以COVID-19最為顯著，其次依序為高血壓性疾病（+10.6%）、心臟疾病（+8.3%）、糖尿病（+7.3%）。

　　若就年齡別觀察，1～24歲死亡人口以事故傷害居死因首位；25～44歲以癌症與自殺居前2名；45歲以上則以癌症與心臟疾病居死因前2名。

2. 近年事故傷害死亡概況

　　參照圖5-9-1所示，2022年事故傷害死亡人數6,953人，較2021年增178人，其中以運輸事故3,143人（占45.2%），跌倒1,667人（占24.0%）死亡人數較多。運輸事故較2021年增111人（+3.7%），跌倒增185人（+12.5%）。

---

22. 衛生福利部民國111年國人死因統計結果。資料來源：https://www.mohw.gov.tw/cp-16-74869-1.html。

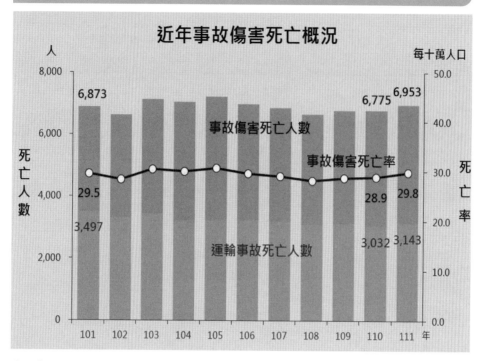

圖5-9-1　近年事故傷害死亡概況

近年事故傷害死亡概況

資料來源：衛生福利部「統計處新聞稿附件」，民國111年國人死因統計結果（簡報），2023/6/12。

3. 年齡別事故傷害主要死因類別

　　參照圖5-9-2所示，2022年年齡別事故傷害主要死因類別，各年齡層均以運輸事故排名居首，0～14歲、45～64歲、65歲以上高齡者均以跌倒（落）排名第二，須提防幼兒及高齡者跌倒（落）風險。15～24歲、25～44歲分別以意外溺死、意外中毒排名第二。

圖5-9-2　2022年年齡別事故傷害主要死因類別

111年年齡別事故傷害主要死因類別

順位	0-14歲		15-24歲		25-44歲		45-64歲		65歲以上	
	死亡原因	死亡率(每十萬人口)	死亡原因	死亡率(每十萬人口)	死亡原因	死亡率(每十萬人口)	死亡原因	死亡率(每十萬人口)	死亡原因	死亡率(每十萬人口)
	事故傷害	3.5	事故傷害	17.7	事故傷害	14.1	事故傷害	26.3	事故傷害	89.3
1	運輸事故	0.7	運輸事故	15.4	運輸事故	7.7	運輸事故	12.3	運輸事故	33.3
2	跌倒(落)	0.6	意外溺死或淹沒	0.7	因暴露與接觸有毒物質所致的意外中毒	2.2	跌倒(落)	6.4	跌倒(落)	26.8
3	意外溺死或淹沒	0.5	跌倒(落)	0.4	跌倒(落)	1.5	因暴露與接觸有毒物質所致的意外中毒	2.3	意外溺死或淹沒	3.5
4	暴露於煙霧、火災與火焰	0.4	因暴露與接觸有毒物質所致的意外中毒	0.4	意外溺死或淹沒	1.0	意外溺死或淹沒	1.1	暴露於煙霧、火災與火焰	1.6
5	因暴露與接觸有毒物質所致的意外中毒	0.1	暴露於煙霧、火災與火焰	0.1	暴露於煙霧、火災與火焰	0.1	暴露於煙霧、火災與火焰	0.4	因暴露與接觸有毒物質所致的意外中毒	1.4

資料來源：衛生福利部「統計處新聞稿附件」，民國111年國人死因統計結果（簡報），2023/6/12。

二、意外傷害險及骨折說明：輔以國泰人壽新金骨力傷害暨兒童意外骨折保險附約商品說明

1. 意外傷害險：保障因意外事故導致身故或失能，給付身故、失能保險金或定期補貼生活照護金等。

2. 附約：附約必須要附加在主約下投保，無法單獨投保。（通常附約效力會受主約影響）。

3. 骨折：可分為完全骨折（指骨骼完全折斷）、不完全骨折、骨骼龜裂（簡稱骨裂），並依據不同程度的骨折及部位，提供相對應的給付比例，例如：大腿骨

頸完全骨折給付倍數為80%、不完全骨折為40%。（保險公司理賠時須輔以X光片判斷骨折程度）；亦有部分保險商品不分骨折程度，採固定金額給付。

4. **意外失能**：保障因意外事故導致失能，並以失能等級表作為理賠依據，是將全身分為九大部位，分別是神經、眼、耳、鼻、口、胸腹部臟器、軀幹、上肢、下肢，再依據失能程度分為11級，提供相對應的給付比例，例如：失能等級1，給付倍數為100%。（常見以失能等級1～6級作為保障範圍）

三、投保案例分析：輔以國泰人壽新金骨力傷害暨兒童意外骨折保險附約商品說明

參照圖5-9-6所示，金先生今年30歲，是貿易公司的內勤人員（職業類別：第一類），每天騎機車上下班，投保國泰人壽新金骨力（XJ2）100萬元，年繳保險費共為4,900元。投保後因車禍導致左腳踝骨骨折、左手腕關節脫臼，可獲得保險給付包含意外骨折保險金40萬元（100萬元×40%）以及意外脫臼手術保險金10萬元（100萬元×10%），理賠總計50萬元。

詳細商品保障說明請參照圖5-9-3，詳細意外骨折保險金給付比例請參照圖5-9-4，詳細意外骨折及脫臼手術保險金給付比例請參照圖5-9-5。

● 圖5-9-3　國泰人壽新金骨力傷害暨兒童意外骨折保險附約商品保障說明 ●

請用手機掃此QR Code
即可於網頁檢視。

資料來源：國泰人壽官方網站。

● 圖5-9-4　意外骨折保險金給付比例

請用手機掃此QR Code
即可於網頁檢視。

資料來源：國泰人壽官方網站。

圖5-9-5 意外骨折及脫臼手術保險金給付比例

請用手機掃此QR Code
即可於網頁檢視。

資料來源：國泰人壽官方網站。

圖5-9-6 投保範例及年繳費率表

請用手機掃此QR Code
即可於網頁檢視。

資料來源：國泰人壽官方網站。

5-10 重大傷病保險

一、金管會提醒消費者購買重大疾病保險應注意事項

金管會曾在2016年3月分的新聞稿[23]中表示，醫療保險大多是以住院接受診療為給付的前提，目的是為減輕投保民眾因疾病或意外傷害接受住院診療時所產生之醫療費用負擔，或提高醫療就醫品質。

惟對於罹患重大疾病者而言，患病初期可能會因請長假就醫而喪失家庭主要收入之來源，或出院後之相關用藥不屬於醫療保險商品之給付範圍而需要額外籌措醫療費用支出，建議消費者可以適時依自身需求及經濟能力，利用重大疾病保險商品轉嫁上開風險。金管會並提醒消費者，投保重大疾病保險商品前，宜注意下列事項：

表5-10-1　重大疾病險理賠範圍	
甲型	乙型
1. 急性心肌梗塞（重度） 2. 冠狀動脈繞道手術 3. 末期腎病變 4. 腦中風後殘障（重度） 5. 癌症（重度） 6. 癱瘓（重度） 7. 重大器官移植或造血幹細胞移植	1. 急性心肌梗塞（重度） 2. 冠狀動脈繞道手術 3. 末期腎病變 4. 腦中風後殘障（重度） 5. 癌症（重度） 6. 癱瘓（重度） 7. 重大器官移植或造血幹細胞移植 8. 急性心肌梗塞（輕度） 9. 腦中風後殘障（輕度） 10. 癌症（輕度） 11. 癱瘓（輕度）

資料來源：授課講義整理。

1. 7項重大疾病項目自2016年1月1日已配合目前醫療實務用語，修正為「急性心肌梗塞、冠狀動脈繞道手術、末期腎病變、腦中風後殘障、癌症、癱瘓、重大器官移植或造血幹細胞移植」並訂有標準化定義（下稱甲型商品），對消費者

---

23. 金管會新聞稿：金管會提醒消費者購買重大疾病保險應注意事項，2016/3/1。資料來源：https://www.fsc.gov.tw/ch/home.jsp?id=96&parentpath=0,2&mcustomize=news_view.jsp&dataserno=201603010002&dtable=News

而言，因保障疾病項目相同，且定義標準化，可減少保戶購買不同保險公司重大疾病商品時，因名詞用語定義差異所造成之困擾。

2. 隨著醫療科技進步，重大疾病可能早期即被檢驗出來，然而即便是初期重大疾病，病患通常仍須支付相當之醫療費用，且其痛苦程度（無論身體或心理）未必亞於末期之重大疾病，自2016年4月1日起，保險業者針對上開7項重大疾病中的急性心肌梗塞、腦中風後殘障、癌症及癱瘓依病況程度區分為輕度及重度，使罹患重大疾病的保戶在病況相對較輕的疾病初期也可獲得一定比例的理賠（下稱乙型商品），以支應保戶初期醫療費用。

3. 甲型商品因未進行輕度、重度分級，且急性心肌梗塞、腦中風後殘障、癌症及癱瘓等4項疾病之定義僅涵蓋乙型的重度（其餘3項疾病則與乙型定義相同），故理論上保險費將較乙型商品低廉，較適合保險費預算有限但想移轉重大疾病風險的消費者，消費者可於保險公司網站查詢瞭解甲型、乙型商品之疾病定義差異，並依自身需求及經濟能力規劃投保。

二、重大疾病險、特定傷病險、重大傷病險比較

1. **重大疾病／傷病險類型**：針對承保的重大疾病範圍，理賠一次性的保險金；一般分為重大疾病險、特定傷病險、重大傷病險三大類型。

2. **為什麼需要重大疾病／傷病險**：彌補立即性龐大的治療費用（例如：肝癌標靶藥物費用每月約20萬元）、收入中斷的損失，掌握治療黃金期及治療品質，讓病人安心養病，也提供家庭經濟保障。

3. **重大疾病／傷病險推薦挑選重點**：若有家族病史者（如：癌症等），建議可優先補強，並以自身需求選擇合適的保障類型，例如：欲加強心血管疾病保障（特定傷病險）、慢性腎衰竭、肝硬化、罕見疾病，亦可相互搭配，保障更全面。

4. **重大傷病險**：重大傷病險保障範圍係依據衛生福利部公告實施之「全民健康保險保險對象免自行負擔費用辦法」附表「全民健康保險重大傷病項目及其證明有效期限」中所載之項目（約300項以上，但排除7類先天性疾病及職業

病[24]），例如：需積極或長期治療之癌症、慢性腎衰竭須定期透析者、需終身治療之全身性自體免疫症候群者。

三、投保案例分析：輔以國泰人壽鍾心滿福重大傷病定期保險[25]（外溢型[26]）（實物給付型[27]保險商品）說明

參照圖5-10-1所示，以30歲男性投保保額100萬元，繳費20年期為例，年繳保險費42,800元；或是以30歲女性投保保額100萬元，繳費20年期為例，年繳保險費39,800元。

保險金包含有重大傷病保險金、特定疾病保險金、特定重大傷病保險金、完全失能／身故保險金、滿期保險金，以及健康促進保險費折減1～3%，並提供罹癌基因檢測服務[28]等相關保障，詳細給付內容請參照圖中各項註解說明。

● **圖5-10-1　國泰人壽鍾心滿福重大傷病定期保險（外溢型）（實物給付型保險商品）說明** ●

請用手機掃此QR Code
即可於網頁檢視。

資料來源：國泰人壽官方網站。

---

24. 重大傷病範圍：指中央衛生主管機關公告實施之「全民健康保險保險對象免自行負擔費用辦法」附表「全民健康保險重大傷病項目及其證明有效期限」中所載之項目，但排除下列項目：(1)遺傳性凝血因子缺乏；(2)先天性新陳代謝異常疾病；(3)心、肺、胃腸、腎臟、神經、骨骼系統等之先天性畸形及染色體異常；(4)先天性免疫不全症；(5)職業病；(6)先天性肌肉萎縮症；(7)外皮之先天畸形；(8)早產兒所引起之神經、肌肉、骨骼、心臟、肺臟等之併發症；其後「全民健康保險重大傷病項目及其證明有效期限」所載之項目如有變動，則以中央衛生主管機關最新公告之項目為準。

25. 註1：以上重大傷病範圍均為中央健康保險署2019年4月公告之重大傷病項目，重大傷病範圍可能隨公告變動。註2：重大傷病範圍包含本契約「訂立時」及「有效期間內被保險人診斷確定當時」，由中央衛生主管機關公告之重大傷病項目（但排除8項不保項目）。

26. 外溢保單：結合保單設計提供鼓勵機制（如保費折減、增加保額或加值給付），以鼓勵被保險人落實或提升自身健康管理觀念及行為。

27. 實物給付保單：保險理賠除現金給付，亦可指定服務或物品，享有多元的選擇權，例如：健康管理、長期照顧服務、罹癌基因檢測服務等。

28. 精準醫療：又稱「個人化醫療」，癌症是基因突變的疾病，透過基因檢測找出與癌症相關的基因突變，讓醫師能依據基因特性，擬定最適合的治療計畫。

Chapter **6**

近代保險大事記

一、我國保險業接軌「保險合約」（IFRS 17）利率轉換措施及「保險業新一代清償能力制度」（TW-ICS）第二階段過渡性措施

金融監督管理委員會（下稱金管會）於2023年11月23日新聞稿[1]中公告，為協助我國保險業者於2026年接軌國際財務報導準則第17號公報「保險合約」（IFRS 17）及保險業新一代清償能力制度（TW-ICS），金管會衡酌國際規範、鄰近國家具體作法，以及國內保險市場現況等，並與保險業者溝通後，提出我國保險業接軌IFRS 17利率轉換措施及TW-ICS第二階段過渡性措施，以協助保險業者穩步接軌國際二制度，俾提升保險業永續經營的韌性。

2026年接軌國際財務報導準則第17號公報「保險合約」（IFRS 17），該準則要求保險負債應以現時市場利率折現（即將負債改以「公允價值」入帳），對老字號壽險公司的財報影響特別重大，原因是其帳上仍有2004年前發行的高利率保單負債（責任準備金利率達6%以上），合計達新台幣數千億元，一旦這些負債未來的現金流必須用現時利率水準折現，負債金額將大增（因現時折現率遠低於負債責任準備金利率6%），估計所有老字號業者合計增加的負債也會以千億計，使得淨值大幅下降。

以下分別說明利率轉換措施及過渡性措施：

1. 高利率保單50基點之利率轉換措施

我國自2013年起開始逐號完全適用（Fully Adoption）國際財務報導準則，經參酌IFRS 17公報第36段有關「折現率應反映保險合約之貨幣時間價值、現金流量特性及流動性特性」之規定，就我國壽險業於2004年1月1日前銷售之保單（下稱高利率保單），其銷售時之責任準備金利率達6%以上，遠高於現時利率，為我國之特殊狀況，經考量其具低流動性特性，爰訂定該高利率保單全期平

---

1. 金管會新聞稿：我國保險業接軌「保險合約」（IFRS 17）利率轉換措施及「保險業新一代清償能力制度」（TW-ICS）第二階段過渡性措施，2023/11/23。資料來源：https://www.fsc.gov.tw/ch/home.jsp?id=96&parentpath=0,2&mcustomize=news_view.jsp&dataserno=202311230002&dtable=News。

行疊加50基點（bps）之流動性貼水，以符合公報精神，並同步適用於TW-ICS，以強化業者面臨市場利率波動之財務韌性，亦有助業者順利接軌TW-ICS。

2. 自50%線性遞增之15年利率風險過渡措施

考量利率風險為我國壽險業主要風險來源，而接軌後利率風險衡量標準將提高，對我國壽險業為一大挑戰，金管會前為循序漸進導入，我國RBC制度[2]自2021年起，以接軌時利率風險計提達TW-ICS利率風險之50%為目標，逐年強化業者對利率風險之資本計提。

本次係參考國際接軌經驗及我國業者利率風險計提情形，訂定利率風險於接軌日起，分15年自TW-ICS利率風險之50%線性遞增至100%之過渡措施。

3. 高利率保單之15年淨資產過渡措施

我國保險業於接軌二制度時，因前述高利率保單之責任準備金利率高於現時利率，產生負債面之不利影響；另美國聯準會自2022年3月迄今共升息21碼（5.25%）及我國中央銀行亦於同期間內升息3碼，對資產面評價產生不利影響，為整體考量業者接軌之負擔，訂定於接軌日起，分15年認列淨資產影響數（即資產及負債分別按公允價值認列之淨影響數）之過渡措施。

金管會表示，上述的利率轉換措施及過渡性措施將與2023年7月25日所發布市場風險：股票、不動產、公共建設之在地化及過渡性措施[3]相同，除於接軌國際二制度後將定期每5年依業者實際執行情形進行制度檢討外，金管會亦將持續關注國際保險監理官協會（IAIS）所公布國際制度之最新發展，配合調整修正；如整體金融情勢於接軌國際二制度前後發生顯著變化，亦將適時進行相關制度之檢討。

金管會表示，接軌國際二制度之目的係為強化保險業者之財務體質及資產負債管理能力，以有效因應金融市場之變動，維護保戶權益，並引導業者逐步調整商品

2. 風險基礎資本額制度（Risk-Based Capital, RBC）是一種用來評估和管理保險公司資本充足性的方法。RBC制度的目的是確保保險公司有足夠的資本來承擔其所面臨的各種風險，從而保護保險投保人的利益。RBC比率是保險公司實際資本與風險基礎資本的比率，用於衡量保險公司的資本充足性。一般來說，RBC比率越高，表示保險公司的資本狀況越穩健。

3. 金管會新聞稿：我國保險業接軌新一代清償能力制度中市場風險——股票、不動產、公共建設之在地化及過渡性措施，2023/7/25。資料來源：https://www.fsc.gov.tw/ch/home.jsp?id=96&parentpath=0,2&mcustomize=news_view.jsp&dataserno=2023072 50003&dtable=News。

結構，回歸保險保障本質，金管會將考量保險業者執行接軌計畫之情形，在符合國際規範架構下，持續針對新興風險如長壽、脫退之資本計提規範等議題，制定適合我國國情之在地化及過渡性措施，協助業者循序漸進順利適用國際二制度。

金管會保險局長施瓊華2023年11月23日說明，將給予台灣業者15年過渡期，制定上述三大措施協助企業、提升永續經營韌性。

施瓊華表示，截至2023年，目前尚有14家壽險有大於6%高利率保單及強制分紅保單，遠高於現時利率，為台灣獨有的特殊狀況。考量其具備低流動特性，金管會將提供50基點（bps）即0.5個百分點的利率貼水，期望能減輕業者負擔，以利未來股利發放空間。

由於美國聯準會已連續升息21碼，也就是利率提高5.25%，台灣央行也升息3碼。施瓊華說，在業者建議下，因利率勁揚導致資產評價有不利影響，考量接軌資產負債的匹配問題，金管會將給予15年來認列淨資產影響數。

其他亞洲國家方面，韓國已宣布過渡期為10年，日本適用ICS，2024年才宣布過渡期。至於歐盟實施保險清償能力指標制度，自2016年開始實施IFRS 17曾給到16年過渡期。

最後，因接軌後利率風險衡量標準提高，將成為壽險業一大挑戰，金管會指出，資本適足率（RBC）也會分15年線性遞增，從50%到100%，逐年強化業者對利率風險的資本計提。

根據金管會統計，2020年至2023年9月底，保險業已現金增資新台幣1,203億元、盈餘及公積轉增資378億元、發行次順位債金額852億元，總計保險業增資金額高達2,433億元，以符合資本適足率規範。

二、金管會發布我國接軌國際財務報導準則（IFRS）永續揭露準則藍圖，持續提升永續資訊報導品質及透明度

金管會於2023年8月17日新聞稿[4]中公告，國際財務報導準則基金會（IFRS Foundation）轄下之國際永續準則理事會（ISSB）於2023年6月26日發布永續揭

---

4. 金管會新聞稿：金管會發布我國接軌國際財務報導準則（IFRS）永續揭露準則藍圖，持續提升永續資訊報導品質及透明度，2023/8/17。資料來源：https://www.fsc.gov.tw/ch/home.jsp?id=96&parentpath=0,2&mcustomize=news_view.jsp&dataserno=2023 08170002&dtable=News。

露準則第S1號「永續相關財務資訊揭露之一般規定」（下稱S1）及第S2號「氣候相關揭露」（下稱S2）。

前開永續揭露準則提供國際一致適用之揭露規範，增加永續資訊之可比較性並防止漂綠，國際證券管理機構組織（IOSCO）於2023年7月25日發布認可，號召全球130個證券主管機關採用，引導資本市場資金投資永續發展的企業，達成永續金融的目標。

金管會經透過問卷調查廣泛蒐集上市櫃公司意見，並於2023年8月8日召開「推動我國接軌IFRS永續揭露準則」座談會，邀請相關部會（包括國發會、環保署、經濟部工業局）、上市櫃公司、永續相關公協會、四大會計師事務所、查驗機構及專家學者共同討論「我國接軌IFRS永續揭露準則藍圖」，重點包括接軌方式、接軌對象與時程、揭露位置及揭露內容等四大議題，經充分溝通討論後已取得共識。

金管會會後綜整各界意見，於2023年8月17日正式發布我國接軌IFRS永續揭露準則藍圖，進一步接軌國際準則，持續提升永續資訊報導品質及可比較性，以強化資本市場信賴，重點如下：

1. 接軌方式

考量與國際永續資訊的可比較性，將以直接採用（adoption）方式接軌IFRS永續揭露準則，並經金管會完成認可後適用。2026年首次適用之IFRS永續揭露準則須包含IFRS S1及IFRS S2，2027年及以後金管會將視ISSB研訂永續揭露準則情形，逐號評估認可各號IFRS永續揭露準則。

2. 適用對象及時程

考量國內量能，規劃自2026年會計年度起分三階段適用IFRS永續揭露準則：

(1) 2026年：資本額達100億元以上之上市櫃公司適用。

(2) 2027年：資本額達50億元以上未達100億元之上市櫃公司適用。

(3) 2028年：其餘所有上市櫃公司適用。

3. 揭露位置及時點

近年國際間愈加重視漂綠風險，永續報導的趨勢已由自願性的永續報告書走向強制的法定報告，金管會將修正年報編製相關規定，新增永續資訊專章，規範國內上市櫃公司於年報專章依IFRS永續揭露準則揭露相關資訊，並提前與財務報告同時公告。

4. 揭露內容

　　考量國內企業永續發展成熟度不同，為給予企業充分彈性以準備因應，金管會將允許企業採用永續準則的豁免項目（包括首年度僅需考量氣候議題、溫室氣體範疇3延後一年揭露、首次適用年度免揭露比較期間資訊、主管機關可另定溫室氣體計算標準等），並就量化難度較高的揭露事項（例如：氣候相關風險的預期財務影響、氣候情境分析及韌性評估），可依企業現行的技術、資源及能力揭露質性資訊，另涉及估計事項（例如：氣候風險及機會對企業資產及營運活動的影響金額及比重、溫室氣體範疇3）亦可依現行合理可佐證的資料估算，無須投入過度成本。

　　金管會已參採我國過往推動IFRS會計準則經驗於2023年8月初成立「推動我國接軌IFRS永續揭露準則」專案小組（執行期間預定為2023～2027年），下設四個工作小組，分別負責準則採用、導入、法規調適、宣導及教育訓練，並由金管會證期局擔任專案小組召集人，偕同會計研究發展基金會、臺灣證券交易所、證券櫃檯買賣中心分別負責四個工作小組的重要工作，未來將持續透過各工作小組進行IFRS永續揭露準則翻譯、與現行永續報導之差異分析及試作最佳實務範例及相關指引，另刻建置IFRS永續準則推動專區[5]，屆時將相關資訊置於專區，供外界參考運用。

---

5. 接軌IFRS永續揭露準則專區。資料來源：https://isds.tpex.org.tw/IFRS/front/#/main/IFRS_Compliant/blueprint。

圖6-1-1 推動我國接軌IFRS永續準則藍圖：適用對象及時程

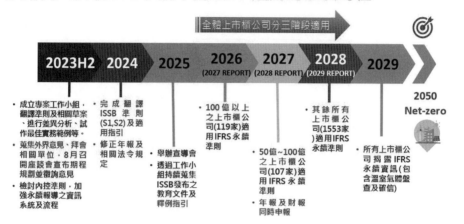

推動我國接軌IFRS永續準則藍圖-**適用對象及時程**

Financial Supervisory Commission

全體上市櫃公司分三階段適用

| 2023H2 | 2024 | 2025 | 2026 (2027 REPORT) | 2027 (2028 REPORT) | 2028 (2029 REPORT) | 2029 |

2050 Net-zero

- 成立專案工作小組，翻譯準則及相關草案、進行差異分析、試作最佳實務範例等。
- 蒐集外界意見、拜會相關單位，8月召開座談會宣布期程規劃並徵詢意見
- 檢討內控準則，加強永續報導之資訊系統及流程

- 完成翻譯 ISSB 準則 (S1,S2) 及適用指引
- 修正年報及相關法令規定

- 舉辦宣導會
- 透過工作小組持續蒐集 ISSB發布之教育文件及釋例指引

- 100 億以上之上市櫃公司(119家)適用 IFRS 永續準則

- 50億~100億之上市櫃公司(107家)適用 IFRS 永續準則
- 年報及財報同時申報

- 其餘所有上市櫃公司(1553家)適用 IFRS 永續準則

- 所有上市櫃公司揭露 IFRS 永續資訊(包含溫室氣體盤查及確信)

11

資料來源：金管會「我國接軌IFRS永續揭露準則藍圖簡報」第11頁。

6-2 保險業新一代清償能力制度（TW-ICS）

一、金管會推動保險業採用國際財務報導準則第17號（IFRS 17）及新一代清償能力制度（TW-ICS）之說明

為協助保險業全面落實資產負債管理，及更合理反映保險業經營風險、保障保戶權益及維持金融穩定，並提升我國保險業國際競爭力，金管會已宣布保險業於2026年實施IFRS 17及新一代清償能力制度（TW-ICS）。

我國自2013年全面採用國際財務報導準則（IFRSs），2018年適用IFRS 9後，資產已全面採用公允價值衡量，國際會計準則理事會（IASB）於2020年6月發布IFRS 17正式準則，訂於2023年生效。

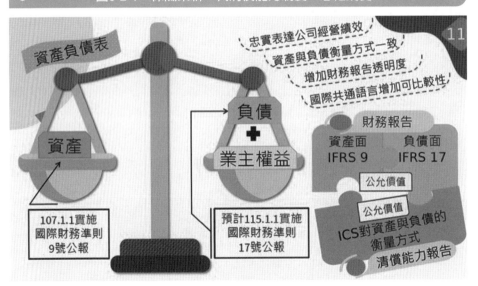

圖6-2-1　保險業新一代清償能力制度：思維蛻變1

資料來源：金管會「保險業新一代清償能力制度簡報」第11頁。

為利觀察國外實施狀況，配合我國國情適度調整因應，並予業者較充裕之準備時間，2015年金管會宣布以國際接軌日加3年為我國保險業IFRS 17接軌日。

IFRS 17以公允價值評估保險合約負債，可解決現行保險業資產負債不匹配之情形，使財報表達更貼進保險業經營實質，回歸保險業經營之核心價值。

國際保險監理官協會（IAIS）已於2019年11月阿布達比年會通過保險資本標準（Insurance Capital Standard, ICS）2.0版，並自今年起進入5年監測期，於2025年正式實施，以用於國際間活躍保險集團（IAIG）與全球系統性重大保險業者（GSII）之集團合併資本計提，供其母國主管機關進行監理。

鑒於IFRS 17及ICS對資產與負債均採公允價值評價，其方法論相同，有助於公司全面落實資產負債管理、增強財務體質並承擔各種風險之能力，爰參考ICS發展我國保險業新一代清償能力制度（TW-ICS）。

壽險業過去以銷售高儲蓄性質之保險商品為主，在低利率環境下具保證之商品可能不利壽險公司長期經營並影響清償能力，為引導業者調整商品結構朝向提高保障及降低儲蓄比重方向發展，金管會已修正保險商品審查相關法令，參考IFRS 17規範，要求保險合約服務邊際（Contractual Service Margin, CSM）大於零以避免銷售虧損性保險合約，並鼓勵業者多銷售保障型等利率敏感度較低之保險商品，不會有買不到保障型商品之情形。

金管會已明確表示，為順利接軌IFRS 17，金管會已採行相關措施，例如：自2012年度起，要求壽險業每年進行有效契約負債公允價值評估；鼓勵保險業者預留各種準備金、特別盈餘公積；引導業者逐步調整商品結構，降低利率風險敏感度。

金管會並請保發中心邀集四大會計師事務所、產壽險公會、專家學者等有關單位籌組IFRS 17專案平台，擬訂接軌準備工作時程，協助業者積極投入資源以如期接軌。

圖6-2-2　保險業新一代清償能力制度：思維蛻變2

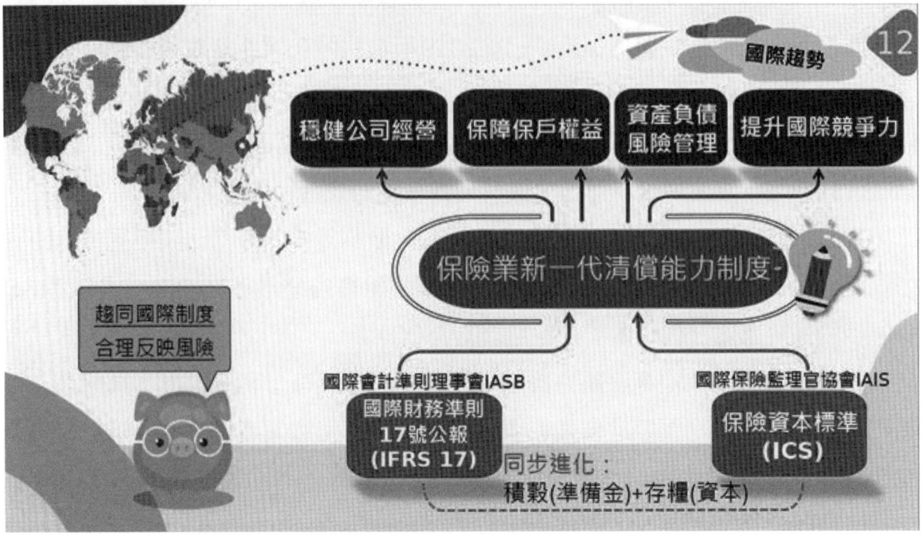

資料來源：金管會「保險業新一代清償能力制度簡報」第12頁。

　　另為推動保險業清償能力制度穩健接軌國際，已於2020年7月7日召開推動新制度會議，邀請保險業負責人與相關單位溝通政策方向，與會人士均表達支持；金管會已積極向IAIS爭取符合我國國情之ICS標準，透過試算以評估在地化調整，並擬訂2020年至2026年三階段接軌時程，以循序漸進導入作法，期建置適切衡量我國保險業經營風險之清償能力制度。

　　綜上，我國於2026年實施IFRS 17及新一代清償能力制度（TW-ICS）後，保險業將全面以公允價值衡量資產負債及資本，金管會將審慎評估IFRS 17及ICS對保險業之影響，並賡續督導保發中心依目前準備進度妥適辦理推動事宜，及督促業者積極依工作目標持續進行相關準備作業，及採取各項必要配套與因應措施，另金管會將持續對外宣導獲取外界支持，以協助我國保險業順利完成接軌相關準備工作。

二、推動保險業新一代清償能力制度相關時程

金管會於2020年7月28日新聞稿[6]公告，為能更合理反映保險業經營風險、保障保戶權益及維持金融穩定，並提升我國保險業國際競爭力，金管會已於2020年7月7日召開「保險業新一代清償能力制度（TW-ICS）相關推動時程」會議，與保險業負責人及相關單位溝通說明政策方向，並廣泛交換意見。

參照表6-2-1所示，鑒於現行RBC制度與ICS規定於評價方法、自有資本及風險資本等差異，我國保險業新一代清償能力制度（TW-ICS）將採循序漸進導入之作法，包括持續修正並檢討相關措施、在地試算與平行測試等，以使我國保險業順利接軌國際制度及更合理反映經營風險。

表6-2-1 現行RBC制度與ICS規定主要差異

		現行RBC制度	ICS2.0版
評價方法	股票資產	採半年均價衡量	資產與負債均以資產負債表日（6月底或12月底）之市場現時資訊評價（即公允價值衡量）
	債券	採攤銷後成本衡量	
	負債	依發單時之鎖定利率等相關假設評價	
自有資本	計算方法	未採分層法衡量，即業主權益加（減）計各種法定調整項	分層法，依資本品質分為第一類資本與第二類資本
風險資本	風險類型	1. 資產風險 2. 保險風險 3. 利率風險 4. 作業風險	除左列範圍外，尚涵蓋巨災風險（天災、恐攻、傳染病與信用保證）及信用利差風險等
	風險衡量方式	風險係數法	壓力情境法為主，風險係數法為輔

資料來源：金管會「現行RBC制度與ICS規定主要差異」。

另考量我國預計實施IFRS 17生效日為2026年，為使保險業財務報告與清償能力之衡量具一致性基礎，新一代清償能力制度（TW-ICS）將比照我國IFRS 17生效日，於2026年實施，惟仍將視國際最新發布訊息滾動檢討時程，俾保險業全面落實資產負債管理，並提升對風險管理之重視。

---

6. 金管會新聞稿：推動保險業新一代清償能力制度相關時程，2020/7/28。資料來源：https://www.fsc.gov.tw/ch/home.jsp?id=96&parentpath=0,2&mcustomize=news_view.jsp&dataserno=202007280004&dtable=News

有關新一代清償能力制度推動時程之三階段計畫如下表：

表6-2-2　新一代清償能力制度（TW-ICS）推動時程之三階段計畫

	期程	規劃辦理內容
第一階段： 在地試算期	109～110年	1. 在地試算評估衝擊影響：保發中心協助業者進行在地試算 2. 保發中心完成各ICS研究案 3. 研議在地化監理規範
第二階段： 平行測試期	111～113年	1. 3年平行測試：保險公司除時提交監理要求之RBC比率外，平行測試期1年提供一次以年度資料為基礎之新制度比率 2. 過渡性計畫：依不同情境試算結果，衡酌我國保險業長年期保單特性，並參考歐盟實施Solvency II導入之過渡性措施（Transitional Measures）及ICS未來發布有關過渡性計畫之內容，研擬我國過渡性計畫 3. 在地監理規範：評估符合我國保險業經營特性及產業現況之在地化監理規範 4. 監理法規修正
第三階段： 接軌準備期	114年	實施新制度前之準備期間，提供保險公司檢視所有相關作業時間
預計實施	115年起適用	以新制度比率作為監理要求指標

資料來源：金管會官方網站（https://www.fsc.gov.tw/ch/home.jsp?id=96&parentpath=0,2&mcustomize=news_view.jsp&dataserno=202007280004&dtable=News）。

透過研商會議，金管會除說明推動保險業新一代清償能力制度之相關時程，並聽取保險業者許多寶貴意見，已達到雙向溝通交流之目的。

金管會進一步表示，為順利推動保險業新一代清償能力制度，協助保險市場健全發展，有賴主管機關、保險業者及相關單位共同努力，金管會將以合理反映保險業經營風險、保障保戶權益及維持金融穩定，並提升我國保險業國際競爭力下，循序漸進推動新制度，期勉保險公司就自身經營之影響及早調整財務業務結構，並儘早投入人力物力等資源因應，提升公司財務健全度，以利穩健接軌國際制度。

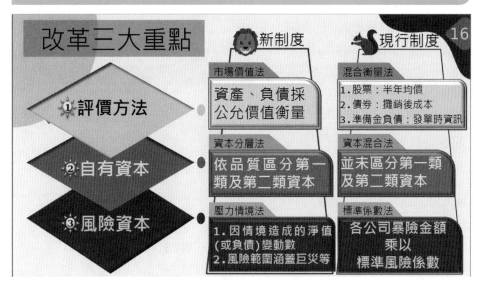

圖6-2-3　保險業新一代清償能力制度：改革三大重點

資料來源：金管會「保險業新一代清償能力制度簡報」第16頁。

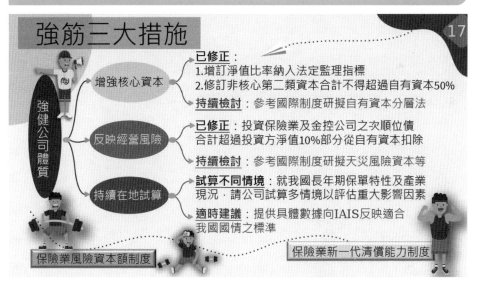

圖6-2-4　保險業新一代清償能力制度：強筋三大措施

資料來源：金管會「保險業新一代清償能力制度簡報」第17頁。

圖6-2-5　保險業新一代清償能力制度：接軌三大階段

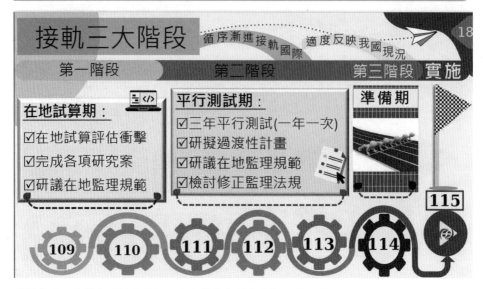

資料來源：金管會「保險業新一代清償能力制度簡報」第18頁。

6-3 保險業資本適足性管理辦法

一、「保險業資本適足性管理辦法[7]」部分條文修正

　　金管會於2023年4月13日新聞稿[8]當中公告，為強化保險業自有資本品質並使我國保險業於2026年穩健實施新一代清償能力制度（TW-ICS），金管會參考國際保險監理官協會（International Association of Insurance Supervisors, IAIS）之保險資本標準（Insurance Capital Standard, ICS）自有資本分層架構、銀行資本適足性及資本等級管理辦法有關資本溯源及資本對稱性之規定，研擬「保險業資本適足性管理辦法」部分條文修正草案，明定自2023年12月31日起，保險業計算資本適足率時，自有資本應劃分為第一類非限制性資本（Tier 1 Unlimited, T1U）、第一類限制性資本（Tier 1 Limited, T1L）及第二類資本（Tier 2, T2），另自2024年1月1日起所發行之資本工具應適用資本溯源及資本對稱性之規定，詳細請參照圖6-3-1所示。

圖6-3-1　保險業自有資本圖

保險業自有資本分層圖

	T1U	權益 普通股、資本公積、盈餘公積等	＋	負債	1. 重大事故特別準備金 2. 危險變動特別準備金 3. 分紅保單特別準備金 4. 外匯價格變動準備金	品質最優良
限額管制		不設限額				
	T1L	負債 發行非累積且無利率加碼條件次順位債/負債特別股				品質次之
限額管制		風險資本的20%				
	T2	負債 發行累積或有利率加碼條件次順位債/負債特別股	＋	不動產	1. 投資性不動產後續衡量利益 2. 不動產增值利益特別準備 3. 不動產增值特別盈餘公積	品質再次之
限額管制		風險資本的100%		分四年納入限額		

資料來源：金管會「保險業自有資本圖」。

---

7. 保險業資本適足性管理辦法，修正日期：2023/8/4。資料來源：https://law.moj.gov.tw/LawClass/LawAll.aspx?pcode=G0390051。

8. 金管會新聞稿：預告「保險業資本適足性管理辦法」部分條文修正草案，2023/4/13。資料來源：https://www.fsc.gov.tw/ch/home.jsp?id=96&parentpath=0,2&mcustomize=news_view.jsp&dataserno=202304130003&dtable=News。

1. 有關自有資本分層部分

⑴ 自有資本分層制度係參考國際間對自有資本品質之規範，應依損失吸收能力及永續性等性質劃分為T1U、T1L及T2，說明如下：

T1U：是品質最優良的資本（主要包括普通股、資本公積、盈餘公積等）。

T1L：主要為損失吸收能力較好的次順位債或特別股（以非累積次順位債為例，如果今年未有足夠盈餘支付債息，則未配發的債息不累積到次年度）。

T2：主要為除了分類屬T1L外，仍有損失吸收能力的次順位債或特別股（以累積次順位債為例，如果今年未有足夠盈餘支付債息，則未配發的債息可累積到次年度）及損失吸收能力未能完全確定的未實現利益（包括不動產增值利益）。

⑵ 本次修正內容中，將不動產增值利益列入T2，限額則由現行併計部分次順位債不得超過自有資本的50%修正為併計其他T2資本不得超過風險資本的100%。

⑶ 經請業者以2022年底之資料進行試算，對業者資本適足率影響不大。然為給予業者適當時間調整投資策略、資產負債管理及資本規劃，有關不動產增值利益部分擬自2023年至2026年以每年增加25%方式逐步於2026年正式接軌保險業新一代清償能力制度前納入T2資本之限額計算（亦即2023年至2026年分別將不動產增值利益之25%、50%、75%及100%納入T2限額），已充分且衡平考量保險業者之資本健全及負擔能力。

2. 有關資本溯源及資本對稱性部分

⑴ 係為了強化保險業資本品質並避免不同保險公司因籌資方式不同而使保險業資本品質產生差異。例如：某金控公司以發行累積次順位債（屬T2）方式對外籌資並現金增資（屬T1U）其保險子公司A，另一保險公司B以發行累積次順位債（屬T2）方式對外籌資，如採資本溯源及資本對稱性，將追溯至最源頭的籌資方式，亦即保險公司A及B均因該筆自有資本係以累積次順位債方式自投資大眾取得資金，故均屬T2資本，詳細請參照圖6-3-2所示。

⑵ 另經衡平考量保險業自有資本之穩定性及健全性，金管會就資本溯源及資本對稱性之規定擬不溯既往，將自2024年1月1日起所發行之資本工具始適用。

　　ICS與資本適足率RBC的主要差異是ICS將多數風險所應計提的資本由係數法改為壓力法來設算，即資本計提多寡，係以統計模型計算壓力事件下產生的損

失金額（讀者可以統計學的信賴區間來理解壓力事件發生機率），只有少數風險仍維持係數法來計提資本。此外，ICS將合格資本區分為Tier 1與Tier 2、並規定Tier 2資本的容許上限。

照理說，我國保險業者既非國際活躍保險集團、也非全球系統性重大保險業者，且監理機關只有一個（金管會保險局）、沒有跨國統合監理的需求。故當金管會宣布2026年將以ICS取代RBC作為資本監理標準，其目的無非是透過與國際接軌、使我業者更加重視與細緻各種風險的模型分析，及對資本的影響，長期則希望引導業者經營更加穩健。

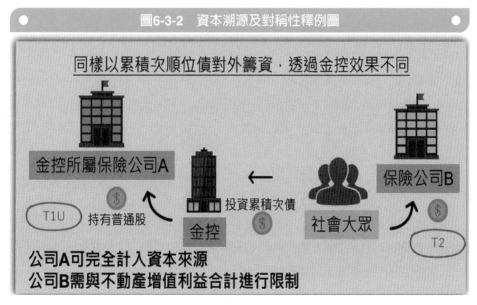

圖6-3-2　資本溯源及對稱性釋例圖

同樣以累積次順位債對外籌資，透過金控效果不同

金控所屬保險公司A　　　　　　　　保險公司B

T1U　持有普通股　　投資累積次債　　社會大眾　　T2

金控

公司A可完全計入資本來源
公司B需與不動產增值利益合計進行限制

資料來源：金管會「資本溯源及對稱性釋例圖」。

二、保險業之自有資本與風險資本之比率（以下簡稱資本適足率）及淨值比率

1. 保險業資本適足性管理辦法第4條

⑴ 保險法第一百四十三條之四[9]所稱保險業之自有資本與風險資本之比率（以下

---

9. 保險法第一百四十三條之四。資料來源：https://law.moj.gov.tw/LawClass/LawSingle.aspx?pcode=G0390002&flno=143-4。

簡稱資本適足率）及淨值比率，不得低於一定比率，係指不得低於第五條所定資本適足等級比率。

(2) 保險業資本適足率依下列公式計算：

資本適足率＝（自有資本÷風險資本）×100%

(3) 第二條自有資本及第三條風險資本之計算，應依填報手冊辦理。

(4) 第一項所稱淨值比率，係指保險業經會計師查核簽證財務報告之業主權益除以不含投資型保險專設帳簿之資產總額。但主管機關另有規定者，從其規定。

2. 保險業資本適足性管理辦法第5條

(1) 保險業資本等級之劃分如下：

① 資本適足：指保險業資本適足率達百分之二百，且最近二期淨值比率至少一期達百分之三。

② 資本不足，指有下列情形之一：

a. 指保險業資本適足率在百分之一百五十以上，未達百分之二百。

b. 保險業最近二期淨值比率均未達百分之三且其中至少一期在百分之二以上。

③ 資本顯著不足，指有下列情形之一：

a. 指保險業資本適足率在百分之五十以上，未達百分之一百五十。

b. 保險業最近二期淨值比率均未達百分之二且在零以上。

④ 資本嚴重不足：指依本法第一百四十三之四第三項規定，保險業資本適足率低於百分之五十或保險業淨值低於零。

(2) 保險業依第一項劃分標準如同時符合二等級，以較低等級為資本等級。

三、金管會放寬保險業發行具資本性質債券發債條件及發布資金定義解釋令，提升保險業籌資管道及彈性

金管會於2023年4月13日新聞稿[10]中公告，為厚實保險業者資本結構及提升籌資彈性，並兼顧發行具資本性質債券應符合國際保險資本標準（ICS）相關規

---

10. 金管會新聞稿：金管會放寬保險業發行具資本性質債券發債條件及發布資金定義解釋令，提升保險業籌資管道及彈性，2023/4/13。資料來源：https://www.fsc.gov.tw/ch/home.jsp?id=96&parentpath=0,2&mcustomize=news_view.jsp&dataserno=2023041130004&dtable=News。

範，發布修正「保險公司發行具資本性質債券應注意事項[11]」（下稱應注意事項）第2點，放寬保險業得發行10年期以上之長期公司債及應符合ICS所定第2類資本（Tier 2）之條件。

應注意事項第2點修正重點如下：

1. 增定保險業可發行期限10年以上之長期公司債（第1項）；至於提前贖回權部分，仍維持現行規範。

2. 依ICS對於Tier 2相關條件之規範，對發行期限10年以上之長期公司債，增定⑴「債息之支付不得設定隨保險公司信用狀況及財務情形而變動」、⑵「不得為自身或關係人持有」、⑶「非屬金融機構間相互持有。但非以膨脹資本為目的，與其他金融相關事業以透過協議或其他方式相互持有對方發行之資本工具者，不在此限。」、⑷「不受其他資本工具牽連（求償順位不會因提供擔保或其他工具改變）」、⑸「除保險公司清算或清理依法所為之分配外，投資人不得要求保險公司提前償付未到期之本息」及⑹「無利率加碼條件或其他提前贖回之誘因」等限制條件。前開「不得為自身或關係人持有」所稱之關係人，為國際會計準則（IAS）第24號規定之關係人之定義。

另保險法第146條第2項規定保險業資金包括「業主權益」及「各種準備金」。考量現行保險業發行具資本性質債券及負債型特別股等具債務性質資本工具所取得之資金，可計入自有資本總額據以計算資本適足率，應可比照公司以其他型式持有之自有資本進行管理運用，並同受資金運用相關法令規範，本會將併發布令釋[12]，將「具資本性質債券及負債型特別股」納入保險法第146條第2項[13]資金定義中之「業主權益」項目。

---

11. 保險公司發行具資本性質債券應注意事項，修正日期：2023/4/14。資料來源：https://law.lia-roc.org.tw/Law/Content?lsid=FL047483。

12. 保險法第146條第2項規定之解釋令，公發布日：2023/4/14。資料來源：https://law.fsc.gov.tw/LawContent.aspx?media=print&id=GL003612。

13. 保險法第146條第2項。資料來源：https://law.moj.gov.tw/LawClass/LawSingle.aspx?pcode=G0390002&flno=146-2。

6-4 壽險淨值

一、保險業進行金融資產重分類應依IFRS 9「金融工具」規定及會基會參考指引辦理

　　金管會於2022年10月11日新聞稿[14]中公告，國際財務報導準則（IFRS）第9號「金融工具」第4.4節訂有金融資產重分類之原則性規範，對於實務之應用，財團法人中華民國會計研究發展基金會（下稱會基會）已於2022年10月7日就「保險業因國際經濟情勢劇變致生管理金融資產之經營模式改變所衍生之金融資產重分類疑義」提供參考指引，金管會表示，保險業如擬進行金融資產重分類，應依IFRS 9相關規範及會基會參考指引辦理，金管會並將要求提列特別盈餘公積。

　　金管會表示，IFRS 9對重分類訂有原則性規範，會基會提供參考指引，個別公司能否重分類，仍應由公司管理階層與其簽證會計師，共同考量實際對金融資產之管理模式及相關事證進行判斷，管理階層須能清楚解釋經營模式改變之合理性及留存佐證，相關程序及資訊揭露並應依保險法及證券交易法相關規定辦理。

　　另為維持保險業資本穩健，對於進行金融資產重分類之公司，金管會將要求提列特別盈餘公積，避免重分類使分派股利增加。

　　鑑於IFRS 17對我國保險業影響重大，包括資訊系統（會計、精算、投資、風控等系統）修改、歷史資料蒐集、商品策略調整等準備工作繁複，金管會參考各界意見後決定，我國以國際生效日後至少3年（2026年1月1日）再實施為原則，以利觀察國外實施情況，配合我國國情適度調整因應，藉以完善各項接軌準備。

　　面對急遽變化之國際經濟金融情勢，維持金融穩定及維護保戶權益是金管會首要任務，金管會將持續關注保險業財務業務情況，要求業者維持良好清償能力，並強化公司治理、風險控管與內部控制，以合理確保保險業永續與穩健經營。

---

14. 金管會新聞稿：保險業進行金融資產重分類應依IFRS 9「金融工具」規定及會基會參考指引辦理，2022/10/11。資料來源：https://www.ib.gov.tw/ch/home.jsp?id=239&parentpath=0,2,238&mcustomize=news_view.jsp&dataserno=202210110003&dtable=News。

二、金管會對於報載「監理寬恕」是壽險淨值衰落源頭之澄清

金管會於2022年8月11日新聞稿[15]中公告,有關媒體刊載「監理寬恕」是壽險淨值衰落源頭之評論,金管會感謝各界之關心指正,惟該篇評論部分內容與事實不符,說明如下:

1. 我國與國際同步採用國際財務報導準則(IFRSs)第9號公報

自2013年全面採用IFRSs,並採逐號公報認可制;採用IFRSs之主要國際資本市場,均已完成認可或宣布如期於2018年1月1日採用IFRS 9。

另考量國內部分上市公司編製合併財務報告有納入金融業,為避免會計制度不同增加帳務處理成本,爰決定金融業及一般產業與國際同步採用IFRS 9。

2. 採用IFRS 9時由業者自行選擇會計政策

(1) 接軌IFRS 9時,保險業資產、負債未同時以公允價值衡量可能產生會計處理不一致,故業者得依規定將金融資產選擇分類為透過損益按公允價值衡量之金融資產(FVTPL)、透過其他綜合損益按公允價值衡量之金融資產(FVOCI)、按攤銷後成本衡量之金融資產(AC)等3類,壽險業者可以透過經營模式之選擇或金融資產分類之調整,如分類至AC可以降低對淨值波動風險。

(2) 實施IFRS 9後,金管會為避免壽險業者在低利率時期處分透過其他綜合損益按公允價值衡量之金融資產等分類之長期債務證券投資來實現短期獲利,致影響壽險商品對保戶之長期承諾,已規範須就未到期債務工具之處分損益提列特別盈餘公積,並依出售標的之剩餘到期期間逐年攤銷釋出,始可供分配盈餘。

(3) 為接軌IFRS 9,金管會已多次提醒保險業者應考量其可能對淨值波動之影響,在符合IFRS 9之前提下,選擇適切之會計政策及資產重分類等方式,以降低會計處理不一致之影響。

3. 目前各國均尚未實施IFRS 17,我國係參考各界意見循序推動

國際會計準則委員會(IASB)於2017年間發布IFRS 17草案,考量該準則實務執行之困難及複雜度,延於2023年生效。

根據2018年上路的國際財務報導準則(IFRSs)第9號公報,將金融資

---

15. 金管會新聞稿:金管會對於今日報載「監理寬恕」是壽險淨值衰落源頭之澄清,2022/8/1。資料來源:https://www.fsc.gov.tw/ch/home.jsp?id=96&parentpath=0,2&mcustomize=news_view.jsp&dataserno=202208010002&dtable=News。

產分為3類：按攤銷後成本衡量（AC）、透過其他綜合損益按公允價值衡量（FVOCI）、透過損益按公允價值衡量（FVTPL）。

放AC，升息等市價波動，不會影響損益及淨值；列FVOCI，市價波動，不影響當期損益，但會影響淨值；放FVTPL，市價波動，則會影響當期損益及淨值。

根據金管會資料，到2023年8月底止，保險業金融資產分類在FVOCI的帳列金額有4兆7,388億元，占總資產13.95%。

債券投資部位放FVOCI，在過去低利率時，可以讓公司淨值大增，帳上有虧損則不會在當期損益顯示。但這波全球升息風潮，讓壽險業投資的債券價格下跌，評價出現減損，導致淨值大幅下降。

部分壽險業者建議，希望能採用IFRS 9中的資產重分類作法，將帳列FVOCI的資產，改列AC，避免評價波動影響淨值，以化解淨值危機。

壽險業為緩解淨值風暴，南山人壽、國泰人壽、台灣人壽、新光人壽、保誠人壽、中國人壽、三商美邦人壽、第一金人壽及富邦人壽自2022年10月起陸續啟動金融資產重分類，將原先放在FVOCI項下債券部位改放至AC項下，避免評價波動影響淨值，2023年7月1日起，全球人壽為第10家啟動資產重分類的壽險公司。

6-5 保單活化

一、金管會備查壽險公會修正之「人身保險業保險契約轉換及繳費年期變更自律規範」[16]

金管會為因應高齡化社會老年生活需要，已於2014年8月28日備查中華民國人壽保險商業同業公會（下稱壽險公會）所報「人身保險業保險契約轉換[17]及繳費年期變更[18]自律規範[19]」（下稱本自律規範）之修正案，提供保戶得在不增加保費支出之原則下，選擇以其原持有含死亡保障之保單，轉換為其老年所需之健康保險（含長期照護保險）或年金保險。

本自律規範修正重點如下：

1. 定義功能性契約轉換類型

指要保人以現有非投資型人壽保險契約，申請轉換為同一人壽保險公司之健康保險（含長期照護險）或遞延年金保險，且轉換後保險契約之生效日及投保年齡均應維持不變。

2. 保險業辦理功能性契約轉換應遵循事項

⑴轉換前對要保人或被保險人進行適合度評估。

⑵轉換生效後全面電訪並錄音存檔。

⑶轉換生效後，除少數例外情形外（例如：轉換後契約已開始給付保險金或已有

---

16. 金管會新聞稿：金管會備查壽險公會修正之「人身保險業保險契約轉換及繳費年期變更自律規範」，2014/8/28。資料來源：https://www.fsc.gov.tw/ch/home.jsp?id=96&parentpath=0,2&mcustomize=news_view.jsp&dataserno=201408280004&dtable=News。

17. 契約轉換包括同類型契約轉換及功能性契約轉換。
    同類型契約轉換：指要保人以現有保險契約，申請轉換為同一人壽保險公司同類型之其他保險契約，轉換後保險契約可為實物給付型保險商品，且轉換後保險契約之生效日及投保年齡均應相同。
    功能性契約轉換：指要保人以現有非投資型人壽保險契約，申請轉換為同一人壽保險公司之健康保險或遞延年金保險，轉換後保險契約可為實物給付型保險商品，且轉換後保險契約之生效日及投保年齡均應相同。

18. 繳費年期變更：指要保人以現有保險契約，申請變更為同一人壽保險公司不同繳費年期之相同保險契約。

19. 人身保險業保險契約轉換及繳費年期變更自律規範，修正日期：2020/4/30。資料來源：https://law.lia-roc.org.tw/Law/Content?lsid=FL042810。

申請理賠紀錄；或原保險契約之保險事故已發生且未能舉證壽險公司有不實引導轉換之情形），各公司應提供保戶3年內回復原契約之權利。

3. 退補差額計算基礎

基於公平合理性，對於不同保險契約間之轉換，各公司應採保單價值準備金為計算退補差額基礎。但本自律規範修正前之有效契約，如已約定採解約金為計算基礎，且轉換時以解約金計算基礎對要保人有利者，從其約定。

4. 強化資訊揭露

各公司應製作變更前後利益比較暨權益說明書、提供變更後的商品條款及製作適合度評估確認書、重要事項確認聲明書等文件。

5. 加強內稽內控

各公司應將本自律規範內容納入內部控制及內部稽核項目，並依據保險業內部控制及稽核制度實施辦法規定辦理。

金管會強調，為維護保戶權益，保險業於受理保戶契約轉換申請時，應確實依據「轉換契約應公平合理」、「轉換權利義務應充分說明」、「充分確保保戶權益」等原則辦理，保險業者應加強資訊揭露、適合度評估及納入內稽內控程序等機制。

另本自律規範未限制轉換時必須將原契約保單價值全數轉換，保戶可視所投保保險公司提供之方案，考量實際需要自行決定轉換之方案，並務必於同意轉換前，詳加審閱相關資料，確認並完全清楚新、舊契約之相關權利義務後，審慎選擇。

另為避免銷售誤導之情形，金管會重申保險業仍應遵循該自律規範現行機制，不得以誤導或不當行銷方式勸誘要保人辦理契約轉換、不得就契約轉換退補差額部分發給保險招攬人員額外佣酬或其他利益等行為。

金管會表示，本自律規範之修正，係提供保戶檢視自身需求，調整適宜保險商品之選擇權，保戶擁有是否申請契約轉換之自主權，保險業不應要求所屬業務員不當引導、勸誘保戶辦理契約轉換，以避免衍生保險消費爭議，如發現保險業於執行面有上述不當情事，金管會將依法議處。

二、保單活化說明：輔以國泰人壽轉換商品介紹及範例說明

1. 透過「保單活化」，解決您的退休煩惱

　　因應高齡化社會來臨及響應政府推動「保單活化」政策，國泰人壽於法令公布後立即開辦相關服務。

　　如您為特定壽險商品之客戶，可將現有之終身壽險保單轉換為醫療險、長照險或年金險，以支付未來可能發生的醫療費、照顧費或生活支出，讓自己獲得較佳的退休及醫療品質，過著完美的幸福退休生活。

　　保單活化可滿足保戶在人生週期改變，想調整保障規劃時的一種新選擇和服務，透過保單轉換讓自己活著也能有保障，優化自己的老年生活。

2. 保單活化檢視步驟

　　參照圖6-5-1所示，如您擁有特定壽險保單，且符合以下任一狀態，可進一步評估需求及適合方式。

　　參照圖6-5-2所示，商業保險可提供的四大解決方案，包含保單活化、買新保單、部分解約以及保單貸款，其各有優點缺點，分別條列供民眾參考。

3. 保單活化轉換商品介紹及其範例說明

⑴ 參照圖6-5-3所示，60歲的男性將保額300萬元終身壽險保額部分轉換至年金險（年領年金5萬元）為例。

⑵ 參照圖6-5-4所示，60歲的男性將保額300萬元終身壽險保額部分轉換至醫療險（日額2,000元）為例。

⑶ 參照圖6-5-5所示，60歲的男性將保額300萬元終身壽險保額部分轉換至長照險（保額2萬元）為例。

圖6-5-1　保單活化檢視步驟一

請用手機掃此QR Code
即可於網頁檢視。

資料來源：國泰人壽官方網站。

圖6-5-2　保單活化檢視步驟二：商業保險可提供的四大解決方案

請用手機掃此QR Code
即可於網頁檢視。

資料來源：國泰人壽官方網站。

圖6-5-3　保單活化轉換商品之範例一

請用手機掃此QR Code
即可於網頁檢視。

資料來源：國泰人壽官方網站。

圖6-5-4　保單活化轉換商品之範例二

請用手機掃此QR Code
即可於網頁檢視。

資料來源：國泰人壽官方網站。

圖6-5-5　保單活化轉換商品之範例三

請用手機掃此QR Code
即可於網頁檢視。

資料來源：國泰人壽官方網站。

6-6 遠距服務與網路投保

一、金管會修正發布「保險業辦理遠距投保[20]及保險服務業務應注意事項」及「保險代理人公司保險經紀人公司辦理遠距投保及保險服務業務應注意事項」[21]

　　因應金融科技發展，提升遠距投保之便利性，金管會於2023年7月4日新聞稿公告，修正發布「保險業辦理遠距投保及保險服務業務應注意事項[22]」（下稱保險業注意事項）第6點、第15點及「保險代理人公司保險經紀人公司辦理遠距投保及保險服務業務應注意事項」（下稱保經代注意事項）。

　　金管會表示，本次修正該二注意事項，主要係增訂保險業及保經代得運用金融行動身分識別（金融Fido）方式進行身分確認，及放寬兼營保險代理或經紀業務之銀行（下稱銀行）得以自行建置之視訊錄製影音軟體方式，辦理遠距投保與保險服務業務。

　　針對保險業注意事項第6點之客戶身分認證原則，保險業應確認客戶身分，以確保係客戶本人進行投保作業，並應包括下列事項：

1. 客戶進入視訊前之身分確認，保險業應透過行動身分識別（Mobile ID）、會員帳號密碼登入搭配一次性密碼、金融行動身分識別（金融Fido）或其他經主管機關認可之方式為之。但客戶為未成年者，應由法定代理人以前述方式之一確認身分。

2. 保險業應請客戶出示國民身分證或居留證，除應比對客戶本人樣貌與證件照片之一致性外，並應建立身分證明文件偵錯防偽，或向發證機關查詢確認其真偽之機制。但無國民身分證之未成年者，應出示附有照片之健保卡或護照。

---

20. 本業務係指在維護個人資料保護及資訊安全原則下，保險業以視訊錄製影音之方式，對客戶進行身分認證並取得其明確意思表示後，完成投保或保險服務之業務。

21. 金管會新聞稿：金管會修正發布「保險業辦理遠距投保及保險服務業務應注意事項」及「保險代理人公司保險經紀人公司辦理遠距投保及保險服務業務應注意事項」，2023/7/4。資料來源：https://www.fsc.gov.tw/ch/home.jsp?id=96&parentpath=0,2&mcustomize=news_view.jsp&dataserno=202307040001&dtable=News。

22. 保險業辦理遠距投保及保險服務業務應注意事項，修正日期：2023/7/4。資料來源：https://law.lia-roc.org.tw/Law/Content?lsid=FL097660。

3. 保險業對遠距投保客戶得兼採行生物辨識（如人臉生物特徵）輔助身分確認措施，以強化對保險契約要保人、被保險人之身分確認。

　　保經代注意事項並參考保險業注意事項之相關規範，修正明定銀行與保險公司合作申請試辦成功者，可以相同模式與其他保險公司合作，辦理遠距投保與保險服務業務、相關檔案之保存期限不得低於5年、銀行應採加密措施將相關文件及影音資料傳送至保險公司等，以確保資訊安全。

二、金管會修正「保險業辦理電子商務應注意事項」及「保險代理人公司保險經紀人公司[23]辦理網路投保業務[24]及網路保險服務[25]管理辦法」部分規定[26]

　　數位化之金融服務日漸普及，為協助保險業之發展並提供消費者更便利之服務，在風險控管及維護消費者權益之前提下，金管會於2023年6月29日新聞稿公告，放寬保險業及保險代理人公司保險經紀人公司得辦理網路投保業務及網路保險服務[27]。

　　本次修正重點說明如下：

1. 為讓消費者快速且方便透過網路方式辦理網路投保及網路保險服務之註冊及身分驗證作業，放寬得以消費者之網路銀行帳戶（以銀行臨櫃辦理者為限）或數位存款帳戶（適用電子轉帳交易指示類高風險交易之第一類帳戶）辦理，不限於同一金融控股公司所屬銀行子公司之帳戶。

2. 為提升網路保險服務之效能，人身保險業網路保險服務事項新增健康管理保險回饋項目。

---

23. 以公司組織經營保險代理或經紀業務之公司，及經主管機關許可兼營保險代理或經紀業務之銀行。
24. 指為自然人之要保人於完成首次註冊及身分驗證程序後，經由網路透過保經代公司與保險公司締結或洽訂保險契約之業務。
25. 指保經代公司既有保險客戶於完成註冊及身分驗證程序後，經由網路透過保經代公司與保險公司連線辦理除網路投保以外之各項保險服務。
26. 金管會新聞稿：金管會修正「保險業辦理電子商務應注意事項」及「保險代理人公司保險經紀人公司辦理網路投保業務及網路保險服務管理辦法」部分規定，2023/6/29。資料來源：https://www.fsc.gov.tw/ch/home.jsp?id=96&parentpath=0,2&mcustomize=news_view.jsp&dataserno=202306290001&dtable=News。
27. 保險代理人公司保險經紀人公司辦理網路投保業務及網路保險服務管理辦法，修正日期：2023/12/18。資料來源：https://law.moj.gov.tw/LawClass/LawAll.aspx?pcode=G0390093。

3. 因應多元之身分驗證技術，就保險代理人公司保險經紀人公司辦理網路投保
   及網路保險服務之身分驗證作業，除現行一次性密碼（OTP）之身分確認方式
   外，新增生物辨識、行動身分識別（Mobile ID）、金融行動身分識別（金融
   Fido）等方式確認身分。

   金管會表示，消費者可衡酌自身保險保障之需求狀況，隨時使用網路連結至
合法設立之保險公司、保經代公司或與其異業合作業者之網站或行動應用程式
（APP），瀏覽所需保險商品之保障內容、承保範圍、保單條款等資訊，選擇適
合自己的保險商品，以獲得保險保障。

   參照圖6-6-1所示，提供國泰人壽官網之網路投保服務特色及投保流程說明，
供民眾參考。

圖6-6-1　國泰人壽官網之網路投保服務特色及投保流程說明

請用手機掃此QR Code
即可於網頁檢視。

資料來源：國泰人壽官方網站。

6-7 純網路保險公司

一、金管會暫不開放純網路保險公司申設

金管會因應金融服務數位發展趨勢，前於2022年8月至10月開放純網路保險公司（下稱純網保）之設立申請，計有中國信託網路產物保險籌備處（下稱中信網保）及福爾摩莎產物保險籌備處提出申請，經金管會「純網路保險公司審查會」進行審查，福爾摩莎產物保險籌備處因未符合法定資格，已於2022年12月22日駁回其申請，中信網保則因相關規劃尚未完備，審查會決定應予緩議。

金管會為公平、公正辦理純網路保險公司申請設立案之審查，依據「純網路保險公司審查會設置要點」，邀集6位外部專家學者與3位金管會主管共同組成審查會[28]。

審查會就中信網保營運模式之可行性、保險商品之創新性、管理機制之妥適性、預定負責人之適格性等面向詳予審查，並召開6次審查會，其中3次為中信網保簡報及面談會議，審查會肯認中信網保導入金融科技發起人之加值數據，將傳統商品之行銷方式及服務作業程序創新，惟考量營運模式之穩定性及可行性未臻完整，為營運之可持續性，相關商品創新之優勢與利基需再開發，以及財務預測方面亦需補強其合理性，經審查委員提出審查意見並共同決定應予緩議。

金管會表示，開放設立純網路保險公司之政策目的在鼓勵開拓新型營運模式與創新商品的發展，而非與現有產險市場為商品競爭，未來除持續推動保險產業數位發展，並將於2023年底依保險市場發展趨勢，再行評估開放純網路保險公司設立申請之可行性。

金管會於2024年1月25日新聞稿中公告，經純網保審查會審查未有業者獲准設立，金管會爰規劃於2023年底評估再開放申設之可行性並於2024年1月底公布[29]。

---

28. 金管會新聞稿：金管會公布純網路保險公司申設之審查結果，2023/3/30。資料來源：https://www.fsc.gov.tw/ch/home.jsp?id=96&parentpath=0,2&mcustomize=news_view.jsp&dataserno=202303300002&dtable=News。

29. 金管會新聞稿：金管會暫不開放純網路保險公司申設，2024/1/25。資料來源：https://www.fsc.gov.tw/ch/home.jsp?id=96&parentpath=0,2&mcustomize=news_view.jsp&dataserno=202401250004&dtable=News。

金管會經綜合評估基於下列原因現階段不開放純網保申設：

1. 推動保險業數位轉型是金管會的既定政策，惟截至目前未有業者表示有申設意願。

2. 除部分業者已在媒體反映無申設意願外，金管會並主動洽詢前曾表達申設意願之業者，亦均表示無申設意願。

因應數位經濟發展，新興世代使用聯網設備取得各式服務之需求與日俱增，金管會表示推動保險業數位轉型政策不因純網保設置與否而受影響，為鼓勵保險業數位創新，已持續推動包括保險業電子商務、申請業務試辦等，其中於2023年10月修正「保險業辦理電子商務應注意事項」與「異業合作推廣保險業務應注意事項」等規定，為重大業務放寬，允許保險業與從事大數據資料分析、介面設計、軟體研發、物聯網、無線通訊業務等金融科技業者以試辦方式合作辦理創新型保險商品及服務，透過建構金融保險生態圈，開拓目前民眾尚未被滿足之保險需求，2024年1月已核准富邦產與台灣大異業合作的試辦案，是國內首宗異業合作之創新服務及流程試辦申請，推動「場景」金融；另有一家業者中信產險刻正審理中，據透露，與富邦產和台灣大合作模式可能類似。

二、開放設立純網路保險公司之政策目的與規劃方向

金管會於2021年12月21日新聞稿[30]中公告，金管會表示消費者透過網路取得金融服務已形成趨勢，國際間為提供更創新、多元保險商品及擴大普惠金融考量，已有純網路保險公司或以網路保險（電子商務）業務為主之保險公司紛紛設立。

我國保險產業數位轉型，推動創新型保險商品之研發，使國人享有快速、便利、自主、普惠的服務體驗，強化國人保險保障，提升保險產業競爭力，金管會參考各國發展經驗，提出我國開放設立純網路保險公司之政策，政策目的及規劃方向，重點如次，相關內容可參照圖6-7-1～圖6-7-5：

1. 政策目的

⑴ 滿足數位時代民眾保險需求：面對平台經濟與共享經濟興起，民眾因面臨新經

---

30. 金管會新聞稿：開放設立純網路保險公司之政策目的與規劃方向，2021/12/21。資料來源：https://www.fsc.gov.tw/ch/home.jsp?id=96&parentpath=0,2&mcustomize=news_view.jsp&dataserno=202112210004&dtable=News

濟風險所需要之保險保障與日俱增,開放純網路保險公司之營運模式,可滿足民眾多元保險需求。

(2)推廣創新商品:現行保險市場商品同質性高,創新型保險商品不足,透過政策引導金融科技、生態圈之投資,導入金融科技及數據資源與金融機構合作,開發創新商品(例如:碎片型保險商品,場景風險保險),提供國人更全面之保險保障。

(3) 擴大保險保障:現行國人消費習性偏好儲蓄型保險商品,且平均保險金額偏低,又31%國人未投保人壽保險,以致保險保障不足。純網路保險公司將以結合創新科技之簡單、易懂的保障型商品為主,擴展保險之可及性及使用性,以提升國人保險保障。

(4) 加速保險產業數位轉型:積極鼓勵推動各項金融科技之發展,以加速保險產業數位轉型與升級,並提升整體產業競爭力,營造更具金融包容性之友善環境。

(5) 建構直接銷售通路:開放純網路保險公司可建構直接銷售通路,擴大保障型商品市場,使有保險需求的民眾得享有更普惠簡便之保險商品與保障。

2. 規劃方向

(1)最低實收資本額:為使資金足以支應業務發展及永續經營所需成本,依據經營之業務範圍,訂定產、壽險業最低實收資本額。

① 產險業之純網路保險公司規劃業務範圍以創新商品為主,保險契約多屬1年期或短期性質,資金以短期運用為主,最低實收資本額定為新台幣10億元。

② 壽險業之純網路保險公司規劃業務範圍以保障型商品為主,並限制保障年期,考量費率結構、保險金給付金額、射倖性等因素,資金將以中、短期運用為主,最低實收資本額定為新台幣20億元。

③ 在前開產、壽險業之最低實收資本額基礎上,未來個案審查時,將依申請者提報之營業計畫書逐案審查其業務經營可行性及資金是否適足等,核定個案所需之實收資金數額,並要求控制權人提出增資承諾書。

(2)業務範圍:財產保險之業務範圍以符合消費需求之創新商品為主(例如:共享運具、外送平台等碎片型商品);人身保險之業務範圍以銷售不含生存或滿期給付設計,保險費僅用於保險保障之商品為主。

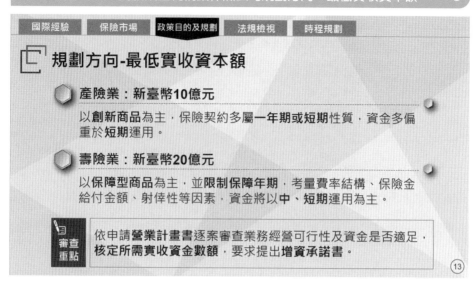

資料來源：金管會「開放設立純網路保險公司政策之規劃方向」說明簡報第13頁。

資料來源：金管會「開放設立純網路保險公司政策之規劃方向」說明簡報第14頁。

圖6-7-3 開放設立純網路保險公司規劃方向：發起人條件

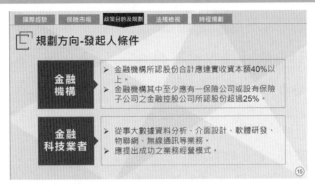

資料來源：金管會「開放設立純網路保險公司政策之規劃方向」說明簡報第15頁。

圖6-7-4 開放設立純網路保險公司規劃方向：預定負責人及大股東適格性

資料來源：金管會「開放設立純網路保險公司政策之規劃方向」說明簡報第16頁。

圖6-7-5 開放設立純網路保險公司規劃方向：營業據點及監理原則

資料來源：金管會「開放設立純網路保險公司政策之規劃方向」說明簡報第17頁。

6-8 防疫保單

一、金管會就媒體報導防疫保單內容與事實不符之澄清

金管會於2023年6月7日新聞稿[31]中公告，有關當時媒體報導2021年第四季有產險公司打算停售防疫保單，遭金管會保險局高層關切而不敢停售，最後一起步入這場產險業的集體大災難一事，與事實不符，金管會嚴正澄清並說明如下：

1. 按2021年第四季末有保險公司向本會反映將停售防疫保單，爰媒體報導與事實不符。

2. 另基於2021年底COVID-19病毒變異為傳播率高但致死率低之Omicron病毒株，風險態樣已有顯著轉變，金管會保險局於2022年初即陸續發出20件公文，請保險公司就防疫商品之風險對稱性是否符合保險保障及損害填補原則，並就相關風險控管機制如保障額度等事項提出檢討。嗣後有部分產險公司陸續調降保險金額、調整商品內容或直接下架。

二、6家保險公司辦理防疫商品違反保險法令裁罰案

金管會於2023年1月17日新聞稿[32]中公告，金管會通過對新安東京海上產物保險股份有限公司、國泰世紀產物保險股份有限公司、富邦產物保險股份有限公司、中國信託產物保險股份有限公司、兆豐產物保險股份有限公司及和泰產物保險股份有限公司違反保險法相關規定處分案。

金管會辦理上開公司專案檢查，發現該等公司辦理保險業務有違反法令規定情事，爰各核處罰鍰新台幣（下同）180萬元，並請其議處失職人員具報。

違反事實理由及裁罰結果：

1. 上開公司於防疫保險商品銷售前未能充分辨識法定傳染病之風險特性，合理評估銷售限額與訂定預警值，且未落實對個別承保對象進行核保評估，另部分公司費率釐訂僅參考未發展完全之損失經驗，且未妥適建立與執行風險控管機

---

31. 金管會新聞稿：金管會就媒體報導防疫保單內容與事實不符之澄清，2023/6/7。資料來源：https://www.fsc.gov.tw/ch/home.jsp?id=96&parentpath=0,2&mcustomize=news_view.jsp&dataserno=202306070004&dtable=News。

32. 金管會新聞稿：6家保險公司辦理防疫商品違反保險法令裁罰案，2023/1/17。資料來源：https://www.fsc.gov.tw/ch/home.jsp?id=96&parentpath=0,2&mcustomize=news_view.jsp&dataserno=202301170001&dtable=News。

制；銷售中未能及時因應外部情勢變化，重新檢討評估風險管理計畫之自留風險並採取措施；另保險商品評議小組與管理小組會議未能充分發揮評估控管風險之功能，核與保險商品銷售前程序作業準則規定不符，應依保險法第171條第1項[33]規定核處。

2. 考量上開公司已提出具體內控改善措施並積極執行，且持續依約履行保險責任，維護保戶權益，亦就財務影響陸續增資以為因應，業發揮安定社會之功能，斟酌上開情事，各核處罰鍰180萬元。

三、金管會對保險業防疫保單之協助措施

金管會於2022年9月20日新聞稿[34]中公告，金管會表示，防疫保單理賠持續增加，保險業除辦理現金增資外，中華民國產物保險商業同業公會亦向金管會陳請協助。

金管會為安定保險市場及維持保險業務經營量能，將就業者財務面提供以下兩項協助措施：

1. 計算資本適足率（RBC）時，「遞延所得稅資產」由逐年認列計入RBC認許資產，放寬為得全額認列計入，說明如下：

⑴ 依據所得稅法第39條規定，如會計帳冊完備且依規定申報，得將虧損於未來10年內自當期純益中扣除後，再核課營業所得稅。現行RBC填報手冊規定僅得逐年認列遞延所得稅資產，考量依所得稅法規定可於未來10年內與盈餘互抵，若經公司簽證會計師簽證其遞延所得稅資產應可於未來10年實現，因其具有未來經濟效益，爰同意將防疫保單所致損失產生之遞延所得稅資產，得全額認列RBC認許資產。

⑵ 假設某產險公司因防疫保單產生之虧損金額為新台幣（下同）100億元，依據現行營利事業所得稅邊際稅率20%計算，預估可扣抵之營利事業所得稅約有20億元，該產險公司參考過去（2012年至2021年）獲利情形，未來10年約有

---

33. 保險業違反第一百四十四條第一項至第四項、第一百四十五條規定者，處新台幣六十萬元以上六百萬元以下罰鍰，並得令其撤換核保或精算人員。資料來源：https://law.moj.gov.tw/LawClass/LawSingle.aspx?pcode=G0390002&flno=171。

34. 金管會新聞稿：金管會對保險業防疫保單之協助措施，2022/9/20。資料來源：https://www.fsc.gov.tw/ch/home.jsp?id=96&parentpath=0,2&mcustomize=news_view.jsp&dataserno=202209200002&dtable=News。

80億元盈餘，估計防疫保單所產生之遞延所得稅資產為16億元，爰本次防疫保單所致損失產生之遞延所得稅資產16億元，得全額認列RBC認許資產而增加自有資本。但可計入之遞延所得稅資產仍視個別公司未來可實現扣抵營利事業所得稅而有所不同。

2. 自2022年8月1日起，保險業於防疫保單屬居家照護比照一般住院融通給付自留理賠金額，可減計保險安定基金提撥金額，說明如下：

⑴ 中央流行疫情指揮中心於2022年4月8日公布「COVID-19確診個案居家照護管理指引」，將確診者依輕重症進行分流照護，以居家照護保留醫療量能，保險業者亦因應外界意見，對確診者於居家照護期間有經醫師診療等醫療行為者，比照一般住院情形予以融通給付。

⑵ 保險業者依保險法提撥安定基金，由業者逐年提撥，目前產險業提撥比率約為千分之1.8至千分之2.3。金管會將修正「人身保險及財產保險安定基金計提標準」，自2022年8月1日起居家照護比照一般住院融通給付自留理賠金額，減計各公司安定基金差別提撥率，惟最低不得低於千分之1，其差額用以彌補上開各公司居家照護融通給付之金額。例如：A公司目前提撥率為千分之2，如減計至千分之1後，其提撥額將為原應提撥額之一半。

四、防疫雙險（防疫險、疫苗險）理賠情形

金管會於2023年7月4日公布最新防疫險理賠金額，統計顯示，防疫雙險（防疫險、疫苗險）理賠金額，截至2023年6月底為止，理賠金額共達2,716億元。

金管會根據立法院財委會之決議，出具檢討報告給立委。金管會強調，在如何監理機制強化措施方面，將「精進保險商品抽查機制」與「納入金融檢查項目，以強化保險公司風險控管機制」，並提出六大檢討商品監理法規等。

金管會表示，保險公司雖面臨鉅額理賠壓力，惟均積極依約履行保險責任，維護保戶權益，並就其財務影響陸續增資以為因應，業發揮安定社會之功能。

此外，在監理機制強化措施方面，金管會表示，從三大面向進行：

1. 精進保險商品抽查機制：針對市場熱銷或有監理疑慮之保險商品增加抽查比例，精進保險商品抽查制度，即時檢視保險公司是否落實評估風險胃納與執行風險控管機制；必要時將採取「導正措施」，以避免類似情事發生。

2. 透過金融檢查強化保險公司風險控管機制，透過金融檢查，檢視保險公司是否

落實保險商品銷售前、中、後之風險控管機制，對於檢查發現缺失，並要求業者落實改善。

3. 啟動檢討商品監理法規，共有六大措施，分別為：

⑴ 要求保險公司應於核保作業落實保險商品適合度之審核，以強化風險控管。

⑵ 要求保險公司落實風險管理計畫評估機制，對於已達所建立之預警銷售額度時，應及時評估分析是否停止銷售等措施。

⑶ 增列保險公司之風險管理人員為保險商品簽署人員，並強化相關人員之簽署責任。

⑷ 強化備查制保險商品之管理機制。

⑸ 費用補償保險應以補償實際損失為限。

⑹ 落實並強化保險商品管理小組之功能。

金管會強調，將檢討法規並持續督促保險公司落實風險控管機制，提高商品銷售與風險胃納之連結，並強化備查制商品之管理機制，確保保險公司穩健經營，維護消費者權益。

● **圖6-8-1** 金管會保險局因應嚴重特殊傳染性肺炎（**COVID-19**）防疫措施專區 ●

金管會保險局因應嚴重特殊傳染性肺炎(COVID-19)防疫措施專區

回首頁 〉 金管會保險局因應嚴重特殊傳染性肺炎(COVID-19)防疫措施專區 〉 金管會保險局因應嚴重特殊傳染性肺炎(COVID-19)防疫措施專區

金管會保險局因應嚴重特殊傳染性肺炎(COVID-19)防疫措施專區

> 專區說明
> 壽險公會因應嚴重特殊傳染性肺炎(COVID-19)防疫措施專區
> 產險公會因應嚴重特殊傳染性肺炎(COVID-19)防疫措施專區
> 保險公司因應(COVID-19)疫情保戶服務相關便民措施、防疫相關保險商品網址及服務專線彙總表
> 金管會新聞稿及重要函文
> 壽險業辦理保單借款優惠利率紓困方案資訊專區
> 防疫保險專區
>> 本局重要新聞稿
>> 產險公司防疫保險服務專區
>> 產險公會法定傳染病應變專區
>> 壽險公會因應嚴重特殊傳染肺炎(COVID-19)措施專區
>> 評議中心防疫保單爭議與線上申訴及評議受理專區

左側選單：
金管會保險局因應嚴重特殊傳染性肺炎(COVID-19)防疫措施專區

專區說明
壽險公會因應嚴重特殊傳染性肺炎(COVID-19)防疫措施專區
產險公會因應嚴重特殊傳染性肺炎(COVID-19)防疫措施專區
保險公司因應(COVID-19)疫情保戶服務相關便民措施、防疫相關保險商品網址及服務專線彙總表
金管會新聞稿及重要函文
壽險業辦理保單借款優惠利率紓困方案資訊專區
防疫保險專區

資料來源：金管會官方網站（https://www.ib.gov.tw/ch/home.jsp?id=243&parentpath=0,242）。

● **圖6-8-2** 防疫保險服務專區：防疫及疫苗保險投保理賠綜合服務查詢 ●

請用手機掃此QR Code
即可於網頁檢視。

資料來源：國泰產險官方網站。

6-9 保單借款

一、金管會同意壽險業辦理「保單借款優惠利率紓困方案」

金管會於2021年12月7日新聞稿[35]中公告，為因應新冠肺炎疫情對國人經濟造成之衝擊，金管會於2021年4月間同意壽險業於7至9月間開辦就經濟弱勢保戶提供優惠利率之保單借款。

鑒於該措施之推動已嘉惠國內16萬需要紓困之保戶，成效斐然，且考量農曆春節期間為多數國人有短期資金需求之期間，為使經濟弱勢保戶降低負擔，協助其及時獲得必要的經濟援助與關懷，金管會已同意壽險公會所報「保單借款優惠利率紓困方案」（以下稱本方案）。

壽險公司自2022年起就本方案之實施內容摘要如下：

1. 開辦期間：每年1月1日至3月31日。
2. 申請人資格：符合身心障礙、低收入戶或中低收入戶、特殊境遇家庭扶助條例所定特殊境遇家庭成員、經濟困難等條件之保戶，且須出具相關證明文件。
3. 適用保單：累積有足額保單價值準備金且未經公司排除適用本方案之新台幣有效保單。
4. 借款額度：單一要保人累計金額最高新台幣10萬元。
5. 貸／還款利率：依借款當時勞動部公告之勞保紓困貸款年利率，貸／還款期間採固定利率3年。
6. 其他限制：借款期間逾3年後，將回歸壽險公司就各該保單原訂公告保單借款利率，各公司可視個別保戶當時經濟狀況彈性調整減碼，且符合本方案各申請條件之保戶尚得續行申辦。

金管會鼓勵保險業者自主提供相關保戶協助與關懷措施，讓保戶感受到國內保險業的溫暖，善盡環境、社會和企業治理（ESG[36]）的社會責任。

---

35. 金管會新聞稿：金管會同意壽險業辦理「保單借款優惠利率紓困方案」，2021/12/7。資料來源：https://www.fsc.gov.tw/ch/home.jsp?id=96&parentpath=0,2&mcustomize=news_view.jsp&dataserno=202112070002&dtable=News。
36. ESG（Environmental, Social, and Governance）是一種衡量企業在環境、社會和公司治理方面表現的標準。這些標準幫助投資者評估企業在可持續發展和社會責任方面的表現，從而做出更具責任感的投資決策。ESG（環境、社會及治理）標準是一種綜合考量企業在可持續發展和社會責任方面表現的指標。它幫助投資者和企業本身識別和管理風

二、金管會提醒保戶辦理保單借款應注意事項

金管會於2011年10月14日新聞稿[37]中公告，金管會表示，鑒於保險公司為提供保戶資金周轉需要服務，常透過廣告或媒體宣傳推展保單借款業務，因此提醒保戶保單借款雖為資金周轉管道之一，惟保戶應於申請前事先瞭解保單借款可能衍生之利息負擔與權利義務關係。

金管會進一步說明指出，保戶申請保單借款前應注意以下事項，以避免產生糾紛：

1. 借款利率：由於保單借款利率係由各保險公司衡酌營運成本訂定，故各保險公司之借款利率不一，保戶可於借款前上中華民國人壽保險商業同業公會網站之「各壽險公司保單借款利率一覽表」先作比較。

2. 保單借款與契約效力：「人壽保險單示範條款」第23條規定，未償還之借款本息超過保單價值準備金時，保險契約之效力即行停止，也就是說，保險契約若有此條款，則在保險契約效力停止期間，被保險人發生保險事故時，保險公司將不予理賠。

3. 理賠金額將扣除借款本息：「人壽保險單示範條款」第19條規定，若被保險人不幸於借款期間且保險契約尚未停效下發生保險事故，保險公司將在應給付之保險金中先扣除尚未清償之本息後再給付予受益人，保障金額將出現缺口。

金管會強調，保單借款雖具有隨借隨還之便利性，但保戶於申請前仍應瞭解上述注意事項，並詳細閱讀保單借款約定書，以維護自身之權益。

圖6-9-1　國泰人壽保單借款服務專區

請用手機掃此QR Code
即可於網頁檢視。

資料來源：國泰人壽官方網站。

險，促進長期穩定發展，並提高企業的品牌形象和吸引負責任投資的能力。隨著全球對可持續發展和企業社會責任的重視，ESG已成為現代企業和投資界的重要焦點。

37. 金管會新聞稿：金管會提醒保戶辦理保單借款應注意事項，2011/10/14。資料來源：https://www.fsc.gov.tw/ch/home.jsp?id=96&parentpath=0,2&mcustomize=news_view.jsp&dataserno=201110210001&dtable=News。

6-10 永續金融

一、金管會推出「永續金融網站」，提供更容易蒐集永續金融相關資訊管道[38]

金管會2024年1月10日推出「永續金融網站[39]」，網站彙整永續金融相關政策、統計數據、相關規範、評鑑及教育訓練等資訊，方便民眾一站式找到所需要的永續金融資訊。

目前我國永續金融相關資訊散見各處，為利關心永續金融的民眾或公司蒐集資訊，金管會前請「金融業淨零推動工作平台－資金與統計工作群」協助蒐集永續金融先行者聯盟成員、金融相關公會及周邊單位意見後，提供永續金融網站架構建議給金管會，金管會以業者所提建議為本，著手規劃網站架構及內容。

「永續金融網站」主要有「政策方案」、「規範及指引」、「永續金融作為」、「永續人才」、「永續相關評鑑」、「國內連結」、「國際鏈結」、「最新消息」等8個專區項目，民眾可至各項目專區查詢相關資訊。

除此之外，為利民眾獲得最新永續金融相關課程資訊，特別於「永續人才」專區連結到台灣金融研訓院、證券暨期貨市場發展基金會及保險事業發展中心所開設永續金融相關課程即時資訊，民眾可一站式查詢目前有開設的永續金融相關課程。

未來，金管會會把永續金融相關措施和推動的具體成果，在這個網站上揭露，歡迎大家多加利用。

二、配合2050淨零排放路徑，持續推動永續金融

國家發展委員會在2022年3月30日公布「2050淨零排放路徑」，金管會表示，會積極配合國家減碳政策，持續推動綠色金融支持綠色產業，希望透過金融機制，進一步建構完善的永續發展生態圈[40]。

---

38. 金管會新聞稿：金管會推出「永續金融網站」，提供更容易蒐集永續金融相關資訊管道，2024/1/10。資料來源：https://www.fsc.gov.tw/ch/home.jsp?id=96&parentpath=0,2&mcustomize=news_view.jsp&dataserno=202401100001&dtable=News。

39. 永續金融網站（https://esg.fsc.gov.tw/）。

40. 金管會新聞稿：配合2050淨零排放路徑，持續推動永續金融，2022/3/30。資料來源：https://www.fsc.gov.tw/ch/home.jsp?id=96&parentpath=0,2&mcustomize=news_view.jsp&dataserno=202203300006&dtable=News。

國發會公布之「2050淨零排放路徑」臚列推動能源轉型、產業轉型、生活轉型及社會轉型四大策略。配合本淨零排放路徑，金管會將透過綠色金融，運用金融機構管理及運用資金的影響力，將資金導引到符合永續的企業或專案，促使企業重視永續議題。

同時透過上市櫃公司永續發展路徑圖，以分階段之方式先推動上市櫃公司完成溫室氣體盤查之資訊揭露，利用以大帶小的方式，目標為2027年完成全體上市櫃公司的溫室氣體盤查，並於2029年完成溫室氣體盤查之查證。

在碳盤查的過程中，企業可知道自身在哪些製程或商品中排碳最多，且需要轉型，後續能訂定減碳目標，進而達成國家淨零排放的承諾。

為引導金融業及企業重視氣候變遷議題及永續發展，金管會由下列四面向，持續推動「綠色金融行動方案[41]」：

1. 運用資金與投融資決策力，引導企業邁向永續發展。
2. 強化資訊揭露，讓投資人及利害關係人瞭解企業辨認的風險及因應方式。
3. 增強氣候韌性，提升金融業主動因應及掌握ESG及氣候相關風險與商機的誘因。
4. 協助金融機構對產業之支持，有效促成減碳轉型，促使企業重視並落實ESG，進一步建構完善的永續金融生態圈。

金管會已推動之措施包含強化ESG資訊揭露、訂定我國永續分類法、鼓勵金融機構辦理綠色及永續投融資、鼓勵金融機構發展綠色及永續金融商品、強化金融機構因應氣候風險的韌性、鼓勵金融業簽署國際永續相關原則或倡議，及強化永續金融人才培育等。

---

41. 由於永續發展及淨零排放已是全球及我國政策的核心目標，金管會於2022年9月26日發布「綠色金融行動方案3.0」，其願景為「整合金融資源，支持淨零轉型」，並以布局（Deployment）、資金（Funding）、資料（Data）、培力（Empowerment）及生態系（Ecosystem）等五大推動面向，合計26項具體措施推動，目標為凝聚金融業共識，提出及發展金融業共通需要的指引、資料，推動金融業瞭解自身及投融資部位的溫室氣體排放情形，促進金融業主動因應及掌握氣候相關風險與商機，持續推動金融業支持永續發展並導引企業減碳。綠色金融行動方案3.0將在方案1.0及2.0的基礎下，持續引導金融市場及整體產業重視永續發展及氣候變遷，並強化金融業及產業的氣候韌性，以借重金融市場的力量，深化我國永續發展並支持淨零轉型。資料來源：https://esg.fsc.gov.tw/SinglePage/Policy/。

　　未來推動重點包括：規劃辦理永續金融評鑑；研議精進永續分類法（如擴大產業及經濟活動類別、滾動檢討技術篩選標準）；進一步強化資訊透明度以及滾動修正綠色金融行動方案等。

　　永續發展是一場長遠的賽跑，金管會希冀透過永續金融政策的推動，以行穩致遠的腳步讓永續的概念與精神逐步深化於各產業的文化中，建構完善的生態系，達成追求永續發展的良性循環，共享永續的成果。

第三篇

稅

　　稅的起源跟人類文明一樣的久遠，我國憲法第19條也明訂：「人民有依法納稅的義務」，無論從狩獵部落到先進國家，貢獻一己的勞力或生產以尋求統治者的保護自古皆然。根據研究，美國人一生平均有38%的所得用來繳稅，亦即人的一生有相當長的時間，其實是在為國家提供勞務。也因此，合理的稅務規劃與適當節稅，自古至今，幾乎是每一位民眾必然關注的議題。

　　十七～十九世紀歐洲曾經有所謂的「窗戶稅」，政府認為享受陽光也是一種權利並據此課稅，透過房屋窗戶的多寡可以判斷房屋主人的財力，但也因此造成許多民眾把窗戶封起來，甚至蓋出了許多幾乎沒有窗戶的房子以求節稅。徵稅是國家必然的需求；而合法節稅顯然也是人民必然的需求。

　　本篇將介紹關於「稅」的重要Keywords與通識概念。

Chapter 7

關於稅

7-1 什一稅

在探討經濟歷史過程中，經常會碰到稅務的議題。談到稅收，我們可能立刻想到的是現代的所得稅、營業稅、遺產稅等。然而，稅務的歷史其實可以追溯到數千年前，其中一種最早期和普遍的稅制就是「什一稅」。什一稅，又稱十分之一稅，是早期社會在宗教與經濟交織的情況下出現的稅制。

在古代歐洲基督教會向居民徵收的「什一稅」（繳納民眾收入或產出的十分之一），而繳納十分之一的稅收形式在很多古代文明中都有出現過，原因可能與我們有十根手指有關，這也使得十進位制成為一種自然的數學計算方式，因為這種稅制簡單而易於理解。

什一稅的起源，根據《舊約聖經·創世紀》中提到，亞伯拉罕由於敬畏神，而把所得的十分之一奉獻給耶路撒冷城的祭司，被認為是什一稅的起源。

在《舊約聖經·利未記》中記載：「地上所有的，無論是地上的種子、是樹上的果子，十分之一是耶和華的，是歸給耶和華為聖的。」而在《舊約聖經·申命記》中也記載：「你要把你撒種所產的，就是你田地每年所出的，十分取一分；又要把你的五穀、新酒和油的十分之一，並牛群、羊群中頭生的，吃在耶和華你神面前，就是他所選擇要立為他名的居所。這樣，你可以學習時常敬畏耶和華你的神。」這也稱為「十一奉獻」。

在古代基督教和猶太教文化中，民眾將他們收入的十分之一獻給教會，用以資助宗教活動並盡一份社會責任。隨著時間的推移，什一稅的概念從宗教領域逐漸擴展到社會領域。在中世紀的歐洲，許多國家都將什一稅納入國家稅制，例如：法國與英國等，作為維護社會治安、發展教育和醫療等公共事業的重要財源。這種稅制簡單明瞭、容易理解，受到了當時人們的廣泛接受。

另外中國周朝的「井田制」，是像「井」字一樣分為9個方塊，周圍的8塊私田由農民耕種，私田的收成歸農戶自己所有。而中間是公田，由8戶農民一起耕作，公田收入則歸國家或貴族。因此井田制也可以視為九分之一的稅制，類似什一稅的概念。

在現代社會中，「什一稅」的概念也被廣泛運用到個人財務管理中。例如：一些專家建議的「雙十原則」，即是建議人們應將收入的「十分之一」用於投

保，並且規劃年收入「10倍」的保險額度，以確保未來的財務安全。這種觀念，雖在形式上有所不同，但實質上卻傳承了什一稅的精神，將一部分收入用來規劃未來。

目前台灣的遺贈稅率是10%起跳，而在民國99～106年間的遺贈稅率則是單一稅率10%。另外我國投資債券的利息所得是以10%分離課稅、日本的消費稅10%等，由此可知，古代的「什一稅」仍持續影響到現代。

● 圖7-1-1 「什一稅」可能與人類有十根手指有關，而十進位制也是一 ●
　　　　　種自然的數學計算方式

　　稅賦制度是影響國家財政、經濟與實現社會公平的重要工具，我們熟悉的所得稅、營業稅、遺贈稅等稅種，都具有各自的功能。然而，如果享受陽光與空氣需要課稅，並且以窗戶數量來計算稅賦，你會有什麼樣的感受？而這種稅制真的存在過，它就是英國十八世紀至十九世紀期間的「窗戶稅」，後來一些歐洲國家也起而效尤。

　　「窗戶稅」開始於1696年，英國為了彌補財政赤字而開始實施的一種新稅種。當時英國政府認為窗戶的數量和房屋的奢華程度有一定的關聯性。因此他們決定以窗戶的數量來衡量房產價值，並以此為基礎來徵收稅款，基本上也可以視為「量能課稅」的概念。對於稅務機關而言，課稅也非常方便，只須經過民眾的房屋，在外面計算窗戶的數量即可。

　　窗戶稅在實施過程中產生了一些意想不到的社會影響，民眾為了節稅，開始封掉窗戶，造成住宅的採光不足，影響居民的健康。另一方面，由於窗戶稅的存在，一般民眾在建造房屋時就選擇減少窗戶的數量。相反地，對於富豪而言，擁有越多窗戶的房子代表越富有，窗戶也成為炫富的象徵，這也對建築風格與城市風貌產生影響。

　　到了十八世紀初，由於民眾的合法節稅（蓋出窗戶極少的房子），英國政府發現窗戶稅的徵收銳減，政府於是提高稅率以因應稅收減少。但是提高稅率的結果，是進一步導引民眾使出更為激烈的避稅手段，有人乾脆建造整棟全無開窗的房屋，因此也讓致命傳染病大規模流行。這是一個為了規避稅賦，導致民眾做出極端經濟決策的真實歷史案例。窗戶稅從十七世紀末在英國開徵，直到二十世紀初法國停徵為止，在人類社會存在了200多年的歷史。

　　稅收制度必須考慮到其對社會經濟和民眾生活的影響，並做出適當的調整。如果稅制導致了社會問題，如影響民眾的健康或導致經濟活動的畸形發展，那麼這種稅制就需要進行修正。

圖7-2-1 十八～十九世紀的英國民眾把窗戶封起來以節稅

美國著名經濟學家密爾頓‧弗利曼（Milton Friedman）曾說過：「通膨是一個隱藏的課稅，而且是不須經過人民監督立法的一種隱形稅賦。」當一個國家的通膨率上升，貨幣的購買力下降，意味持有現金的人，其貨幣價值實質上降低了。因此，通膨可以被想像成是一種隱形的「稅」。例如：如果你擁有100元，而通膨率為3%，那麼1年後你的100元的購買力就相當於現在的97元。你的財富實質上被剝奪了3元，這就是通膨稅的概念。

按照弗利曼的說法，雖然通膨並非官方稅賦，但是政府的寬鬆貨幣政策，可能會造成貨幣貶值，物價上漲，對政府而言有幾個好處，例如：刺激經濟發展、而貨幣貶值等同本國貨幣發行的債務也跟著打折；但對人民而言，通貨膨脹導致貨幣購買力下降，也等於實質薪資收入下降，形同變相地利用通膨課稅。

對於大部分民眾而言，通膨最簡單的解釋是：「錢一樣多，但可以購買的東西卻變少了」。商品價格取決於市場的供給與需求，當經濟好的時候，商品需求量大，價格自然上漲，這是一種合理良好的通貨膨脹。另一種通膨的成因，則是政府增加貨幣供給，例如：過去的QE（貨幣寬鬆政策），由於資金大量進入市場，融資成本降低，間接堆高了資產價格上升，造成貨幣相對貶值。此外中央銀行在統計通膨時，經常不計入房價與金融資產的價格，僅就一般消費物價來統計，也明顯低估實質通膨率。

綜合上述，自2008年以來全球的中央銀行以量化寬鬆政策來刺激通貨膨脹，促使貨幣貶值與政府債務相對減少，但同時也剝奪了民眾所擁有的貨幣價值，因此弗利曼表示「政府如果無法償還債務，就會利用通膨」。

關於貨幣貶值，有一個有趣的故事，一位美國人帶著100萬美元來台灣，當時匯率1美元兌換31元台幣，因此換得3,100萬台幣，此位美國人在台灣旅遊生活了2年期間，共花費了台幣300萬，剩下2,800萬存款準備回美國。此時期因為適逢美國聯準會量化寬鬆、美元貶值，美元匯率貶值為1美元兌換28元台幣，因此這位老兄用2,800萬台幣換回100萬美元，回國後存款絲毫未減，此故事彰顯了匯率變動如何影響購買力的概念。

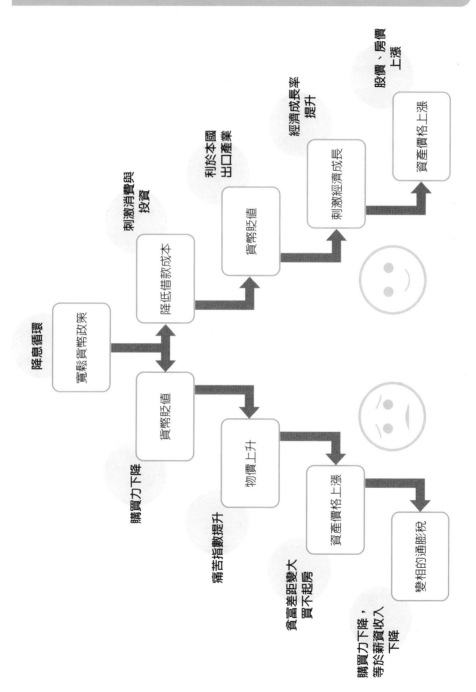

7-4 所得稅

　　「所得稅」是政府最大的收入來源，所有國家的公共教育、社會福利、保健與退休金制度等都建立在稅收上。據統計，美國政府有將近65%、英國則是47%的稅收是來自「所得稅」，世界上也因為有所得稅，大部分先進國家才得以建立現代的社會福利制度，「所得稅」的重要性不言而喻。

　　「所得稅」的起源，一般認為是英國首相小威廉‧皮特（William Pitt the Younger）為籌措對法國拿破崙戰爭之軍費，在1799年首度開徵所得稅，也因為如此，後人常稱「所得稅是打敗拿破崙的稅種」，但其實在此之前的歷史，荷蘭與法國也都有開徵所得稅的先例。

　　「稅」也是先進國家中的人民一生中需要貢獻最多的支出之一。據統計美國人一生平均38%的所得都是用來繳稅、英國是45%，而法國則高達57%。換言之，許多民眾終其一生，有近半的時間是在為政府工作。而除了常見的所得稅、遺贈稅、關稅之外，政府也會以各種理由來徵稅，舉例來說香煙有「菸品健康福利捐」（稅捐的一種），可以視為政府希望民眾可以減少抽菸、避免健康受損，並補助社會福利與健保支出，此為藉由稅捐來影響人民行為的案例之一，另外我們每年的汽車燃料稅，也是希望民眾可以更為節能減碳，以避免環境污染與資源耗竭。

　　稅收不僅提供了政府運作所需的資金，提供必要的公共服務和福利，還扮演著調節經濟活動、促進公平和社會正義的角色。

　　在財政部財政史料陳列室網頁中記載，台灣的現行所得稅法始於民國3年，由政府仿日本稅制訂定所得稅條例，個人所得稅制之演進如下：

　　第一階段（分類所得稅制）：始於民國25年所得稅制初創時，當時僅就營利事業、薪給報酬及債券存款3類所得課徵所得稅。

　　第二階段（分類綜合所得稅制）：民國35年修正所得稅法起至民國44年年底止，除原有3類所得外，增加財產租賃所得及一時貿易所得2類所得，於課徵分類所得稅後再合併課徵綜合所得稅，確立分類綜合所得稅制。

　　第三階段（綜合所得稅制）：民國45年迄今，將納稅義務人之各種所得加以

合併，按其家庭狀況減除各項減免、扣除額後，以其餘額衡量納稅能力，並按累進稅率課稅。

上述係指「綜合所得稅」，其課徵對象為個人，如果是「營利事業所得稅」，課徵對象為營利事業。

表7-4-1　我國所得稅制史上大事記	
時間	台灣所得稅事記
民國25年	訂定所得稅暫行條例，民國26年施行，奠定直接稅基礎，採「分類所得稅制」
民國32年	訂定所得稅法（共22條），同年7月施行。所得稅由臨時稅演變為「正式稅」
民國35年	修正所得稅法（共42條），同年4月16日施行，確立「分類綜合所得稅制」
民國44年	修正所得稅法（共120條），民國45年施行，分類綜合所得稅制改進為個人綜合所得稅與營利事業所得稅平行之雙排所得稅制，所得稅基本架構已完備
民國86年	實施兩稅合一制，營利事業繳納之營利事業所得稅，得由股東、社員、合夥人或資本主扣抵其應納之綜合所得稅，消除營利所得重複課稅
民國94年	訂定所得基本稅額條例，實施最低稅負制，民國95年施行
民國104年	自民國105年1月1日起，實施房地合一課徵所得稅制度（簡稱房地合一稅1.0）
民國107年	廢除兩稅合一設算扣抵制，改採股利課稅新制
民國110年	自民國110年7月1日起，施行精進房地合一課徵所得稅制度（簡稱房地合一稅2.0）

資料來源：財政部財政史料陳列室網頁。

7-5 遺產稅

依據法國學者托瑪斯‧皮凱提（Thomas Piketty）在其廣為世人關注探討的《二十一世紀資本論》一書提到：「現今出生的世代會有將近六分之一的人，透過繼承得到的財富，比薪資水準排在後50%的人工作一輩子的勞務所得還要多。」顯見財富分配不均的事實。

基本上所得稅是一年一度依據量能課稅的邏輯，遺產稅則是一生一次的稅賦。而在社會主義傾向的經濟學家思維中，遺產稅也有避免貧富差距越來越大的功能。但不可諱言，所有稅賦制度，當初立法原意與主要目的都是為了支持國家的財政支出而存在。

在財政部財政史料陳列室網頁中記載，我國遺產稅自民國29年，政府因財政困窘，施行「遺產稅暫行條例」，從此遺產稅制始步入實施階段。

民國35年抗戰勝利後，政府為使遺產稅成為永久性之正式法規，將「遺產稅暫行條例」修正為「遺產稅法」，當時之課稅級距分為18級、最高邊際稅率為60%，至此遺產稅制度已漸臻完備。

政府遷台後，遺產稅法歷經兩次修正，因應當時物價上漲及幣制改革之需要而調整，分別於民國39年修正課稅級距為11級、最高邊際稅率維持60%，及民國41年修正課稅級距為23級、最高邊際稅率調高為70%。

後來由於遺產稅徵收情況不理想，主因是當時並未對贈與行為課稅，一方面為改善遺產逃漏現象，另方面當時遺產最高稅率70%也較其他國家為高，於是研議於「遺產稅法」增訂課徵「贈與稅」規定，並參考亞洲地區國家有關遺產稅之稅率，於民國62年公布施行「遺產及贈與稅法」，遺產稅及贈與稅之課稅級距分別為17級及15級，最高邊際稅率為50%。

另於民國84年簡化課稅級距為10級，最高邊際稅率仍為50%。後來歷經全球經濟自由化，為營造具有競爭力之租稅環境，政府又於民國98年將原來遺產稅及贈與稅各有10級距稅率、最高邊際稅率50%之累進稅率制度，修正降為10%之「單一稅率」。

　　近年來國際間對於財富分配、貧富不均議題日益重視，稅率偏低可能造成世代剝奪，為符合公平正義及社會期待，並籌措長期照顧服務之財源，又於民國106年5月10日將單一稅率10%，調整為現行的3級累進稅率10%、15%、20%。

表7-5-1　我國遺產稅制史上大事記

時間	遺產稅事記
民國29年	政府因財政困窘，施行「遺產稅暫行條例」，從此遺產稅制始步入實施階段
民國35年	政府為使遺產稅成為永久性之正式法規，將「遺產稅暫行條例」修正為「遺產稅法」，當時之課稅級距分為18級、最高邊際稅率為60%，至此遺產稅制度已漸臻完備
民國39年	修正「遺產稅法」課稅級距為11級、最高邊際稅率維持60%
民國41年	修正「遺產稅法」課稅級距為23級、最高邊際稅率調高為70%
民國62年	增訂課徵「贈與稅」規定，於民國62年公布施行「遺產及贈與稅法」，遺產稅及贈與稅之課稅級距分別為17級及15級，最高邊際稅率為50%
民國84年	簡化「遺產及贈與稅法」課稅級距為10級，最高邊際稅率仍為50%
民國98年	修正「遺產及贈與稅法」降為10%之「單一稅率」
民國106年	修正「遺產及贈與稅法」為現行的3級累進稅率10%、15%、20%

資料來源：財政部財政史料陳列室網頁。

7-6 有效稅率與邊際稅率

「有效稅率」（Effective Tax Rate）又稱「實際稅率」，有效稅率是指一個人或企業在一定期間內實際支付的稅款與其總收入（或稅前利潤）的比率。也就是說，有效稅率考慮到的是所有收入的平均稅率，可以用來比較個人或企業的總稅收負擔。例如：如果一個人年收入為100萬元，並在1年中實際支付了25萬元的稅款，其「有效稅率」就是25%（25萬元÷100萬元）。

至於「邊際稅率」（Marginal Tax Rate）是指每多賺取1元收入所需要支付的額外稅款的比率。換句話說，邊際稅率考慮的是最後一塊錢的稅負。這在累進稅制中尤其重要，因為隨著收入的增加，稅率也會增加。例如：如果一個人的收入超過某一個門檻（比如300萬元），超過部分的稅率可能會提高到30%。那麼其邊際稅率就是30%，意味著每多賺1元，就要多繳0.3元的稅。

我國的綜合所得稅是累進稅制，表7-6-1中的5～40%稅率即是邊際稅率（也是名目稅率）：

表7-6-1 民國112年度綜合所得稅率級距及累進稅率表

級別	課稅級距（單位：元）	稅率	累進差額
1	0～560,000	5%	0
2	560,001～1,260,000	12%	39,200元
3	1,260,001～2,520,000	20%	140,000元
4	2,520,001～4,720,000	30%	392,000元
5	4,720,001～以上	40%	864,000元

舉例說明如下：

某甲綜合所得淨額為200萬，其應繳稅額為：

0～56萬的部分×5％＝2.8萬

56～126萬的部分×12％＝8.4萬

126～200萬的部分×20％＝14.8萬

合計應繳稅額：26萬

因此某甲的所得稅「有效稅率」（實際稅率）為26萬÷200萬＝13%，而其每一段所得級距對應的「邊際稅率」則是5%、12%與20%。

一般來說，這種較多級距的累進稅制，會幫納稅人算好「累進差額」，不須逐級計算，因此簡便的算法如下：

應繳稅額為：（200萬×20%）－累進差額14萬＝26萬，結果跟逐級計算是一樣的。

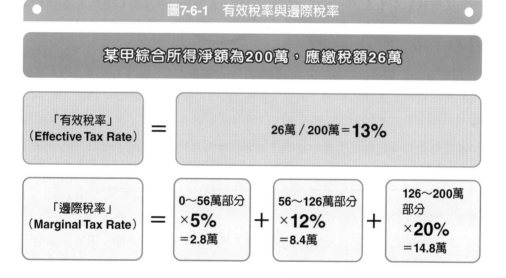

圖7-6-1　有效稅率與邊際稅率

某甲綜合所得淨額為200萬，應繳稅額26萬

因此，當某甲說他今年綜合所得稅率繳20%的時候，指的通常是他當年度的所得稅最高「邊際稅率」，其實某甲的實際「有效稅率」是13%。

7-7 FATCA

FATCA全名是Foreign Account Tax Compliance Act，即「外國帳戶稅收遵從法」，這是美國在2010年通過的一項法律，主要的目的是防止美國的納稅義務人（包含個人與公司）利用海外帳戶來規避稅收。FATCA法案的立法時空背景係因2008年金融海嘯後，美國的經濟嚴重受創，財政赤字持續攀升，當時的歐巴馬政府積極推出一系列的開源節流措施，而加強查察海外帳戶的逃漏稅，成為美國政府開源的主要手段，根據美國國稅局（IRS）的估計，美國公民透過海外帳戶逃漏稅的金額每年將近700億美元。

根據FATCA的規定，從2014年起外國金融機構（包括銀行、保險公司、基金公司等）需要向美國國稅局（IRS）提供美國納稅義務人的資訊。簡單來說，只要帳戶持有人是美國人或美國企業，且帳戶餘額超過一定的門檻，外國金融機構就需要將這些帳戶的詳細資訊報告給美國國稅局（IRS）。如果金融機構不遵守FATCA的規定，則此金融機構的美國特定來源所得，將被就源扣繳30%的稅款，另我國於2016年12月由駐美國代表處（TECRO）與美國在台協會（AIT）完成台美雙方FATCA合作協定簽署。

FATCA的目的是防止美國公民利用海外帳戶規避稅收，然而，這項法律也引起了許多爭議，主要是因為它增加了金融機構的法令遵循成本、也可能會與外國的金融法令互相牴觸。

FATCA自2010年美國國會通過以來，其影響力逐漸擴大，為了實現FATCA的規定，美國與許多國家簽署了雙邊協定，這些協定通常要求各國政府和金融機構向美國國稅局提供美國人在當地的帳戶信息，此推進了國際間的稅收資訊交換，增加了金融透明度，有助於各國政府未來追查海外所得與資產逃漏稅工作。

但是對金融機構來說，則需要投入大量的人力和資源進行客戶審查，大幅增加了金融機構的法令遵循成本，因此有些金融機構可能選擇不接受美國公民開設帳戶，以避免FATCA的報告要求和可能的罰款。這使得一些海外的美國公民在銀行服務方面可能會遇到困難。

儘管FATCA引發了一些爭議，但它也為其他國家提供了一種新的稅收合作模式。一些國家已經開始模仿FATCA，建立自己的跨境稅收資訊交換系統，以打擊海外避稅。

表7-7-1　FATCA大事記

時間	FATCA事記
2010/3	美國國稅局（IRS）與美國財政部發布FATCA法案
2013/1	1. 外國金融機構開始與美國國稅局（IRS）簽署FFI協議（FFI agreements，外國金融機構協議） 2. 外國金融機構須於2013年6月30日前與美國國稅局（IRS）完成簽署，以確保「特定美國來源所得」無須受到扣繳30％稅款之規定
2014/1	對未簽署FFI協議的外國金融機構之「美國來源所得」扣繳30％稅款
2015/1	對未簽署FFI協議的外國金融機構之「美國來源所得及資本利得」扣繳30％稅款
2017/1	所有金融機構須就「支付給未簽署FFI協議之外國金融機構之價金」進行扣繳30％稅款

資料來源：美國財政部網頁（www.treasury.gov）。

7-8 CRS

　　CRS是由經濟合作與發展組織（OECD）所提出的一種國際間的稅務資訊（包含金融帳務資訊）自動交換申報標準，係參考美國「外國帳戶稅收遵從法（FATCA）」，並於2014年發布「共同申報及盡職審查準則（Common Standard on Reporting and Due Diligence for Financial Account Information）」（以下簡稱CRS），作為國際間執行金融帳戶資訊交換的標準。

　　國際間為了防止稅務逃漏和打擊非法洗錢，目前已經有100多個國家同意遵從這項標準。CRS的實施對於國際稅務透明度與租稅公平性有著重要的影響。其影響主要在於讓境外逃漏稅變得更難，因為各種稅務資訊會在不同國家間進行共享，使得稅務機關能更全面地瞭解該國國民的海外資產和收入。另一方面全球金融機構必須遵從CRS的規定，申報客戶金融帳戶資訊，同時要求民眾提供詳細的個人資訊，此也有助於打擊洗錢、資助恐怖主義等非法活動，提高國際金融體系的安全性。

　　FATCA（Foreign Account Tax Compliance Act）和CRS（Common Reporting Standard）都是國際間對抗跨境避稅的機制，但有一些重要的區別，例如：FATCA是由美國在2010年立法實施，主要目標是防止美國納稅義務人利用外國帳戶避稅。根據FATCA的規定，全球的外國金融機構（例如：銀行和保險公司）必須向美國國稅局（IRS）報告其美國客戶的帳戶資訊。如果金融機構不遵守這些規定，則其美國特定來源所得，將被就源扣繳30%的稅款。

　　而CRS是由經濟合作與發展組織（OECD）推出的，目的是促進全球的稅務資訊交換。CRS要求參與的國家和地區互相交換共享其國民在外國的金融帳戶資訊，不同於FATCA只針對美國納稅義務人，CRS涵蓋了全球更為廣泛的國家和地區。許多國家同時實施了FATCA和CRS，以進行與美國及其他國家的稅務資訊交換義務。

　　台灣首度在2020年執行CRS申報，並與日本、澳洲交換，2021年起新增英國，我國財政部建置CRS制度時，一開始是著重在金融機構間的資訊申報與交換，2023年起則開始運用交換資料與國稅局充分配合，會先從輔導開始，供國稅局評估逃漏稅風險及選案參考使用，不會直接用於課稅。國稅局若依帳戶資訊認

定具逃漏稅風險案件，仍將依法蒐證、確認事實後才能核課。納稅人若發現短報或漏報相關稅賦，則應儘速申報補繳，如果因為從事跨國交易而面臨雙重課稅，可依據我國已生效的34個國家的租稅協定，以消除重複課稅。

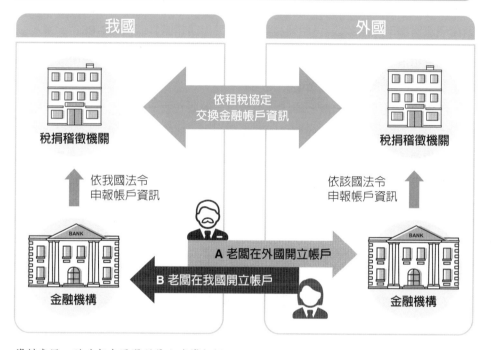

● 圖7-8-1　CRS（Common Reporting Standard）制度，我國稱為「共同申報與盡職審查準則」

我國

外國

稅捐稽徵機關

稅捐稽徵機關

依租稅協定
交換金融帳戶資訊

依我國法令
申報帳戶資訊

依該國法令
申報帳戶資訊

金融機構

金融機構

A 老闆在外國開立帳戶

B 老闆在我國開立帳戶

資料來源：財政部南區國稅局全球資訊網。

7-9 就源扣繳

在我國的所得稅法中,採取的是「屬地主義」理念,即不論所得人是本國人、外國人或無國籍的人,只要其所得源自於中華民國境內,都需要繳納綜合所得稅。由於對於境外的所得,政府在稽徵和查證上可能會面臨困難,因此綜合所得稅僅對在中華民國境內產生的所得徵稅。

另外,非境內居住的人在中華民國有所得來源,其所得稅就需要採取「就源扣繳」的方式,確保國家稅收。具體操作上,這指的是在給付所得前,由給付者先將稅金扣下並繳給稽徵機關,然後將剩餘的款項發給所得人。此舉可以確保稅基,避免因稅款未繳而造成國家稅收的損失。

所得稅法有「申報自繳」與「就源扣繳」兩種方式,但是因為非中華民國境內居住者,沒有住居所,因此為了確保課稅公平,依照所得稅法,此類民眾的所得稅必須採「就源扣繳」,簡單來說,給付所得的人(例如:雇主),在還沒有給付薪資時,即預先將稅金扣繳給稅務機關,剩餘的才發給所得人(員工),來確保稅賦不流失。

後來為彌補所得稅因採「屬地主義」,而無法對於海外所得課稅之問題,在民國95年上路的所得基本稅額條例中,開始明定海外所得於民國99年開始課徵海外所得基本稅額。

在就源扣繳的稅制下,可以區分為兩種角色,一是「扣繳義務人」,二是「納稅義務人」。「扣繳義務人」在給付所得時,負責代扣所得稅款並依規定申報扣免繳憑單,例如:企業負責人。「納稅義務人」則是需要申報或繳納所得稅的人,例如:企業員工。

「就源扣繳」制度有其多重目的。首先,透過即用即收,可以有效調節國庫稅收。其次,透過分期付稅,可以減輕納稅人的繳稅痛苦感。再者,此制度能夠幫助稽徵機關掌握課稅資料,以提升稽徵效率。此外,透過分離課稅,可以立即掌握稅源。最後,就源扣繳的實施,也能維護租稅公平。

至於就源扣繳的範圍,包含了盈餘分配、薪資、利息、租金、佣金、權利金、競技、競賽或機會中獎的獎金或給與、退休金、資遣費、退職金、離職金、終身俸、非屬保險給付的養老金、告發或檢舉獎金、結構型商品交易的所得、

執行業務者的報酬等，以及給付在中華民國境內無固定營業場所或代理人的國外營利事業的所得。扣繳義務人需嚴格遵照這些規定，以確保稅收的正確性和公平性。

前面本書有提到「所得稅」的起源，一般認為是英國首相小威廉・皮特（William Pitt the Younger）為籌措對法國拿破崙戰爭之軍費，在1799年首度開徵所得稅，而「就源扣繳」制度也是源自於當時英國的所得稅制度，就源扣繳可說是人類稅法歷史上重大而有效率的突破。

圖7-9-1 「就源扣繳」的優點

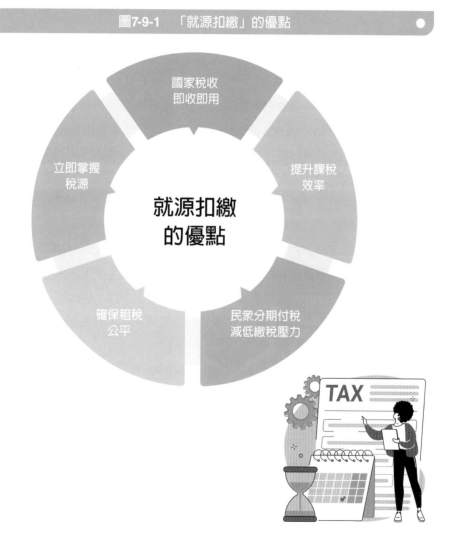

就源扣繳
的優點

國家稅收
即收即用

提升課稅
效率

民眾分期付稅
減低繳稅壓力

確保租稅
公平

立即掌握
稅源

7-10 實質課稅

民國86年的大法官釋字第420號解釋，一般認為是我國司法史上對於稅捐機關的「實質課稅」行為，首度給予明確認定的法源依據。大法官釋字第420號解釋摘要如下：「涉及租稅事項之法律，其解釋應本於租稅法律主義之精神：依各該法律之立法目的，衡酌經濟上之意義及實質課稅之公平原則為之。」簡單來說，「實質課稅」就是原本依法免稅的項目，因為稅捐機關查證後，認為民眾的節稅行為「不合乎稅法當初立法意旨」以及有「不合常理的交易行為」者，將予以課稅。

大法官釋字第420號解釋的事件背景，是在民國76～77年間的「獎勵投資條例」中規定「非以有價證券買賣為專業者，買賣有價證券停徵證券交易所得稅」，意即當時政府為獎勵民眾投資，只要不是以有價證券買賣為專業者（如證券公司），即不課徵證所稅。但是有一家公司雖然營業項目中沒有證券買賣項目，卻從事龐大的有價證券買賣，且其證券買賣的營業收入，遠超過其本業營業收入，被稅捐機關逕行認定不符合「獎勵投資條例」立法意旨而課徵證所稅。由於該公司不服，於是經過一連串行政訴訟，並申請大法官會議解釋後，最終還是認定稅捐機關依實質經濟利益向該公司課稅為合理正當。

民國98年新增修訂的「稅捐稽徵法第12條之1」之條文，才真正把實質課稅列入法律，後來因為民國106年上路的「納保法」第7條對於租稅規避與實質課稅另有詳細規範，故「稅捐稽徵法第12條之1」於民國110年12月17日公布刪除。

納保法第7條即是定義「租稅規避」與「實質課稅」的主要法令，內容摘要如下：

1. 涉及租稅事項之法律，其解釋應本於租稅法律主義之精神，依各該法律之立法目的，衡酌經濟上之意義及實質課稅之公平原則為之。

2. 稅捐稽徵機關認定課徵租稅之構成要件事實時，應以實質經濟事實關係及其所生實質經濟利益之歸屬與享有為依據。

3. 納稅者基於獲得租稅利益，違背稅法之立法目的，濫用法律形式，以非常規交易規避租稅構成要件之該當，以達成與交易常規相當之經濟效果，為租稅規

避。稅捐稽徵機關仍根據與實質上經濟利益相當之法律形式，成立租稅上請求權，並加徵滯納金及利息。

而關於「保單」的實質課稅，由於經常引起爭議與訴訟，因此財政部分別在民國102年與109年兩度公告「死亡人壽保險金之實質課稅原則核課遺產稅案例及參考特徵」。最新民國109年7月1日公告的「台財稅字第10900520520號函」內容當中所提到的「八項參考特徵」如下：高齡投保、短期投保、帶病投保、躉繳投保、鉅額投保、舉債投保、密集投保，以及已繳保險費高於保險金額（或是保險費等於保險金額；保險給付相當於已繳保險費加計利息金額；保險費高於保險金額）等八項。而這八項案例特徵也稱為「保單實質課稅八大樣態」。

保單實質課稅的幾個重要判例解析如下：

1. 財政部公告的實質課稅八大樣態是屬於「非常規交易的租稅規避」認定實質課稅的類型。

2. 最高行政法院102之227號判決：儲蓄險定額保險300萬不計入遺產，而增值保額598萬的部分計入遺產，則是依「實質經濟事實關係」認定實質課稅的類型。

3. 另最高行政法院民國101年度判字第376號判決：「投資型保險之投資帳戶價值，性質上不屬人壽保險之死亡給付，自無遺產及贈與稅法第16條第9款不得作為被保險人遺產」規定之適用，也是依「實質經濟事實關係」認定實質課稅的類型。

4. 又如台北國稅局民國106年3月20日的函：要保人與受益人不同一人，課徵受益人所得基本稅額與要保人贈與稅，則是依照「實質經濟利益之歸屬與享有」來判斷納稅義務人。

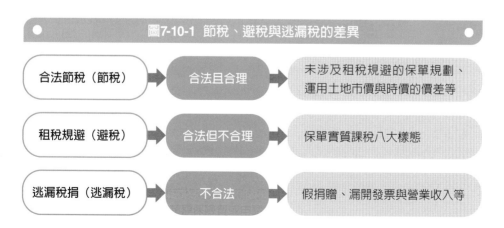

圖7-10-1 節稅、避稅與逃漏稅的差異

合法節稅（節稅）	→	合法且合理	→	未涉及租稅規避的保單規劃、運用土地市價與時價的價差等
租稅規避（避稅）	→	合法但不合理	→	保單實質課稅八大樣態
逃漏稅捐（逃漏稅）	→	不合法	→	假捐贈、漏開發票與營業收入等

1. 《超圖解金融保險與節稅規劃 首部曲：保單到底能不能節稅？從實質課稅原則談起》，黃世芳、高震宇，五南。

2. 《光天化日搶錢：稅賦如何形塑過去與改變未來？》多米尼克・弗斯比著，王曉伯譯，時報出版。

3. 《舊約聖經・創世紀》、《舊約聖經・利未記》、《舊約聖經・申命記》。

4. 納稅者權利保護法第7條。

5. 財政部財政史料陳列室網頁（https://museum.mof.gov.tw）。

6. 《21世紀資本論》（Le Capital auXXIe siècle），托瑪・皮凱提（Thomas Piketty），詹文碩、陳以禮譯，衛城出版社。

7. 財政部賦稅署網站。

8. 美國FATCA法案實施對我國金融業之影響，何殷如（立法院預算中心助理研究員）。

9. 金融監督管理委員會網站新聞稿。

10. 財政部全球資訊網網頁。

11. 《新白話六法：所得稅法》，林家棋，書泉。

12. 所得稅法第2條、第88條與第89條。

13. 財政部中區國稅局。

14. 司法院大法官釋字第420號解釋。

15. 財政部民國109年7月1日台財稅字10900520520號函，主旨為：檢送重新檢討之「實務上死亡人壽保險金依實質課稅原則核課遺產稅案例及參考特徵」。

16. 美國財政部網頁（www.treasury.gov）。

17. 財政部南區國稅局全球資訊網。

Chapter

8

與保險有關的稅法及函釋（台灣）

一、遺產及贈與稅法第16條第9款之法條說明

1. 遺產及贈與稅法第16條[1]第9款條文如下說明

　　遺產及贈與稅法第16條條文為下列各款不計入遺產總額：……(9)約定於被繼承人死亡時，給付其所指定受益人之人壽保險金額、軍、公教人員、勞工或農民保險之保險金額及互助金。

2. 遺產及贈與稅法與所得基本稅額條例關於保險給付之規定

　　依照遺產及贈與稅法第16條第9款規定，人壽保險給付原則上不納入應稅遺產總額，但請注意，所得基本稅額條例第12條第1項第2款規定：「本條例施行後所訂立受益人與要保人非屬同一人之人壽保險及年金保險，受益人受領之保險給付。但死亡給付每一申報戶全年合計數在新台幣3,000萬元以下部分」，免予計入個人之基本所得額。

　　前述新台幣3,000萬元部分，財政部已於2023年11月23日公告[2]調整至3,740萬元，亦即，受益人與要保人非屬同一人之人壽保險及年金保險，每戶死亡給付超過3,740萬元部分，仍應計入基本所得額課稅。

二、遺產稅違章案例之被繼承人投保保單在遺產稅應如何申報

1. 不計入遺產總額

　　遺產及贈與稅法第16條第9款規定，父母（被繼承人）同為要保人及被保險人，約定於被繼承人死亡時，給付其所指定受益人之人壽保險金額，並指定受益人所領取身故給付，不計入遺產總額。

2. 計入遺產總額

(1) 國稅局審核父母投保動機，有重病投保、高齡投保、短期投保、躉繳投保、鉅額投保、密集投保、舉債投保、保險費高於或等於保險給付等意圖規避遺產稅

---

1. 遺產及贈與稅法第16條，修正日期：2021/1/20。資料來源：https://law.moj.gov.tw/LawClass/LawAll.aspx?pcode=G0340072。
2. 公告2024年度綜合所得稅及所得基本稅額相關免稅額、扣除額、課稅級距及計算退職所得定額免稅之金額，發布日期：2023/11/23，更新日期：2023/11/23。資料來源：https://www.dot.gov.tw/singlehtml/ch26?cntId=4f6f6548c2e049a1b0e9fe4385fd9f0a。

情形者，應計入遺產總額項目。

(2) 父母（被繼承人）為要保人，而被保險人為子女或他人，此時父母生前以要保人身分繳交保險費所累積之保單價值，仍屬父母財產，日後該未到期保單不論子女是否繼續承保，或主張解約退還已繳保費，均須納入遺產總額申報。

(3) 變更要保人之行為係發生在原要保人死亡前2年，要保人變更之對象為其配偶、直系血親卑親屬及其配偶、父母、兄弟姊妹及其配偶、祖父母等人，該贈與行為符合遺產及贈與稅法第15條中「視為遺產之贈與」之規定，仍應併入遺產總額課徵遺產稅。

因此，原要保人於死亡前2年內如有贈與前揭對象之保單價值，仍應計入其遺產總額課徵遺產稅。惟可依同法第11條第2項規定，將已納之贈與稅連同按郵政儲金匯業局1年期定期存款利率[3]計算之利息，自應納遺產稅額內扣抵，但扣抵額不得超過贈與財產併計遺產總額後增加之應納稅額。

表8-1-1　被繼承人投保保單在遺產稅應如何申報

要保人／被保人／受益人	課稅標的	法據
要保人父母（被繼承人）被保人父母	指定受益人之人壽保險金額	遺贈稅法第16條第9款不計入遺產總額
要保人父母（被繼承人）被保人子女	保單價值	遺贈稅法第14條計入遺產總額
要保人父母死亡前2年變更要保人為子女	死亡前2年贈與	遺贈稅法第15條計入遺產總額（已納贈與稅加息可扣抵遺產稅）
要保人父母變更要保人為子女	贈與保單價值	遺贈稅法第4條課徵贈與稅
要保人與受益人非屬同一人	（人壽險及年金險）贈與保單滿期金	所得基本稅額條例第12條計入基本所得稅額（死亡給付3,740萬元不計入）

註：受益人與要保人非屬同一人之人壽保險給付，依實質課稅原則併入被繼承人之遺產課徵遺產稅，受益人取得前開死亡人壽保險給付，無須計入基本所得額課徵綜合所得稅。

資料來源：參照財政部臺北國稅局教材，2021/11/25，遺產及贈與稅違章案例解析。

---

3. 郵政儲匯局1年期定存利率，更新日期：2023/12/27。資料來源：https://www.etax.nat.gov.tw/etwmain/etw160w/interest。

8-2 保險法第112條

一、保險法第112條之法條說明

1. 保險法第112條[4]條文如下說明

　　保險法第112條條文為保險金額約定於被保險人死亡時給付於其所指定之受益人者，其金額不得作為被保險人之遺產。

　　保險法第113條條文為死亡保險契約未指定受益人者，其保險金額作為被保險人之遺產。

2. 金管會提醒消費者，指定受益人之死亡保險金仍有被實質課稅可能

　　金管會於2013年1月10日新聞稿[5]中公告，有約定被保險人死亡時，給付予指定受益人之人壽保險金額，遭稅捐機關依據實質課稅原則計入被保險人之遺產核課遺產稅之案例，提醒消費者勿以基於規避稅負的動機投保，以免日後衍生課稅爭議。

　　雖保險法第112條及遺產及贈與稅法第16條第1項第9款，均規定給付予指定受益人之死亡保險金不計入被保險人遺產總額，然稅捐機關仍可依據納稅者權利保護法第7條規定，就疑似避稅動機之投保個案進行查核，或進而依實質課稅原則核課遺產稅。

　　為避免消費者因未全盤瞭解相關法律規定而衍生不必要爭議，金管會呼籲消費者勿以基於規避稅負的動機投保，應以填補保障缺口的目的來投保人身保險，同時亦重申保險業及其業務員不得以節稅作為招攬保險之訴求，並應依保險業招攬及核保理賠辦法規定納入內部業務招攬與核保處理制度及程序中確實執行。

---

4. 保險法第112條，修正日期：2022/11/30。資料來源：https://law.moj.gov.tw/LawClass/LawAll.aspx?pcode=G0390002。

5. 金管會新聞稿：金管會提醒消費者，指定受益人之死亡保險金仍有被實質課稅可能，2013/1/10。資料來源：https://www.fsc.gov.tw/ch/home.jsp?id=96&parentpath=0,2&mcustomize=news_view.jsp&dataserno=201301100002&aplistdn=ou=news,ou=multisite,ou=chinese,ou=ap_root,o=fsc,c=tw&dtable=News。

二、人壽保險給付與民法應繼財產和特留分的說明

1. 民法第1224條以及民法第1225條文如下說明

民法第1225條規定：「應得特留分之人，如因被繼承人所為之遺贈，致其應得之數不足者，得按其不足之數由遺贈財產扣減之。受遺贈人有數人時，應按其所得遺贈價額比例扣減。」

民法第1224條規定：「特留分，由依第1173條算定之應繼財產中，除去債務額，算定之。」

2. 人壽保險給付併入民法應繼財產可能性的探討

假設保單規劃的被保險人（要保人與被保險人為同一人）也就是被繼承人，於死亡時遺有不動產、銀行借款及指定身故給付受益人之人壽保險給付（資金來源為銀行借款），依據民法第1173條算定之應繼財產，包括積極財產（如債權、物權、準物權、智慧財產權等）及消極財產（負價值之財產，如負債）；若被保險人有積極財產（例如不動產或銀行存款）又有銀行借款，銀行借款係為消極財產，本應計入而減少應繼遺產總額，此時探討的關鍵在於「要保人以自己財產支付鉅額保險費或以銀行借款之資金」投保保險時，未被指定為受益人之繼承人有無理由主張，因為被繼承人該等保費金額之支付，侵害了自己的特留分，該保費支付是否應該要計入（或者是加回）應繼財產之中。

詳細參照民法第1225條規定係「如因被繼承人所為之遺贈」，致應得特留分之人應得之數不足者，方得按其不足之數由遺贈財產扣減之。」

因此，被繼承人生前所投保之保險，即使在稅法上被認定為係規避稅負之人壽保險給付，而適用實質課稅原則加以課稅，仍然不是透過「遺贈」之方式致應得特留分之人應得之數不足，因此應無法適用民法第1225條規定請求扣減。

另請注意，行政法院實務上曾經作出如下判決：「又依保險法第112條及遺產及贈與稅法第16條第9款前段規定，約定於被繼承人死亡時，給付其所指定受益人之人壽保險金額，不計入遺產總額。」

究其立法意旨，乃考量被繼承人投保之目的係為保障並避免受益人因其死亡致失經濟來源，使生活陷於困境，且受益人領取之保險給付如再課予遺產稅，有違保險終極目的，遂予以免徵遺產稅，並非鼓勵或容讓一般人利用此一方式任意規避原應負擔之遺產稅。

　　保險之目的係在分散風險消化損失，即以較少之保費獲得較大之保障。保險法第112條暨遺產及贈與稅法第16條第9款前段規定，約定於被繼承人死亡時，給付其所指定受益人之人壽保險金額，不計入遺產總額，其立法意旨，應指一般正常社會情況下，被保險人死亡時給付於其所指定之受益人者，其金額得不作為被保險人之遺產，乃係考量被繼承人為保障並避免其家人因其死亡失去經濟來源，使生活限於困境，受益人領取之保險給付如再課予遺產稅，有違保險終極目的，故予以免徵遺產稅，並非鼓勵或容認一般人利用此一方式任意規避原應負擔之遺產稅，故對於為規避遺產稅賦而投保與經濟實質顯不相當之保險者，基於量能平等負擔之實質課稅原則，自無保險法第112條暨遺產及贈與稅法第16條第9款前段規定之適用。

　　參照臺北高等行政法院98年度訴字第135號判決[6]以及最高行政法院100年度判字第256號判決[7]可知，故對於為規避遺產稅賦而投保與經濟實質顯不相當之保險者，基於前述量能平等負擔之實質課稅原則，自無保險法第112條及遺產及贈與稅法第16條第9款前段規定之適用甚明。」

　　上開行政法院所表示之見解認為人壽保險給付除了可能被認為係因規避遺產稅而適用實質課稅原則列為遺產課稅外；亦有可能會被民事法院認定應為遺產之一部分，而不適用保險法第112條，從而應一併列入應繼遺產。

6.　臺北高等行政法院98年度訴字第135號判決。資料來源：https://judgment.judicial.gov.tw/FJUD/default.aspx。

7.　最高行政法院100年度判字第256號判決。資料來源：https://judgment.judicial.gov.tw/FJUD/default.aspx。

8-3 所得稅法第4條第1項第7款

一、所得稅法第4條第1項第7款之法條說明

1. 所得稅法第4條[8]第1項第7款條文如下說明

所得稅法第4條第1項第7款條文為⑴下列各種所得，免納所得稅：……⑦人身保險、勞工保險及軍、公、教保險之保險給付。

2. 保險費與保險給付之所得稅租稅優惠

保險之目的，係在風險分攤、社會互助、減輕財產損失，即以較少之保費獲得較大之保障。所稱保險，謂當事人約定，一方交付保險費於他方，他方對於因不可預料，或不可抗力之事故所致之損害，負擔賠償財物之行為。

因此，相關稅法於繳交保險費及保險給付上有諸多優惠，包括：所得稅法、所得基本稅額條例，還有遺產及贈與稅法之租稅優惠，以保障民眾基本經濟生活及財產安全。

然而，實務上，稅捐稽徵機關與納稅義務人雙方對於保險給付往往存有異同的觀點。例如：個人保險費列舉扣除之適用情況、哪些保險給付屬於所得基本稅額條例之應稅範圍？投資型保單是否適用免稅優惠？

相關保險課稅議題，尚包含涉及是否運用保險契約形式將自己的財產移轉成免稅之保險給付等，本書都將針對現行稅法相關規定及相關解釋函令等規定，探討剖析之。

二、立法院專題研究——人身保險給付相關課稅問題探析[9]

1. 立法院專題研究

立法院專題研究曾於2013年12月撰文，研究主題為人身保險給付相關課稅問題探析。研究內容說明如下：

---

8. 所得稅法第4條，修正日期：2024/1/3。資料來源：https://law.moj.gov.tw/LawClass/LawAll.aspx?pcode=G0340003。

9. 人身保險給付相關課稅問題探析，李惠卿，撰成日期：2013/12，更新日期：2013/12/1，資料類別：專題研究，編號：A01159。資料來源：https://www.ly.gov.tw/Pages/Detail.aspx?nodeid=6586&pid=84733。

政府基於人身保險兼具安全保障及儲蓄之特性，並可彌補政府社會福利政策之不足，故鼓勵國人購買人身保險商品與儲蓄，對於人身保險給付不論保險種類為何，均可享有多重租稅優惠。

因而常有高所得者藉租稅優惠不當規避稅負，特別是投資性保險給付在遺產稅與贈與稅方面，不僅嚴重扭曲保險的保障本質，且有違政府當初稅法制定時希望藉此稅惠鼓勵民眾自行規劃人身風險保障之美意。因此，現行各種保險給付是否仍具有免稅之正當理由，似有重新檢討之必要。

2. 專題研究中建議修法重點如下

⑴ 修正所得稅法第4條，將免稅範圍限定為「死亡保險、健康保險、傷害保險等具保障性質之人身保險、勞工保險及軍、公、教保險給付（第1項第7款）。……前項保障性質之人壽保險，其條件由主管機關另定之（新增第2項）。」

⑵ 修正所得稅法第17條第1項第2款第2目之第2小目：「保險費：納稅義務人、配偶或受扶養直系親屬之死亡保險給付、健康保險、傷害保險、年金保險等具保障性質之人身保險、勞工保險、國民年金保險及軍、公、教保險之保險費，每人每年扣除數額以不超過二萬四千元為限。……（略）。」

⑶ 修正遺產及贈與稅法第5條：「財產之移動，具有下列各款情形之一者，以贈與論，依本法規定，課徵贈與稅：①在請求權時效內無償免除或承擔債務者，其免除或承擔之債務。②要保人以外之人為受益人者，其所取領之人壽保險給付。③以顯著……（略）。」

⑷ 修正所得基本稅額條例對於第12條第1項第2款：「②受益人與要保人非屬同一人之死亡保險給付、健康保險給付、傷害保險給付及年金保險給付等具保障性質之人身保險給付。但死亡給付每一申報戶全年合計數在新台幣三千萬元以下部分，免予計入。」

針對專題研究中建議修法重點的第一點及第四點，本書將於8-5單元所得基本稅額條例第12條第1項第2款之章節中進行探討。

8-4 綜合所得稅申報列舉扣除保險費之規定

一、綜合所得稅申報列舉扣除保險費之法條說明

1. 所得稅法第17條第1項第2款第2目之第2小目條文如下說明

所得稅法第17條第1項第2款第2目之第2小目：「保險費：納稅義務人、配偶或受扶養直系親屬之死亡保險給付、健康保險、傷害保險、年金保險等具保障性質之人身保險、勞工保險、國民年金保險及軍、公、教保險之保險費，每人每年扣除數額以不超過二萬四千元為限。但全民健康保險之保險費不受金額限制。」

2. 同一申報戶內扶養「非直系」親屬不得列舉扣除保險費

財政部高雄國稅局[10]表示，納稅義務人採用列舉扣除額，依據所得稅法第17條第1項第2款第2目之2規定，納稅義務人、配偶或受扶養「直系」親屬之人身保險、勞工保險、國民年金保險及軍、公、教保險之保險費，每人每年扣除數額以不超過24,000元為限，但全民健康保險之保險費不受金額限制。

申報時要檢附保險費收據正本或保險費繳納證明書正本以憑認定，由機關或事業單位彙繳的保險費（由員工負擔部分），應檢附服務單位填發的證明。

上面所說「直系親屬」是指受納稅義務人扶養的直系親屬，納稅義務人替沒有受他扶養的直系親屬支付的保險費，不能申報扣除。

例如：某甲是要保人，他的母親是被保險人，但是在申報所得稅的時候，他的母親是讓弟弟申報扶養，那麼這筆保險費的支出，某甲因為沒有申報扶養母親，所以不能扣除；他弟弟雖然申報扶養，但因母親的保險費是某甲支付，並不是他支付，所以他也不能扣除這筆保險費。另外，上面所說的「人身保險」包括人壽保險、健康保險、傷害保險和年金保險。

故受扶養之旁系親屬（如：兄弟姊妹）或其他親屬（如：叔姪伯等），其保險費不符合前揭規定，則不得扣除。

---

10. 同一申報戶內扶養「非直系」親屬不得列舉扣除保險費，提供單位：財政部高雄國稅局左營稽徵所，更新日期：2023/8/29。資料來源：https://www.ntbk.gov.tw/singlehtml/8edee6a2f90d4254a5e8d38c1db38137?cntId=cf8cd32a02e44b41971ca4dc105c78a6。

　　納稅義務人申報綜合所得稅，如將受扶養兄弟姊妹的保險費一併申報扣除，因兄弟姊妹為旁系親屬，非直系親屬，依稅法規定不得列舉扣除其保險費（含全民健康保險費），將遭國稅局剔除該筆保險費。

二、眷屬健保費，不同戶也可扣除

1. 財政部2019年1月2日台財稅字第10704701530號

⑴ 依全民健康保險法第1條第2項規定，全民健康保險為強制性之社會保險，納稅義務人本人、合併申報之配偶或受扶養直系親屬依全民健康保險法規定以被保險人眷屬身分投保之全民健康保險費，得由納稅義務人依所得稅法第17條第1項第2款第2目之2但書規定申報扣除。

⑵ 廢止本部2007年7月5日台財稅字第09604533120號令。

2. 財政部2007年7月5日台財稅字第09604533120號令

　　納稅義務人申報之受扶養直系親屬，其全民健康保險費由納稅義務人本人、合併申報之配偶或受扶養親屬繳納者，可依所得稅法第17條第1項第2款第2目之2但書規定申報減除。

3. 舉例說明

　　甲君之健保係以其配偶乙君（即被保險人）之眷屬身分投保，乙君辦理綜合所得稅結算申報時並未列報甲君為配偶，甲君係由其子丙君列報為扶養親屬，雖甲君之健保係依附於乙君，但甲君健保費仍得由丙君於申報綜合所得稅時列舉扣除。

8-5 所得基本稅額條例第12條第1項第2款

一、所得基本稅額條例第12條第1項第2款之法條說明

1. 所得基本稅額條例第12條[11]第1項第2款條文如下說明

所得基本稅額條例第12條第1項第2款條文為個人之基本所得額，為依所得稅法規定計算之綜合所得淨額，加計下列各款金額後之合計數：……⑵本條例施行後所訂立受益人與要保人非屬同一人之人壽保險及年金保險，受益人受領之保險給付。但死亡給付每一申報戶全年合計數在新台幣三千萬元以下部分，免予計入。（前開3,000萬元免稅額度，自2024年度起調整為3,740萬元）

2. 基於量能課稅原則實施之最低稅負制

首先，我們想探討保險給付與所得稅法之間的關係。基於量能課稅原則實施之最低稅負制，是我們非常需要瞭解的。

最低稅負制係為使適用租稅減免規定而繳納較低之稅負甚至不用繳稅的公司或高所得個人，都能繳納最基本稅額的一種稅制。目的在於使有能力納稅者，對國家財政均有基本的貢獻，以維護租稅公平，確保國家稅收，這也是量能課稅原則的基本精神。

最低稅負制最早是在1969年由美國所提出，當時美國的財政部發現155位所得超過20萬美元（約當現今110萬美元）之高所得個人不用繳納所得稅，主要因為原先制定之租稅減免、租稅扣抵等被過度使用了。為了確保高所得者繳納一定稅負，在1969年的租稅改革法案中初次引進最低稅負制，針對一些常被用到的租稅減免項目另外加徵一定比率的稅負。

長期以來，我國為達成特定經濟、社會目的，採行了各項租稅減免措施。實施結果，使減免範圍逐漸地擴增，而減免利益卻有集中在少數納稅義務人之情形，這使租稅的公平性受到強烈質疑。全面檢討修正不合時宜的租稅減免規定，係解決問題的根本之道。

---

11. 所得基本稅額條例第12條，修正日期：2021/1/27。資料來源：https://law.moj.gov.tw/LawClass/LawAll.aspx?pcode=G0340115。

但是，因為我國所得稅減免規定分散於30餘種法律當中，欲在短期內全面地檢討修正，著實有其困難。因此，在參考國際經驗，如美國、韓國、加拿大等國的作法後，制定最低稅負制度（Alternative Minimum Tax）[12]，使適用租稅減免規定而繳納較低所得稅負或甚至免稅之法人或個人，至少要負擔一定比例之所得稅，如此可兼顧既有產業或社會政策，並適度減緩過度適用租稅減免規定造成的不公平現象，彌補現行稅制的不足。

圖8-5-1　圖解替代式最低稅負制

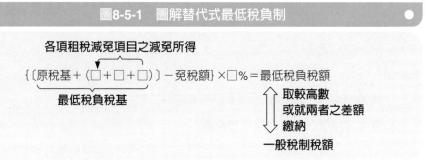

資料來源：財政部國稅局，所得基本稅額條例疑義，替代式最低稅負制第7頁。

二、租稅減免之特定保險給付的探討

1. 特定保險給付的說明

最低稅負制之目的係針對所得甚高，但因為享受各項租稅減免致繳納相對較低之稅負或完全免稅之營利事業或個人，課以最基本之稅負。在個人的部分，最低稅負制之適用對象將個人之適用門檻訂為600萬元，使所得在600萬元以下之申報戶[13]不受最低稅負制之影響，且該門檻金額將按消費者物價指數調整，自2024年度起已調整為750萬元。基本所得額即為最低稅負之稅基，係據以計算基本稅額之金額，於個人部分，係指依所得稅法規定計算之綜合所得淨額，加計應計入最低稅負稅基之免徵、免納所得額或扣除金額後之合計數。

---

12. 「替代式」最低稅負制（Alternative Minimum Tax, AMT），將高所得者享受較多的特定租稅減免，加回其課稅所得之中，還原成應稅的稅基，再依據另設的免稅額與稅率級距等稅額計算公式，計算其最低應繳納的稅負。如果依此計算出的稅負低於現行綜合所得稅或營利事業所得稅所規定應繳的金額，則按現行稅制的結果繳稅；若依此計算出之稅負高於現行稅制下應繳的金額，則按最低稅負制的結果繳稅。

13. 個人最低稅負係以家戶為申報單位，納稅義務人與其依所得稅法規定應合併申報綜合所得稅之配偶及受扶養親屬，有所得基本稅額條例規定應計入基本所得額之所得項目或扣除項目時，應由納稅義務人合併計算基本所得額，並繳納基本稅額。

保險給付在我國所得稅法的規定，依照所得稅法第4條條文，下列各種所得，免納所得稅：……⑺人身保險、勞工保險及軍、公、教保險之保險給付。在最低稅負制實施[14]之前，保險給付依照所得稅法規定，享減免繳納之優惠，而保險期間始日在2006年1月1日以後之保險契約，才適用最低稅負制。

應計入個人基本所得額的項目當中，與保險給付相關的就是特定保險給付，特定保險給付的定義為受益人與要保人非屬同一人之人壽保險及年金保險給付，但死亡給付每一申報戶全年合計數在3,000萬元以下部分免予計入。超過3,000萬元者，扣除3,000萬元後之餘額應全數計入（前開3,000萬元免稅額度，自2024年度起調整為3,740萬元）。

也就是說，受益人與要保人非屬同一人之人壽保險及年金保險給付中，屬於死亡給付部分，一申報戶全年合計數在3,740萬元以下者，免予計入基本所得額；超過3,740萬元者，其死亡給付以扣除3,740萬元後之餘額計入基本所得額。而受益人與要保人非屬同一人之人壽保險及年金保險給付中，非屬死亡給付部分，應全數計入基本所得額，不得扣除3,740萬元之免稅額度。至於健康保險給付、傷害保險給付及受益人與要保人為同一人之人壽保險及年金保險給付，均不納入個人基本所得額，自無扣除3,740萬元免稅額度問題。

圖8-5-2　圖解應計入個人基本所得額的保險給付範圍

⑴必須計入個人基本所得額的保險給付，只有受益人與要保人非屬同一人之人壽保險及年金保險給付。

⑵受益人與要保人為同一人之人壽保險及年金保險給付，無須計入基本所得額。

⑶健康保險給付及傷害保險給付，亦無須計入基本所得額，其情形如下：

保險種類	說　　明
健康保險	因疾病、分娩及其所致殘廢或死亡時，給付保險金額。例如門診、住院或外科手術醫療時，以定額、日額或依實際醫療費用實支實付之保險金。
傷害保險	因意外傷害及其所致殘廢或死亡時，給付保險金額。例如：旅行平安保險、失能保險、意外傷害住院醫療保險等。

資料來源：財政部國稅局，所得基本稅額條例疑義，應計入個人基本所得額的保險給付範圍第22頁。

---

14. 為實施最低稅負制，我國特別制定「所得基本稅額條例」，該條例在2005年12月28日完成立法，自2006年1月1日起施行。但同條例中，短報或漏報基本所得額之罰則，自2007年1月1日施行；個人海外所得自2009年起始納入最低稅負制之稅基，但行政院得視經濟發展情況於必要時延至2010年納入，嗣經行政院核定自2010年納入。

2. 特定保險給付進入定額免稅的階段

最低稅負採行替代式（請參考圖8-5-1說明），其原則如下：⑴一般所得稅額高於或等於基本稅額者，依一般所得稅額繳納所得稅。⑵一般所得稅額低於基本稅額者，除應按一般所得稅額繳納所得稅外，另應就基本稅額與一般所得稅額之差額繳納所得稅。

亦即，當一般所得稅額低於基本稅額時，應按基本稅額繳納所得稅。基本稅額係指基本所得額減除扣除額再乘以稅率後計得之稅額，為納稅義務人應有之所得基本貢獻度，其在個人的部分，稅率為20%，即基本稅額＝（基本所得額－750萬元）×20%。

最低稅負制度之目的，在於適度調整營利事業或個人因適用租稅減免規定所造成繳納稅負偏低之情形，以明納稅人最基本之納稅義務，惟各項租稅獎勵或減免規定依然繼續存在，並未取消納稅人適用租稅減免法律規定之權利，而係使其在享受租稅優惠之餘，亦對國家財政負擔基本之義務。

由於租稅減免大抵以投資計畫或特定功能為獎勵對象，其用意並非在於完全免除納稅人之全部稅負，因此，最低稅負制與租稅減免仍可併行不悖，並沒有完全取消租稅減免。

最低稅負制的目的是要讓所得很高，但因享受各項租稅減免，而完全免稅或稅負非常低的人，對國家財政有基本的貢獻。所以大多數已納稅且沒有享受租稅減免的納稅義務人，不會適用最低稅負。

保險給付過去在所得稅法第4條規定，即是屬於租稅減免的一種，在最低稅負制實施之後，特定保險給付也就無法全額免稅，而進入了定額免稅的階段，這在保險契約規劃上實則邁入全新不同於以往規劃的進程，而國人根深蒂固的保險給付全額免稅的觀念自始也發生變化，國稅局也責成各保險業者教育轄下業務同仁加強跟保戶說明和服務。

最低稅負制是全面性稅制改革之起步，檢討修正不合時宜之減免稅措施[15]，亦屬整體稅制改革之一環，政府將持續進行整體性調整，以符合社會之公平正義，同時亦會兼顧整體經濟產業之發展，俾使我國財政得隨同經濟成長更趨健全。

---

15. 我國現行租稅減免規定散見於數十種法律當中，分別由不同部會主管，已使稅制愈趨複雜，理想之租稅改革，應全面檢討不合時宜之租稅減免規定，但受限於政治環境及立法技術，要在短期內全面檢討取消現有之各項租稅獎勵，有其現實之困難與障礙。

圖8-5-3　特定保險給付說明

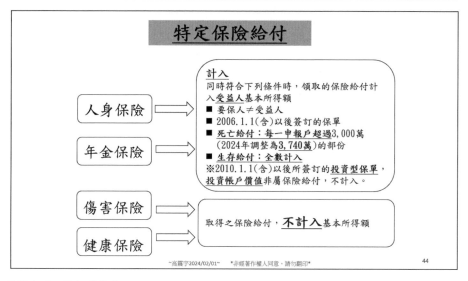

特定保險給付

人身保險 →

年金保險 →

計入
同時符合下列條件時，領取的保險給付計入**受益人**基本所得額
■ 要保人 ≠ 受益人
■ 2006.1.1(含)以後簽訂的保單
■ 死亡給付：每一申報戶超過3,000萬 (2024年調整為3,740萬)的部份
■ 生存給付：全數計入
※2010.1.1(含)以後所簽訂的**投資型保單**，投資帳戶價值非屬保險給付，不計入。

傷害保險 →

健康保險 →

取得之保險給付，**不計入**基本所得額

~高毅宇2024/02/01~　　　*非經著作權人同意，請勿翻印*　　44

資料來源：授課講義整理。

8-6 納稅者權利保護法第7條

一、納稅者權利保護法第7條之法條說明

1. 納稅者權利保護法第7條法條如下說明

納稅者權利保護法第7條[16]條文全文共為10項，條列如下：

(1) 涉及租稅事項之法律，其解釋應本於租稅法律主義之精神，依各該法律之立法目的，衡酌經濟上之意義及實質課稅之公平原則為之。

(2) 稅捐稽徵機關認定課徵租稅之構成要件事實時，應以實質經濟事實關係及其所生實質經濟利益之歸屬與享有為依據。

(3) 納稅者基於獲得租稅利益，違背稅法之立法目的，濫用法律形式，以非常規交易規避租稅構成要件之該當，以達成與交易常規相當之經濟效果，為租稅規避。稅捐稽徵機關仍根據與實質上經濟利益相當之法律形式，成立租稅上請求權，並加徵滯納金及利息。

(4) 前項租稅規避及第二項課徵租稅構成要件事實之認定，稅捐稽徵機關就其事實有舉證之責任。

(5) 納稅者依本法及稅法規定所負之協力義務，不因前項規定而免除。

(6) 稅捐稽徵機關查明納稅者及交易之相對人或關係人有第三項之情事者，為正確計算應納稅額，得按交易常規或依查得資料依各稅法規定予以調整。

(7) 第三項之滯納金，按應補繳稅款百分之十五計算；並自該應補繳稅款原應繳納期限屆滿之次日起，至填發補繳稅款繳納通知書之日止，按補繳稅款，依各年度1月1日郵政儲金1年期定期儲金固定利率，按日加計利息，一併徵收。

(8) 第三項情形，主管機關不得另課予逃漏稅捐之處罰。但納稅者於申報或調查時，對重要事項隱匿或為虛偽不實陳述或提供不正確資料，致使稅捐稽徵機關短漏核定稅捐者，不在此限。

(9) 納稅者得在從事特定交易行為前，提供相關證明文件，向稅捐稽徵機關申請諮詢，稅捐稽徵機關應於6個月內答覆。

---

16. 納稅者權利保護法，公布日期：2016/12/28。資料來源：https://law.moj.gov.tw/LawClass/LawAll.aspx?pcode=G0340142。

⑽ 本法施行前之租稅規避案件，依各稅法規定應裁罰而尚未裁罰者，適用第三項、第七項及第八項規定；已裁罰尚未確定者，其處罰金額最高不得超過第七項所定滯納金及利息之總額。但有第八項但書情形者，不適用之。

2. 納稅者權利保護法之立法過程及制定重點

納稅者權利保護法（下稱納保法）在我國朝野共同努力之下，歷經超過10年立法歷程，期間針對制定專章或是專法，或是修正稅捐稽徵法，各有立場也多方討論。有鑒於制定納稅者權利保護「專法」已成為當代法治先進國家立法潮流，為了接軌國際，並保障賦稅人權，維護人民基本生存權利，實現公平課稅以及嚴守程序正義，終於在2016年12月9日立法院第9屆第2會期第14次會議三讀通過制定「納稅者權利保護法」專法，於同年12月28日總統公布，並自2017年12月28日施行。

納稅者權利保護法制定重點如下：⑴基本生活所需費用不得加以課稅。⑵落實正當法律程序。⑶公平合理課稅。⑷設置納稅者權利保護組織。⑸強化納稅者救濟保障。

圖8-6-1　納稅者權利保護法五大方向

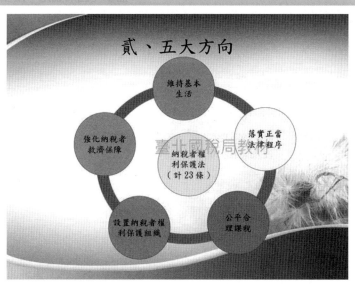

貳、五大方向

維持基本生活

落實正當法律程序

強化納稅者救濟保障

納稅者權利保護法（計23條）

設置納稅者權利保護組織

公平合理課稅

資料來源：臺北國稅局教材，納稅者權利保護法（第7頁）。

對於法治國家而言，「正當程序」係為確保國家權力公平合理行使、保障人民基本權之手段。納稅者權利保護法共23條條文，其中與資訊公開、調查程序等正當法律程序保障相關者即多達8條（第4條第3項、第8～13條及第15條），比例甚高；納稅者權利保護法第10條更明確揭示：「主管機關應主動提供納稅者妥適必要之協助，並確保其在稅捐稽徵程序上受到正當程序保障。」，終於正視我國課稅制度長期以來程序保障不足之問題。

二、納稅者權利保護諮詢會及納稅者權利保護案件申請程序

1. 財政部召開納稅者權利保護諮詢會聆聽各界建言

財政部特別說明，納稅者權利保護諮詢會係依納稅者權利保護法設立，相關會議紀錄及成果報告均公開於該部網站「納稅者權利保護專區」。

「公平合理課稅」及「強化納稅者權利保障」為該部重視及努力方向，未來將持續透過諮詢會，邀請關心財稅議題之專家學者及公會團體提供諮詢意見，作為訂定稅制稅政重要參考，以營造公平合理之租稅環境，促進徵納雙方和諧。

2. 納稅者權利保護案件申請程序說明

參照圖8-6-2之納稅者權利保護案件申請程序圖文宣說明[17]如下：

(1) 納稅者申請事項：

① 稅捐爭議需溝通協調。

② 申訴或陳情。

③ 行政救濟需諮詢與協助。

(2) 申請方式：書面、言詞、電話、傳真、網路。

(3) 受理單位：國稅局總局、各分局、各稽徵所。

(4) 處理期限：

① 溝通協調案件：60天。

② 申訴陳情案件：30天。

③ 救濟諮詢案件：60天。

(5) 處理結果：均須答復申請人。

---

17. 納稅者權利保護案件申請程序圖文宣說明，更新日期：2023/12/11。資料來源：https://www.ntbt.gov.tw/singlehtml/acece5684868471fa402908941f03c1f?cntId=7dc709c061b843aba9b7822ffd551dc0。

(6) 納稅者得主張之權利：

　①選任代理人或偕同輔佐人到場。

　②於告知稅捐稽徵機關後，就到場調查過程進行錄音錄影。

圖8-6-2　納稅者權利保護案件申請程序

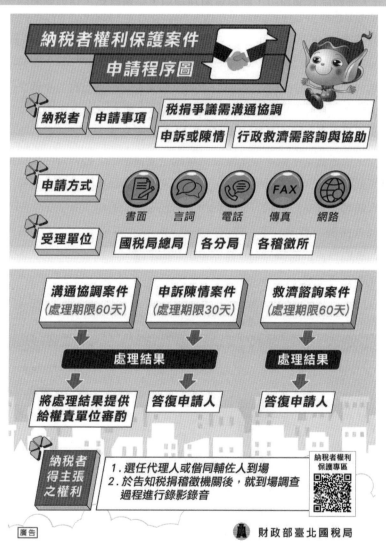

資料來源：財政部臺北國稅局，納稅者權利保護專區。資料來源：https://www.ntbt.gov.tw/singlehtml/acece5684868471fa402908941f03c1f?cntId=7dc709c061b843aba9b7822ffd551dc0。

8-7 釋字第420號解釋

一、釋字第420號解釋說明

1. 釋字第420號解釋[18]如下說明

(1) 釋字第420號解釋之解釋爭點：行政法院認定「非以有價證券買賣為專業者」之決議違憲？

(2) 釋字第420號解釋之解釋文：涉及租稅事項之法律，其解釋應本於租稅法律主義之精神：依各該法律之立法目的，衡酌經濟上之意義及實質課稅之公平原則為之。行政法院中華民國81年10月14日庭長、評事聯席會議所為：「獎勵投資條例第二十七條所指『非以有價證券買賣為專業者』，應就營利事業實際營業情形，核實認定。公司登記或商業登記之營業項目，雖未包括投資或其所登記投資範圍未包括有價證券買賣，然其實際上從事龐大有價證券買賣，其非營業收入遠超過營業收入時，足證其係以買賣有價證券為主要營業，即難謂非以有價證券買賣為專業」不在停徵證券交易所得稅之範圍之決議，符合首開原則，與獎勵投資條例第二十七條之規定並無不符，尚難謂與憲法第十九條租稅法律主義有何牴觸。

圖8-7-1　釋字第420號解釋

資料來源：憲法法庭（https://cons.judicial.gov.tw/docdata.aspx?fid=100&id=310601）。

---

18. 憲法法庭釋字第420號解釋。資料來源：https://cons.judicial.gov.tw/docdata.aspx?fid=100&id=310601。

2. 釋字第420號解釋之理由書內容說明

(1) 獎勵投資條例

　　按獎勵投資條例（1990年12月31日因施行期間屆滿而失效）之制定，係以獎勵投資，加速經濟發展為目的，藉稅捐減免之優惠為其主要獎勵方法。為期各種生產事業及營利事業均能公平同霑其利，並防止有以迴避租稅行為，獲取不正當減免稅捐優惠，該條例乃規定各種享受獎勵之條件，予以節制。

(2) 公司法

　　公司為營利事業之一種，為確保其合法正常經營，公司法第十二條、第十五條第一項規定：「公司設立登記後，有應登記之事項而不登記，或已登記之事項有變更而不為變更之登記者，不得以其事項對抗第三人。」「公司不得經營登記範圍以外之業務。」公司如經營某種登記範圍以外之業務，而怠於公司法第十二條之登記並違反同法第十五條第一項所規定之限制，除前者不得以其事項對抗第三人，後者公司負責人應負民、刑事責任外，尚不影響該公司以經營該種事業為其營業之事實。

(3) 有價證券之證券交易稅

　　1987年1月26日修正公布之獎勵投資條例第二十七條規定：「為促進資本市場之發展，行政院得視經濟發展及資本形成之需要及證券市場之狀況，決定暫停徵全部或部分有價證券之證券交易稅，及暫停徵全部或部分非以有價證券買賣為專業之證券交易所得稅。」行政院依此規定，於1987年12月1日以台（七六）財第二七九四七號函核定自1988年1月1日起至同年12月31日止繼續停徵非以有價證券買賣為專業者之證券交易所得稅。涉及租稅事項之法律，其解釋應本於租稅法律主義之精神，依各該法律之立法目的，衡酌經濟上之意義及實質課稅之公平原則為之。是基於公平課稅原則，獎勵投資條例第二十七條所定「非以有價證券買賣為專業者」，自應就營利事業實際營業情形，核實認定。公司登記（包括商業登記）之營業項目，雖未包括投資或其所登記投資範圍未包括有價證券買賣，然其實際上從事龐大有價證券買賣，其買賣收入遠超過其已登記之營業收入，足認其為以有價證券之買賣為主要營業時，自不得以怠於公司法第十二條之登記義務或違反同法第十五條第一項所規定之限制等迴避租稅行為，主張其非以有價證券買賣為專業，而享受免徵證券交易所得稅之優惠。

行政法院1992年10月14日庭長、評事聯席會議所為：「獎勵投資條例第二十七條所指『非以有價證券買賣為專業者』，應就營利事業實際營業情形，核實認定。公司登記或商業登記之營業項目，雖未包括投資或其所登記投資範圍未包括有價證券買賣，然其實際上從事龐大有價證券買賣，其非營業收入遠超過營業收入時，足證其係以買賣有價證券為主要營業，即難謂非以有價證券買賣為專業」不在停徵證券交易所得稅之範圍之決議，符合首開原則，與獎勵投資條例第二十七條之規定並無不符，尚難謂與憲法第十九條租稅法律主義有何牴觸。

⑷ 獎勵投資條例施行細則

至獎勵投資條例施行細則第三十二條規定：「本條例第二十七條所稱『以有價證券買賣為專業者』，係指經營有價證券自行買賣業務之證券自營商及經公司登記或商業登記以投資為專業之營利事業」，依上開說明，與立法意旨未盡相符部分，應不適用，併予敘明。

二、不同意見書之說明摘錄

1. 適用實質課稅原則之要件

本件多數意見通過之解釋文係謂有關租稅法律之解釋，應本於租稅法律主義之精神，依各該法律之立法目的，衡酌經濟上之意義及實質課稅之公平原則為之，因認行政法院相關決議為無不合。

就中所謂「經濟上之意義」當係指「經濟觀察法」而言。按所謂經濟觀察法係指有關租稅法律之解釋不得拘泥於所用之辭句，應就租稅法律之實質意義及經濟上意義為必要之考察之意。因而演繹為實質課稅之原則，於稅捐客體之歸屬、無效法律行為、違法或違反公共秩序善良風俗之行為均有適用。至實質課稅係相對於表見課稅而言。依私法秩序所生利益之變動，循私法上形式，以利益取得人之名義判斷租稅法律關係之歸屬，是為表見課稅主義，或稱表見課稅之原則；若所得之法律上歸屬名義人與經濟上實質享有人不一致時，於租稅法律之解釋上，毋寧以經濟上實質取得利益者為課稅對象，斯為實質課稅主義或稱實質課稅之原則。

適用實質課稅原則須形式上存在之事實與事實上存在之實質不一致，因而依形式課稅將發生不公平之結果，不能實現依照各人負擔租稅能力而課徵租稅之公

平原則為要件。否則難免形成課稅權之濫用，甚至違反租稅法律主義之結果。若依學者所引實例以觀，所謂形式上存在之事實與事實上存在之實質不符，在稅捐客體之歸屬方面，係指私法上利益之取得人雖為甲之名義，實際上此利益係由乙取得，故依實質課稅原則，應對乙課徵所得稅，對於甲則否。

參酌以觀，本件係對於「以有價證券買賣為專業者」課徵證券交易所得稅發生之問題。其以公司登記或商業登記為有價證券之買賣者，固應課徵；其未經登記者，是否亦應課徵，始為問題關鍵所在。

2. 本件關鍵所在為規避租稅之行為應否承認之問題

顧多數大法官所慮者厥為「其實際上從事龐大有價證券買賣，其買賣收入遠超過其已登記之營業收入，足認其為以有價證券之買賣為主要營業時，自不得以怠於公司法第十二條之登記義務或違反同法第十五條第一項所規定之限制等迴避租稅行為，主張其非以有價證券買賣為專業，而享受免徵證券交易所得稅之優惠」。實則此為規避租稅之行為應否承認之問題。

按實質課稅之原則，於否認規避租稅之行為，是否亦有適用，學說上尚有爭論。若納稅義務人依虛偽不實或其他不正當行為違法逃漏稅捐，其非法之所許，誠不待贅言。然則於此情形，仍須納稅義務人以「違法」之手段規避租稅法律，逃漏稅捐為要件。抑且實質課稅原則如係解釋租稅法律當然適用之法則，則納稅義務人若規避獎勵投資條例施行細則第三十二條規定之登記，以達享受免稅之優惠，勢必承認施行細則第三十二條之規定為「是」；規避之，則為「非」。豈有因有規避之行為，反而宣告此項規定有「與立法意旨未盡相符部分」，而應不適用？可見解釋理由書前後所述，難免矛盾。

8-8 最高法院民事大法庭台抗大字第897號裁定

1. 最高法院民事大法庭108年度台抗大字第897號裁定之主文

　　108年度台抗大字第897號[19]之主文為執行法院於必要時，得核發執行命令終止債務人為要保人之人壽保險契約，命第三人保險公司償付解約金。

2. 108年度台抗大字第897號裁定之基礎事實與法律爭議

(1) 本案基礎事實：債務人甲積欠債權人乙銀行連帶保證債務未償（金額為新台幣1,500萬元、美金71萬5,691.37元本息及違約金），乙持對甲之金錢債權執行名義，聲請強制執行。執行法院依第三人丙保險公司所陳報以甲為要保人之人壽保險契約（下稱壽險契約）明細（丙於覆函內謂：其中多數保單已繳費期滿，尚未繳清者亦將屆繳費終期），於2016年7月18日核發執行命令，終止上開壽險契約，命丙將解約金向執行法院支付轉給乙。甲以執行法院代伊終止壽險契約，其執行方法不合法為由，聲明異議。

(2) 本案法律爭議：執行法院能否核發執行命令逕予終止債務人為要保人之壽險契約，命第三人保險公司償付解約金？

二、大法庭之理由

(1) 按債權人之金錢債權，係憲法第15條保障之財產權，國家為保護其權利，設有民事強制執行制度，俾使其得依據執行名義，聲請執行法院，使用強制手段，對於債務人之財產加以執行，以實現其債權。債務人之財產，凡具金錢價值者，除法令明文禁止扣押或讓與，或依其性質不得為讓與者等外，均屬其責任財產，得為強制執行之標的。

(2) 於人壽保險，要保人因採平準保費制預（溢）繳保費等累積而形成保單現金價值（下稱保單價值），保險法謂為保單價值準備金（下稱保價金），即人身保險業以計算保險契約簽單保險費之利率及危險發生率為基礎，並依主管機關規

---

19. 108年度台抗大字第897號，2022/12/9。資料來源：https://tps.judicial.gov.tw/tw/cp-1110-1776545-7526b-011.html。

定方式計算之準備金（保險法施行細則第11條規定參照）。保價金係要保人應有保單價值之計算基準，非保險會計上保險人之負債科目，與保險法第11條、第145條所定保險業者應提存、記載於特設帳簿之準備金不同。要保人對於以保價金計算所得之保單價值，不因壽險契約之解除、終止、變更而喪失，亦稱不喪失價值，要保人得依保險法規定請求返還或予以運用，諸如保險人依保險法第116條規定終止壽險契約，保險費已付足2年以上，有保價金者，要保人有請求返還之權利；要保人依同法第119條第1項、第120條第1項規定終止壽險契約時，得請求保險人償付解約金，或基於保單借款權向保險人借款等，享有將保單價值轉化為金錢給付之權利。足見保單價值，實質上歸屬要保人，要保人基於壽險契約請求返還或運用保單價值之權利，應為其所有之財產權。

⑶ 人壽保險，雖以被保險人之生命作為保險標的，且以保險事故之發生作為保險金給付之要件，惟保險金，為單純之金錢給付，並非被保險人生命之轉化或替代物，壽險契約亦非發生身分關係之契約，其性質與一般財產契約尚無不同。人壽保險，亦非基於公益目的或社會政策之保險制度，其權利客體與權利主體並無不可分之關係，依契約自由原則，要保人之契約上地位，於符合保險法規定之情形下，得為變更，亦得為繼承，凡此，均與一身專屬權具有不得讓與或繼承之特性有間。要保人依保險法第119條第1項規定之終止權，既係依壽險契約所生之權利，即非屬身分權或人格權，亦非以身分關係、人格法益或對保險人之特別信任關係為基礎，得隨同要保人地位之變更而移轉或繼承；其行使之目的復在取回具經濟交易價值之解約金，關涉要保人全體債權人之共同擔保利益，並非僅委諸要保人之意思，再參諸保險法第28條但書規定要保人破產時，破產管理人得終止保險契約；消費者債務清理條例第24條第1項本文規定法院裁定開始更生或清算程序時，監督人或管理人得終止債務人所訂包含壽險契約在內之雙務契約，足見其非為一身專屬性之權利。

⑷ 強制執行法關於以債務人對於第三人之金錢債權為執行標的，無論該債權是否附條件、期限，於第115條定有扣押、換價、分配之共同執行方法。債務人於其對於第三人之金錢債權經扣押後，即喪失對於該債權之處分權，執行法院於換價清償債權之目的範圍內，得進行將該扣押權利金錢化所必要、適切之處分行為。要保人基於壽險契約請求返還或運用保單價值之權利，為其所有之財產

權,已如前述,即得為強制執行之標的。而終止壽險契約,乃使抽象之保單價值轉化為具體解約金償付請求權所不可欠缺,係達成換價目的所必要之行為,執行法院自得為之。至於壽險契約或因訂有效力依附條款,致其附約亦因壽險契約之終止而同失其效力,惟此係依要保人與保險人間事先約定之契約條款致生之結果,非可執之即謂執行法院不得行使終止權。

(5) 按強制執行應依公平合理之原則,兼顧債權人、債務人及其他利害關係人權益,以適當之方法為之,不得逾達成執行目的之必要限度。強制執行法第1條第2項定有明文。蓋強制執行程序,攸關債權人、債務人及其他利害關係人之權益,故執行行為應公平合理兼顧渠等權益,符合比例原則(該條項立法說明參照)。我國雖無如瑞、奧、德、日等國立法於強制執行程序中採取介入權制度,惟依上開規定立法意旨,執行法院執行要保人於壽險契約之權利,應衡酌所採取之執行方法須有助於執行目的之達成;如有多種同樣能達成執行目的之執行方法時,應選擇對債務人損害最少之方法為之;採取之執行方法所造成之損害,不得與欲達成之執行目的之利益顯失均衡。壽險契約,常見兼有保障要保人等及其家屬生活,安定社會之功能,執行法院於裁量是否行使終止權執行解約金債權時,仍應審慎為之,並宜先賦與債權人、債務人或利害關係人陳述意見之機會,於具體個案依強制執行法第1條第2項及第122條等規定,兼顧債權人、債務人及其他利害關係人之權益,為公平合理之衡量。

(6) 綜上,執行法院核發扣押命令,禁止債務人處分壽險契約權利後,於必要時,得核發執行命令終止債務人為要保人之壽險契約,命第三人保險公司償付解約金。

圖8-8-1　最高法院民事大法庭台抗大字第897號裁定

最高法院民事大法庭裁定

01

108年度台抗大字第897號 02

再 抗 告 人　郭芬芳 03
代 理 人　林志忠律師 04
相 對 人　第一商業銀行股份有限公司 05

06

法定代理人　邱月琴 07
代 理 人　陳佳雯律師 08

對於本院民事第八庭（原第二庭）中華民國109年10月14日108年 09
度台抗字第897號提案裁定（併案案號：108年度台上字第2198 10
號、109年度台上字第484號、110年度台上字第3240號、109年度 11
台抗字第1458號、第1357號、110年度台抗字第1127號、第1136 12
號），本大法庭裁定如下： 13

　　主　文 14

執行法院於必要時，得核發執行命令終止債務人為要保人之人壽 15
保險契約，命第三人保險公司償付解約金。 16

　　理　由 17

一、本案基礎事實 18

　　債務人甲積欠債權人乙銀行連帶保證債務未償（金額為新臺 19
　　幣1,500萬元、美金71萬5,691.37元本息及違約金），乙持 20
　　對甲之金錢債權執行名義，聲請強制執行。執行法院依第三 21
　　人丙保險公司所陳報以甲為要保人之人壽保險契約（下稱壽 22
　　險契約）明細（丙於覆函內謂：其中多數保單已繳費期滿， 23
　　尚未繳清者亦將屆繳費終期），於民國105年7月18日核發執 24
　　行命令，終止上開壽險契約，命丙將解約金向執行法院支付 25
　　轉給乙。甲以執行法院代伊終止壽險契約，其執行方法不合 26
　　法為由，聲明異議。【併案當事人、（訴訟）代理人、併案基 27
　　礎事實，如附件。】 28

二、本案法律爭議 29

　　執行法院能否核發執行命令逕予終止債務人為要保人之壽險 30
　　契約，命第三人保險公司償付解約金？ 31

1

娥股

資料來源：最高法院（https://tps.judicial.gov.tw/tw/cp-1110-1776545-7526b-011.html）。

一、財政部台財稅字第10900520520號函

1. 財政部台財稅字第10900520520號函之函釋主旨

財政部台財稅字第10900520520號函之函釋主旨為：檢送重新檢討之「實務上死亡人壽保險金依實質課稅原則核課遺產稅案例及參考特徵」乙份，有關被繼承人生前投保人壽保險案件，其死亡給付所涉遺產稅事宜，請參酌上開案例參考特徵辦理，請查照。

2. 財政部台財稅字第10900520520號函之函釋說明

函釋中包含三項說明，其中說明第一項即是依據上述之2018年12月20日立法院第9屆第6會期財政委員會第16次全體委員會議江委員永昌質詢事項辦理。而說明之第二項為：本案經洽據金融監督管理委員會2020年2月4日金管保壽字第1090410128號函意見，重新檢討本部2013年1月18日台財稅字第10200501712號函附例示案例及其可能依實質課稅原則核課遺產稅之參考特徵如主旨，請於貴局網站登載並加強宣導。最後說明第三項為：貴局依實質課稅原則認定死亡人壽保險金所涉遺產稅徵免事宜時，應依稅捐稽徵法第12條之1[20]（同納稅者權利保護法第7條）規定審慎辦理。

---

20. 財政部公告「稅捐稽徵法」部分條文修正草案，公告日期：2019/5/10，第12-1條（刪除）。

圖8-9-1　財政部2020年7月1日台財稅字第10900520520號函

Chapter 8

與保險有關的稅法及函釋（台灣）

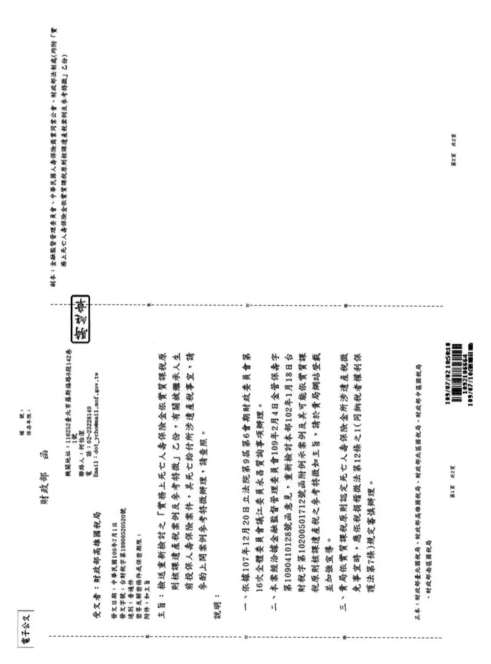

二、實務上死亡人壽保險金依實質課稅原則核課遺產稅案例及其參考特徵

財政部2020年7月1日台財稅字第10900520520號函，此為保險金實質課稅之函釋。函釋的主旨及說明即明白表彰了實務上死亡人壽保險金之實質課稅原則核課遺產稅的函釋意旨，而2020年7月1日台財稅字第10900520520號函所揭示之16個參考案例以及案例特徵及參考指標（參考圖8-9-2所示），則是在納稅者保護法施行之後，以及重新檢討2013年1月18日台財稅字第10200501712號函釋所發布之參考案例，其中序號1、7、8、10為新增參考案例，並保留2013年1月18日台財稅字第10200501712號函釋中的12個參考案例，分別新列序號為序號2～6、9、11～16。

此16個參考案例皆為高等行政法院或是最高行政法院之判決案例，讀者都可依據判決書查詢路徑：司法院法學資料檢索系統→判決書查詢，下載完整判決書內容。

而案例特徵或參考指標有：高齡投保、短期投保、帶病投保、躉繳投保、鉅額投保、舉債投保、密集投保，以及已繳保險費高於保險金額（或是保險費等於保險金額；保險給付相當於已繳保險費加計利息金額；保險費高於保險金額）。

以上八項案例特徵或參考指標也稱為實務上死亡人壽保險金之實質課稅原則核課遺產稅之八大樣態，其中前三項樣態與被繼承人有關，而後五項樣態則與保險契約有關。

● **圖8-9-2　實務上死亡人壽保險金依實質課稅原則核課遺產稅案例及其參考特徵**（財政部2020年7月1日台財稅字第10900520520號函）

序號	案例說明	案例特徵或參考指標
1	被繼承人於民國 88 年 8 月 2 日死亡，生前於 87 年 12 月 24 日以躉繳方式投保還本終身壽險型保單 2 張共 26,586,000 元(投保時約 71 歲)，其中包含貸款 2,075 萬元，並指定其配偶為受益人，而被繼承人於投保時已患有冠心症、心肌梗塞、中風及糖尿病等病症。(最高行政法院 101 年判字第 87 號行政判決)	1. 躉繳投保 2. 高齡投保 3. 帶病投保 4. 短期投保 5. 鉅額投保 6. 舉債投保
2	被繼承人於民國 94 年 6 月 29 日死亡，生前於 90 年 9 月 22 日以躉繳方式投保終身壽險保單 38,934,665 元，並於 91 年 8 月 8 日以其本人為要保人及被保險人，並指定受益人，以躉繳方式投保終身壽險保單 184,148,760 元(投保時約 81 歲)；被繼承人在 91 年間腦部已有退化跡象，對個人人生係採消極態度(面對醫生猶「不肯起身動」，為醫認「下次可能住院」)；被繼承人生前在 91 年 8 月 8 日繳納系爭保費前，已積欠國泰世華銀行債務 80,000,000 元，復於 91 年 10 月 14 日再舉借鉅額債務 64,000,000 元投保，合計 144,000,000 元，且貸款利率遠高於保單投資報酬率。(最高行政法院 100 年判字第 726 號行政判決)	1. 高齡投保 2. 躉繳投保 3. 鉅額投保 4. 帶病投保 5. 舉債投保
3	被繼承人於 94 年 9 月 3 日死亡，生前於 89 年 3 月 15 日經醫院診斷罹患帕金森氏症，且 93 年 8 月至死亡日止係處於重病狀態而無自行處理事務之能力，其於 90 年 3 月 9 日投保終身壽險，保險金額 10,000,000 元，躉繳保險費 11,147,000 元。(臺北高等行政法院 99 年度訴字第 616 號判決)	1. 帶病投保 2. 躉繳投保 3. 已繳保險費高於保險金額
4	被繼承人於 95 年 3 月 6 日死亡，生前於 93 年 12 月 14 日以其本人為要保人及被保險人，並指定受益人投保人壽保險(投保時約 84 歲)，保險金額 20,000,000 元，以躉繳方式繳納保險費 20,000,000 元(保險部分及投資部分之保險費分別為 600,000 元及 19,400,000 元)，被繼承人死亡日之投資部分保單價值為 22,789,772 元。(最高行政法院 100 年度判字第 1003 號判決)	1. 躉繳投保 2. 高齡投保 3. 短期投保 4. 鉅額投保 5. 保險費等於保險金額
5	被繼承人於民國 95 年 12 月 3 日死亡，生前於 95 年 2 至 6 月間以躉繳方式投保投資型保單 3 筆共 6,885,000 元。(投保時約 75 歲)，於 94 年 5 月 23 日智能檢查呈現疑有極早期失智症狀，後續追蹤並確認有記憶障礙，惟併有憂鬱症及曾罹患腦中風；至 95 年 11 月 10 日，被繼承人有脊髓肌肉萎縮症併頸椎病變及神經根病變，四肢肌肉萎縮，導致行動困難，足證被繼承人於投保前確有上述失智、中風及脊髓肌肉萎縮症併頸椎病變及神經根病變，四肢肌肉萎縮等無法治癒症狀。(最高行政法院 100 年判字第 574 號行政判決)	1. 高齡投保 2. 躉繳投保 3. 鉅額投保 4. 短期投保 5. 帶病投保
6	被繼承人 96 年 6 月 8 日死亡，生前於 93 年 1 月至 94 年 3 月間(投保時約 81 歲)，陸續以其本人為要保人及被保險人，指定其子為身故保險金之受益人，共投保 4 筆人壽保險，躉繳保險費 148,209,331 元，其繳納保費大部分資金來自售地餘款及向繼承人借貸而來；被繼承人生前投保時有高血壓、糖尿病及前列腺癌服藥控制等病況。(高雄高等行政法院 100 年度訴字第 584 號	1. 帶病投保 2. 躉繳投保 3. 舉債投保 4. 鉅額投保 5. 高齡投保

	判決)	
7	被繼承人於民國96年11月19日死亡,生前於92年至95年間以躉繳方式投保投資型保單4張共33,953,000元(投保時約72歲),其後曾於95年2月23日至27日因腸阻塞、低血鉀症及膽結石住院治療。(最高行政法院100年判字第1589號行政判決)	1. 躉繳投保 2. 高齡投保 3. 鉅額投保
8	被繼承人於民國97年10月6日死亡,生前於96年1月26日以躉繳方式投保投資型保單25,000,000元(投保時約77歲),旋於同年月29日向陽信商業銀行青年分行貸款25,000,000元,且其曾於95年4月14日及21日因慢性阻塞性肺病前往高雄榮民總醫院就醫最終死因為肺炎併敗血性休克併多重器官衰竭。(高雄高等行政法院99年訴字第246號行政判決)	1. 躉繳投保 2. 高齡投保 3. 鉅額投保 4. 帶病投保 5. 舉債投保
9	被繼承人於97年12月19日因肝癌死亡,其死亡前2個月至1年2個月間密集投保(投保時約71歲),以本人為要保人及被保險人,並指定繼承人為身故受益人,躉繳保險費42,477,614元,受益人所獲保險給付44,358,797元。(最高行政法院101年度判字第201號判決、高雄高等行政法院100年度訴字第142號判決)	1. 帶病投保 2. 躉繳投保 3. 鉅額投保 4. 短期投保 5. 高齡投保 6. 密集投保 7. 保險給付相當於已繳保險費加計利息金額
10	被繼承人於民國98年3月5日死亡,生前於93年4月13日及93年7月27日至93年9月1日間以躉繳方式投保投資型保單2張及養老保險單48張共1,800萬元(投保時約71歲),於投保前因多發性骨髓瘤入住於臺大醫院,且有刻意隱瞞病情而規避遺產稅之故意。(臺北高等行政法院100年訴字第1517號行政判決)	1. 躉繳投保 2. 高齡投保 3. 帶病投保 4. 鉅額投保
11	被繼承人於91年9月8日死亡,生前有鉅額財產1億3千8百餘萬元,其於88年4月13日向銀行舉債29,500,000元,以躉繳方式投保終身壽險7筆(投保時77歲),指定其子女等5人為身故保險金受益人,保險金額20,950,000元,躉繳保險費29,447,949元,嗣被繼承人死亡,保險公司於同年月18日給付受益人保險金計32,730,185元,繼承人於同年10月2日及3日按各自受益比例分別清償上開銀行借款本息計37,164,150元。(最高行政法院97年度判字第675號判決)	1. 躉繳投保 2. 舉債投保 3. 高齡投保 4. 保險費高於保險金額;保險給付相當於已繳保險費加計利息金額
12	被繼承人於91年6月27日死亡,生前於90年2月7日至4月15日期間因腎動脈狹窄合併慢性腎衰竭住院治療,同年4月17日至28日定期門診血析,其於90年4月2日以本人為要保人及被保險人,並指定其孫(即繼承人)為身故保險金受益人,以舉債躉繳方式繳納保險費2,578萬元(投保時約77歲),身故保險理賠金2,509萬9,455元。(最高行政法院98年度判字第1145號判決)	1. 帶病投保 2. 躉繳投保 3. 舉債投保 4. 高齡投保 5. 短期投保 6. 鉅額投保 7. 保險給付低於已繳保險費
13	被繼承人於90年9月8日死亡,生前於88年3月24日經診斷有其他慢性阻塞性肺疾病、氣管支氣管及肺之惡性腫瘤及瀰散性肺間質變等疾病,90年3月至9月間陸續住院接受例行性化學治療及放射線治療,其於89年3月3日起至90年8月21	1. 帶病投保 2. 躉繳投保 3. 短期投保 4. 鉅額投保

	日陸續以躉繳方式投保人壽保險，以其本人為要保人及被保險人，指定其女為受益人，躉繳保險費 3,526 萬元，身故之保險理賠金約 3,602 萬 4,133 元。(最高行政法院 97 年度判字第 81 號判決)	5. 保險給付相當於已繳保險費加計利息金額
14	被繼承人於 94 年 1 月 3 日死亡，生前於 92 年 1 月至 5 月經診斷為中風後之言語障礙和記憶障礙，93 年 4 月 20 日起至 5 月 29 日止住院期間意識狀態為不清楚，自行處理事務能力差，93 年 11 月 27 日起至 12 月 10 日止及 93 年 12 月 13 日起至 12 月 21 日止住院意識為可醒著，但因雙側大腦功能缺損無法言語溝通也無法以肢體表達所需。被繼承人分別於 92 年 6 月 18 日及 93 年 2 月 26 日，投保吉祥變額萬能終身壽險(投保時 81 歲)，以其本人為要保人及被保險人，並指定繼承人為受益人，自 92 年 6 月 27 日起至 93 年 5 月 13 日止，繳納保險費計 25,750,000 元；又因該保單屬投資型保險商品，繼承日價值合計 24,519,474 元。(高雄高等行政法院 95 年度訴字第 1150 號判決)	1. 帶病投保 2. 高齡投保 3. 短期投保 4. 鉅額投保 5. 保險給付相當於已繳保險費
15	被繼承人於 95 年 9 月 18 日因肝癌及敗血性休克死亡，生前於 89 年間經診斷有肝炎、肝硬化及肝癌，並於 89 年 5 月至 95 年 9 月間住院 6 次治療，其於 92 年 12 月 8 日投保人壽保險(投資型保單)(投保時 72 歲)，以本人為要保人及被保險人，指定其子女為身故受益人，躉繳保險費 12,000,000 元，受益人所獲保險理賠金為 12,085,845 元。(高雄高等行政法院 97 年度訴字第 771 號判決)	1. 帶病投保 2. 鉅額投保 3. 高齡投保 4. 保險給付相當於已繳保險費
16	被繼承人於 94 年 4 月 11 日死亡，生前於 93 年 5 月間經診斷罹患肺小細胞癌，於 93 年 7 月 16 日投保人壽保險(投保時 72 歲)，以本人為要保人及被保險人，指定繼承人為身故受益人，躉繳保險費 30,000,000 元，受益人所獲身故保險給付為 29,707,690 元。(臺北高等行政法院 97 年度訴字第 2275 號判決)	1. 帶病投保 2. 躉繳投保 3. 鉅額投保 4. 短期投保 5. 保險給付低於已繳保險費

製表日期：109 年 6 月 16 日

資料來源：金融監督管理委員會 109 年 2 月 4 日金管保壽字第 1090410128 號函(序號 1、7、8、10)及財政部 102 年 1 月 18 日台財稅字第 10200501712 號函(序號 2-6、9、11-16)

資料來源：財政部。

8-10 財政部台財稅字 第10200009960號函

一、財政部台財稅字第10200009960號函

財政部2013年4月1日台財稅字第10200009960號函釋：受益人與要保人非屬同一人之人壽保險給付應計入被繼承人遺產課徵遺產稅受益人與要保人非屬同一人之人壽保險給付，既經稽徵機關依實質課稅原則認定係屬遺產，尚無遺產及贈與稅法第16條第9款規定之適用，而應計入被繼承人遺產課徵遺產稅，自無適用所得基本稅額條例第12條第1項第2款規定問題。

圖8-10-1　財政部2013年4月1日台財稅字第10200009960號函

受益人與要保人非屬同一人之人壽保險給付應計入被繼承人遺產課徵遺產稅
發文機關：財政部
發文字號：財政部 102.04.01.　臺財稅字第10200009960號函
發文日期：民國102年4月1日

受益人與要保人非屬同一人之人壽保險給付，既經稽徵機關依實質課稅原則認定係屬遺產，尚無遺產及贈與稅法第16條第 9款規定之適用，而應計入被繼承人遺產課徵遺產稅，自無適用所得基本稅額條例第12條第 1項第 2款規定問題。

資料來源：財政部。

二、要保人與受益人非同一人之人壽保險及年金保險生存保險給付所涉贈與稅（財政部2022年2月7日台財稅字第11000691220號函）

參照財政部北區國稅局之2021年綜合所得稅新頒法令介紹（近年新修重要法令）資料來源，人壽保險及年金保險生存保險給付所涉贈與稅及所得基本稅額徵免規定為：依所得基本稅額條例第12條第1項第2款規定，該條例施行後所訂立受益人與要保人非屬同一人之人壽保險及年金保險，受益人受領之保險給付，計入其基本所得額課徵所得基本稅額。

惟倘經稽徵機關依實質課稅原則核認屬贈與，依遺產及贈與稅法徵免贈與稅者，參據本部2013年4月1日台財稅字第10200009960號函意旨，無適用上開條例規定問題。

Chapter 9

保單實質課稅

9-1 租稅減免

　　「租稅減免」旨在降低企業或個人的稅務負擔，以鼓勵特定活動或推動特定政策目標。租稅減免可以涵蓋不同種類的稅項，包括所得稅、營業稅、契稅、增值稅、遺贈稅等。租稅減免的意涵在於提供稅務上的優惠，使得符合特定條件的納稅人能夠減少或免除部分稅款。以刺激經濟發展、促進特定產業或領域的成長、吸引投資、提供就業機會，或支持社會公益事業等。

　　租稅減免常見的目的如下：

1. **產業發展**：政府為了推動特定產業的發展，例如：科技、文化創意、綠能等，提供相應的租稅減免。包括減免所得稅、營業稅、關稅等，以吸引企業投資並促進相關產業的競爭力。例如：「產業創新條例」及「中小企業發展條例」均對於特定產業有租稅減免優惠。

2. **地區發展**：為了促進特定地區的經濟發展和社會進步，政府可以提供租稅減免措施。這包括減免地方稅、房屋稅、土地增值稅等，以鼓勵企業在該地區投資，增加就業機會並改善當地的經濟狀況。例如：經濟特區、科技園區、保稅專區等。

3. **社會公益**：政府為了支持社會公益事業，如教育、文化、環保等領域，可以提供租稅減免措施。這包括減免捐贈者的所得稅、非營利組織的所得稅等，以鼓勵個人和組織參與公益事業。

　　「租稅減免」對於個人而言，最常見的就是每年申報所得稅的「免稅額」與「扣除額」，以民國112年的個人所得稅為例，個人免稅額92,000元，薪資特別扣除額207,000元，另外還有一般扣除額（標準扣除額為124,000元；列舉扣除額如捐贈、人身保險費、醫藥及生育費、災害損失、自用住宅購屋借款利息、房屋租金支出等，而標準扣除額與列舉扣除額是二擇一扣除），以上的免稅額與扣除額即為租稅減免的項目。

　　另外，由於「保險」可以保障民眾或其家庭之生活維持風險，進而降低國家社會救助的潛在財政負擔，因此在立法上也給予保險「租稅減免」的優惠，簡要分析如下：

1. 「所得稅」租稅減免優惠：保險金給付符合「所得稅法第4條」與「所得基本

稅額條例（即最低稅負制）第12條」之規範，明定有免稅或部分免稅的優惠。另外保險費可以申報所得稅列舉扣除，每人（以被保險人為計算依據）每年扣除的金額最多不能超過24,000元。

2. 「遺產稅」租稅減免優惠：「身故保險金給付」符合「遺贈稅法第16條」與「保險法第112條」之規範，免列入遺產計稅，但是若被稅務機關認定為租稅規避行為，則仍應列入遺產課稅。

關於「保險」的租稅減免相關法令條列如下：

1. 保險法第112條：保險金額約定於被保險人死亡時給付於其所指定之受益人者，其金額不得作為被保險人之遺產。

2. 遺贈稅法第16條第9款：約定於被繼承人死亡時，給付其所指定受益人之人壽保險金額、軍、公教人員、勞工或農民保險之保險金額及互助金，不計入遺產總額。

3. 所得稅法第4條第1項第7款：人身保險、勞工保險及軍、公、教保險之保險給付免納所得稅。

4. 所得稅法第17條第1項第2款第2目之2：保險費：納稅義務人、配偶或受扶養直系親屬之人身保險、勞工保險、國民年金保險及軍、公、教保險之保險費，每人每年扣除數額以不超過24,000元為限。但全民健康保險之保險費不受金額限制。

5. 所得基本稅額條例第12條第1項第2款：受益人與要保人非屬同一人之人壽保險及年金保險，受益人受領之保險給付。但死亡給付每一申報戶全年合計數在新台幣3,000萬元以下部分（自103年度起調整為3,330萬，而113年度起將再調整為3,740萬）免予計入。

圖9-1-1 保單的租稅減免法令

保險法第112條
保險金額約定於被保險人死亡時給付於其所指定之受益人者，其金額不得作為被保險人之遺產。

遺贈稅法第16條第9款
約定於被繼承人死亡時，給付其所指定受益人之人壽保險金額、軍、公教人員、勞工或農民保險之保險金額及互助金，不計入遺產總額。

所得稅法第17條
人身保險、勞工保險、國民年金及軍、公、教保險之保險費，每人每年扣除數額以不超過24,000元為限，但全民健康保險之保險費不受金額限制。

所得基本稅額條例第12條
受益人與要保人非屬同一人之人壽保險死亡給付每一申報戶全年合計數在新台幣3,740萬元以下部分免予計入。

所得稅法第4條第1項第7款
人身保險、勞工保險及軍、公、教保險之保險額給付免納所得稅。

9-2 租稅規避

　　稅的起源在人類歷史由來已久,憲法也明訂納稅是人民應盡的義務,無論從狩獵部落到先進國家,貢獻一己的勞力或生產以尋求統治者的保護自古皆然。然而當稅賦過高時,等於人一生有相當大比例的時間,其實是在為國家提供勞務。也因此,合理的稅務規劃與適當的節稅,自古至今幾乎是每一位納稅民眾必然關注的議題,徵稅是國家必然的需求;而合法節稅顯然也是人民必然的需求。

　　然而,「合法節稅」與「租稅規避」有其不同,雖然兩者的行為或交易都符合法律規範,但其關鍵差異在於節稅行為是否「合乎稅法當初立法意旨」以及是否有「非常規」的節稅行為(即不合常理的交易行為)。

　　「租稅規避」更精確的解釋可參照「納稅者權利保護法」(以下稱納保法)第7條第3項:**「納稅者基於獲得租稅利益,違背稅法之立法目的,濫用法律形式,以非常規交易規避租稅構成要件之該當,以達成與交易常規相當之經濟效果,為租稅規避。」**因此「租稅規避」的認定重點,在於違背稅法之立法目的,濫用法律形式,以獲得免稅或減稅的利益。

　　以下就「保單實質課稅」案例說明原本免稅的保單身故給付,如何被認定為「租稅規避」而課稅:

　　舉例來說:某甲購買壽險,並指定子女、親人為身故受益人,當某甲身故時,壽險的身故保險金將直接支付給受益人。

1. 依照保險法第112條,此身故保險金不得作為被保險人之遺產;另依遺贈稅法第16條第9款,此身故保險金不計入遺產總額。因此本來依前述兩條法令(即前一節提到的租稅減免相關法令),此身故保險金原本是不需要列入某甲的遺產計稅。

2. 但如果某甲在投保時有帶病投保、舉債、密集、鉅額、躉繳、高齡等投保行為,或是投保後短期死亡,以及不具保險性質的保費與保障相當的狀況(依照財政部109年7月1日台財稅字10900520520號函,關於身故保險金實質課稅的案例及參考特徵),則容易被稅捐機關認定為「非常規交易」。

3. 並依據納保法第7條規範,根據實質上經濟利益課徵遺產稅,並加徵滯納金及利息。

圖9-2-1　保單實質課稅示意圖

 某甲購買壽險，並指定子女、親人為身故受益人

 某甲身故時，依照保險法第112條與遺贈稅法第16條第9款，此身故保險金依法不計入遺產總額

 但是某甲在投保時有帶病投保、舉債、密集、鉅額、躉繳、高齡等投保行為

 稅捐機關認定某甲的投保行為，係屬違反立法意旨的非常規交易，被認定為「租稅規避」行為

 依據納保法第7條規範，根據實質上經濟利益課徵遺產稅，並加徵滯納金及利息

　　以上的舉例顯示，民眾「依據租稅減免法令」購買保險並期待有免稅的結果，本來是「合法節稅」的行為。但是如果該行為不合常理（非常規交易，例如：保單實質課稅八大樣態），並違反立法意旨（即濫用法律形式），則將被認定為「租稅規避」而依照納保法第7條實質課稅。

　　而納保法第7條即是定義「租稅規避」與「實質課稅」的主要法令，目的是為了租稅公平，讓租稅優惠不被濫用，除了確保國家稅收不流失外，也確保所有民眾的納稅義務立足點公平。

　　茲附上「納稅者權利保護法」第7條內容如下：

1. 涉及租稅事項之法律，其解釋應本於租稅法律主義之精神，依各該法律之立法目的，衡酌經濟上之意義及實質課稅之公平原則為之。

2. 稅捐稽徵機關認定**課徵租稅之構成要件事實時，應以實質經濟事實關係及其所**

生實質經濟利益之歸屬與享有為依據。

3. 納稅者**基於獲得租稅利益，違背稅法之立法目的，濫用法律形式，以非常規交易規避租稅構成要件之該當，以達成與交易常規相當之經濟效果，為租稅規避**。稅捐稽徵機關仍根據與**實質上經濟利益**相當之法律形式，成立租稅上請求權，並加徵滯納金及利息。

4. 前項租稅規避及第二項課徵租稅構成要件事實之認定，稅捐稽徵機關就其事實有舉證之責任。

5. 納稅者依本法及稅法規定所負之協力義務，不因前項規定而免除。

6. 稅捐稽徵機關查明納稅者及交易之相對人或關係人有第三項之情事者，為正確計算應納稅額，得按交易常規或依查得資料依各稅法規定予以調整。

7. 第三項之滯納金，按應補繳稅款百分之十五計算；並自該應補繳稅款原應繳納期限屆滿之次日起，至填發補繳稅款繳納通知書之日止，按補繳稅款，依各年度1月1日郵政儲金1年期定期儲金固定利率，按日加計利息，一併徵收。

8. 第三項情形，主管機關不得另課予逃漏稅捐之處罰。但納稅者於申報或調查時，對重要事項隱匿或為虛偽不實陳述或提供不正確資料，致使稅捐稽徵機關短漏核定稅捐者，不在此限。

9. 納稅者得在從事特定交易行為前，提供相關證明文件，向稅捐稽徵機關申請諮詢，稅捐稽徵機關應於6個月內答覆。

10. 本法施行前之租稅規避案件，依各稅法規定應裁罰而尚未裁罰者，適用第三項、第七項及第八項規定；已裁罰尚未確定者，其處罰金額最高不得超過第七項所定滯納金及利息之總額。但有第八項但書情形者，不適用之。

前一節我們談到「租稅規避」以及「保單實質課稅」的議題，政府之所以在立法上給予保險相關免稅優惠，主要是認為保險可以保障民眾的生活維持風險，進而降低國家的潛在財政負擔，因此，若民眾所規劃的保險行為不具社會安全之作用，甚至有規避稅負之動機，則顯然違反上述意涵，不在稅法優惠之範圍內。

然而行政機關對於民眾「租稅規避」進而「實質課稅」的判斷，也經常引起爭議，並衍生許多法院訴訟。實質課稅如果無限上綱，則可能侵犯民眾的權利，亦有違法律的「信賴保護原則」的疑慮。也因此財政部國稅局對於保單實質課稅函示發文，公開各種涉及租稅規避的保單實質課稅樣態與案例（財政部109年7月1日台財稅字10900520520號函），期待民眾更瞭解租稅規避的樣態，以避免被實質課稅而產生爭端。

綜觀保單實質課稅的法院案例中，許多納稅民眾在起訴主張中，常會提到「信賴保護原則」一詞，「信賴保護原則」簡單來說就是人民因為信賴政府的行為或法令，而做出一定生活上的經濟安排，此應受到法律之保護。

例如：高雄高等行政法院100年度訴字第584號判決案例中，納稅人即主張：「人民相信既存之法律秩序而安排其生活或處置其財產，公權力行使不應使人民遭受不能預見之損失，如此方能維持法律生活之安定及維護法律之尊嚴，此為法治國家重要原則」。

這裡提到幾個重點：1. 即民眾因為遵從遺贈稅法與保險法對於身故保險金免稅的規定，而做出購買保單之安排，此乃民眾信賴政府，政府應該保護民眾遵照國家法律所做出的經濟決策。2. 如果政府另外以其他理由（如實質課稅規定）而課徵民眾稅負，此將有損「法的安定性」，也會令民眾對於守法意識產生懷疑，而影響法律尊嚴。

另一方面，在上述案例中，納稅人也提到「實質課稅原則」源於憲法第7條「平等原則」，與憲法第19條「租稅法定主義」為相同憲法位階。然綜觀行政法院判例，最終結果多為稅捐機關勝訴，國稅局對於「保單實質課稅」勝訴率，遠大於納稅民眾依「租稅法定主義」訴求保單依法免稅的勝訴率，在不成比例的行政法院判決實例下，經常令民眾對於國家未善盡「信賴保護原則」多有微詞。正

本清源之道實在應該直接修法，對於遺贈稅法第16條第9款與保險法第112條關於死亡保險金免計入遺產的相關條文做修訂。

● **圖9-3-1　信賴保護原則：政府應該保護民眾遵照法律所做出的經濟決策** ●

9-4 最低稅負制

　　一般稱為「最低稅負制」的法條全名為「所得基本稅額條例」，於民國94年12月28日總統令公布，自95年1月1日施行。由於長期以來國家為達成特定經濟目的，施行了各項租稅減免措施。最後常令高所得納稅義務人享受許多的減免利益，使得租稅公平大受影響。而「最低稅負制」立法目的即是要使這些高所得者，能夠繳納最基本稅額的一種稅制。期對國家財政能有基本的貢獻，以維護租稅公平，確保國家稅收。

　　「最低稅負制」在個人的部分，適用門檻訂為所得收入600萬元以上的族群，因此所得在600萬元以下之申報戶不受最低稅負制之影響，且該門檻金額將按消費者物價指數調整，自103年度起已調整為670萬元，而自113年度起將再調整為750萬元。

　　「最低稅負制」的重點如下：

一、「最低稅負制」課徵項目

1. 綜合所得淨額。
2. 海外所得：指未計入綜合所得總額之非中華民國來源所得及香港澳門地區來源所得，一申報戶全年合計數未達100萬元者，免予計入；在100萬元以上者，應全數計入。
3. 特定保險給付：受益人與要保人非屬同一人之人壽保險及年金保險給付，但死亡給付每一申報戶全年合計數在3,330萬元以下部分免予計入。（113年度起，調整為3,740萬元）
4. 未上市（上櫃、興櫃）股票及私募基金受益憑證之交易所得。
5. 申報綜合所得稅時減除之非現金捐贈金額。
6. 綜合所得稅結算申報時，選擇28%分開計稅之股利及盈餘合計金額。
7. 民國95年1月1日以後，各法律新增的減免綜合所得稅之所得額或扣除額

二、「最低稅負制」的計算原則

1. 一般所得稅額≧基本稅額→無須繳納基本稅額。
2. 基本稅額＞一般所得稅額→應繳納之基本稅額。

3. 應繳納之基本稅額＝基本稅額－一般所得稅額－海外已納稅額扣抵金額。

三、「最低稅負制」的算式

把當年度申報的「綜合所得淨額」，再加上第2～7項的所得內容為「基本所得額總額」。扣除670萬的扣除額（自113年度起將調整為750萬元）後的數字得到「基本所得額淨額」，再乘以「20%」後就是「基本所得稅額」。算出「基本所得稅額」之後，再與當年度要申報的「綜合所得稅應納稅額」比大小，如果比綜所稅高，則需要繳納差額。反之則不必繳納。

● ● 圖9-4-1 「最低稅負制」的計算方式 ● ●

基本所得淨額

基本所得總額

1. 綜合所得淨額
2. 海外所得
3. 特定保險給付
4. 未上市股票及私募基金受益憑證之交易所得
5. 申報綜合所得稅時減除之非現金捐贈金額
6. 綜合所得稅結算申報時，選擇28%分開計稅之股利及盈餘合計金額
7. 民國95年1月1日以後，各法律新增的減免綜合所得稅之所得額或扣除額

－750萬 ×20%＝ 基本稅額（最低稅負）

基本稅額（最低稅負）－ 一般所得稅額（綜合所得稅） ＞0＝ （應繳納之基本稅額）

四、保險給付與最低稅負制

保險給付在所得稅法第4條規定，是屬於全額免所得稅（綜合所得稅），但是在民國95年1月1日開始實施最低稅負制之後，特定保險給付（受益人與要保

人非屬同一人之人壽保險及年金保險給付，但死亡給付每一申報戶全年合計數在
3,740萬元以下部分免予計入）必需計入「基本所得額」課稅，保險給付從全額
免所得稅，進入了定額免所得稅的階段。

五、死亡保險金可以減除3,740萬元免稅額度

1. 受益人與要保人非屬同一人之人壽保險及年金保險給付中，屬於死亡給付部
   分，一申報戶全年合計數在3,740萬元以下者，免予計入基本所得額；超過
   3,740萬元者，其死亡給付以扣除3,740萬元後之餘額計入基本所得額。

2. 受益人與要保人非屬同一人之人壽保險及年金保險給付中，非屬死亡給付部
   分，應全數計入基本所得額，不得扣除3,740萬之免稅額度。

3. 至於健康保險給付、傷害保險給付、受益人與要保人為同一人之人壽保險及年
   金保險給付，均不納入個人基本所得額課稅，自無扣除3,740萬元免稅額度問
   題。

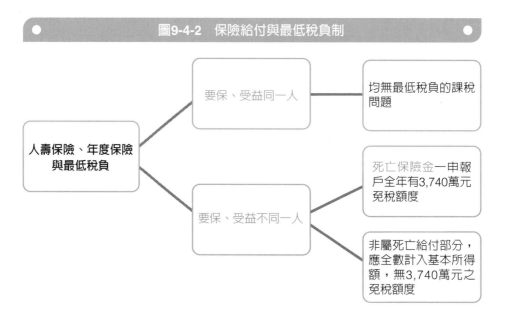

圖9-4-2 保險給付與最低稅負制

- 人壽保險、年度保險與最低稅負
  - 要保、受益同一人 → 均無最低稅負的課稅問題
  - 要保、受益不同一人
    - 死亡保險金一申報戶全年有3,740萬元免稅額度
    - 非屬死亡給付部分，應全數計入基本所得額，無3,740萬元之免稅額度

9-5 納稅者權利保護法

　　「納稅者權利保護法」（以下稱納保法）於民國106年12月28日總統令公布，同時自106年12月28日施行，納保法顧名思義是一部維護納稅人權為主要目的的法律。

　　「納保法」制定重點如下：

一、基本生活所需費用不得加以課稅

　　例如：112年度每人基本生活所需之費用金額為20.2萬元，民眾於申報綜合所得稅時適用。這就是依據「納保法」第4條規定，納稅者為維持自己及受扶養親屬基本生活所需之費用不得加以課稅。

二、落實正當法律程序

　　「納保法」規範稅捐機關就課稅或處罰事實，負舉證責任，且不得違法取證以保障人權，納稅人有權請律師或專業代理人協助，如同訴訟案件一樣，律師到場前可以拒絕接受調查。另就爭議的稅務問題，稅捐機關應公開相關解釋函令讓納稅人知道，以避免資訊不對稱，影響納稅人權益。

三、公平合理課稅

　　前面的章節有敘述關於「租稅規避」的規範，就詳列在納保法第7條，當民眾被認定有租稅規避行為時，稅捐機關可以請求補稅並加計滯納金與利息，以落實租稅公平。

四、設置納稅者權利保護組織

　　設立「納稅者權利保護官」簡稱「納保官」，以協助納稅人遇有稅捐爭議時的溝通與協調。納保官的遴選目前係由各稅務機關「具有稅務、會計或法律專業且從事稅務工作10年以上，成績優良之現任人員」擔任。

五、強化納稅者救濟保障

　　稅務有爭議時，一般需經過復查、訴願及行政訴訟的過程，納保法規定「訴願審議委員會」的具備相關專業的社會公正人士與專家不少於委員會人數的2/3。另規定行政法院需設置「稅務專業法庭」，以避免案件讓外行的法官審理。

圖9-5-1　納保法制定的五大重點

強化納稅者
救濟保障

公平合理課稅

基本生活費用
不課稅

落實正當法律
程序

設立納稅者
權利保護組織

　　綜合上述，納保法之主要目的，在於落實民眾憲法的生存權、工作權、財產權及其他相關基本權利之保障，並確保納稅者權利，實現課稅公平及貫徹正當法律程序。而且只要是關於納稅者權利之保護，如果納保法有規定時，優先適用納保法的規定。

9-6 保單實質課稅八大樣態

在前面章節曾提到，民眾「依據租稅減免法令」購買保險並期待有免稅的結果，本來是「合法節稅」的行為。但是如果該行為不合常理（非常規交易，例如：保單實質課稅八大樣態），並違反立法意旨（即濫用法律形式），則將被認定為「租稅規避」而依照納保法第7條課稅。

國內的「實質課稅」相關規定，原本是依據民國98年新增修訂的「稅捐稽徵法第12條之1」之條文，後來因為民國106年上路的「納保法」第7條對於租稅規避與實質課稅已有詳細規範，故「稅捐稽徵法第12條之1」於民國110年12月17日公布刪除。

也由於「保單實質課稅」經常引起爭議與訴訟，因此財政部對此於民國102年與109年兩度發函公告各種涉及租稅規避的保單實質課稅樣態與案例，期待民眾更瞭解租稅規避的樣態，以避免被實質課稅而產生爭端。

1. 財政部102年1月18日台財稅字第10200501712號函，主旨為：檢送「實務上死亡人壽保險金之實質課稅原則核課遺產稅案例及其參考特徵」。

2. 財政部109年7月1日台財稅字第10900520520號函，主旨為：檢送重新檢討之「實務上死亡人壽保險金之實質課稅原則核課遺產稅案例及參考特徵」。

其中最新的「台財稅字第10900520520號函」內容當中所提到的「八項參考特徵」如下：高齡投保、短期投保、帶病投保、躉繳投保、鉅額投保、舉債投保、密集投保，以及已繳保險費高於保險金額（或是保險費等於保險金額；保險給付相當於已繳保險費加計利息金額；保險費高於保險金額）等八項，而這八項案例特徵也稱為「保單實質課稅八大樣態」。

> 舉例來說：「某甲70歲，因為繼承上一代的土地而致富，幾乎沒有規劃過保險。直到近年來因病身體狀況每下愈況，身邊的朋友提醒他可以依照保險法與遺贈稅法，運用身故保險金依法免列入遺產的規定來合法節稅。某甲與子女討論過後也覺得10～20%的遺產稅非同小可，因此透過介紹尋找保險顧問規劃保險。後來陸續在1～2年內規劃了50～60張保單，由於大部分資產皆為房地產，現金不多，因此向銀行貸款近2億現金，投保了合計2億額度的保險。另方面由於年紀大且體況不佳，也只能投保保費與保額幾乎相等、無保險本質的的躉繳保險或投資型保險，後來某甲不幸於投

保不久身故」,保險公司依約理賠死亡保險金給受益人,而此2億保險金全被稅捐稽徵機關認定租稅規避,而無「遺贈稅法第16條第9款」免稅的適用。

以上某甲案例,幾乎涵蓋了保單實質課稅八大樣態,逐項解釋如下:

「某甲70歲(**高齡投保**),因為繼承上一代的土地而致富,幾乎沒有規劃過保險。直到近年來因病身體狀況每下愈況(**帶病投保**),身邊的朋友提醒他可以依照保險法與遺贈稅法,運用身故保險金依法免列入遺產的規定來合法節稅。某甲與子女討論過後也覺得10~20%的遺產稅非同小可,因此透過介紹尋找保險顧問規劃保險。後來陸續在1~2年內規劃了50~60張保單(**密集投保**),由於大部分資產皆為房地產,現金不多,因此向銀行貸款近2億現金(**舉債投保**),投保了合計2億保額(**鉅額投保**)的保險。另方面由於年紀大且體況不佳,也只能投保保費與保額幾乎相等、無保險本質的的躉繳保險或投資型保險(**躉繳投保;保險給付相當於已繳保險費**),後來某甲不幸於投保不久身故(**短期死亡**)」等於八項參考特徵全部吻合。

國稅局認為某甲投保行為與分散風險之保險目的不符,在病重時以舉債及躉繳方式投保人壽保險,可立即減少其現有財產,身故後,其所減少之現有財產即轉換為對身故受益人之保險給付,基於實質課稅及公平正義原則,保險金全數核課遺產稅。

圖9-6-1 被認定為租稅規避的保單實質課稅八大樣態

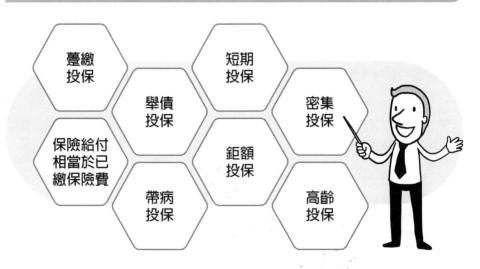

9-7 保單實質課稅判例

上一節對於保單實質課稅八大樣態做出舉例與解釋，本節我們將概述16個行政法院判例，茲列出財政部公告的「台財稅字第10900520520號函」所提到的16個行政法院判例如下：

1. 最高行政法院101年判字第87號行政判決。

2. 最高行政法院100年判字第726號行政判決。

3. 臺北高等行政法院99年度訴字第616號判決。

4. 最高行政法院100年度判字第1003號判決。

5. 最高行政法院100年判字第574號行政判決。

6. 高雄高等行政法院100年度訴字第584號判決。

7. 最高行政法院100年判字第1589號行政判決。

8. 高雄高等行政法院99年訴字第246號行政判決。

9. 最高行政法院101年度判字第201號判決。

10. 臺北高等行政法院100年訴字第1517號行政判決。

11. 最高行政法院97年度判字第675號判決。

12. 最高行政法院98年度判字第1145號判決。

13. 最高行政法院97年度判字第81號判決。

14. 高雄高等行政法院95年度訴字第1150號判決。

15. 高雄高等行政法院97年度訴字第771號判決。

16. 臺北高等行政法院97年度訴字第2275號判決。

分析16個行政法院案例中，上訴人與被上訴人常見理由摘要：

一、上訴人（納稅人）常見主張

1. 特別法（保險法）優於普通法（遺贈稅法）原則

死亡保險金應先依保險法第112條規定不列入遺產，自然沒有遺產稅課徵問題。

2. 有違「法的安定性」、「信賴保護原則」、「租稅法律原則」

人民相信既存之法律秩序而安排其生活或處置其財產，公權力行使即不能以

相反之理由而使人民遭受不能預見之損失,以維持法律生活之安定及維護法律之尊嚴,此為法治國家重要原則

3. 行政權(稅務機關的裁量權)凌駕立法權(經立院三讀通過、總統令頒布的保險法第112條、遺贈稅法第16條第9款)。

4. 證券交易所得稅停徵亦屬租稅特權,土地增值稅以公告現值核課亦有違實質課稅及稅賦平等,為何不實質課稅?

二、被上訴人(國稅局)常見主張

1. 違背立法意旨的「租稅規避」,而非「合法節稅」。

2. 依實質課稅原則、公平正義原則。

3. 租稅法所重視者應為實質經濟事實,而非以法律形式外觀為依據(大法官420字號、納保法7)。

　　而以上這些案例大多判決納稅人(上訴人)之訴駁回,維持國稅局(被上訴人)勝訴之認定。

● **圖9-7-1** 保單實質課稅16個行政法院判例中,納稅人與國稅局雙方常見的主張 ●

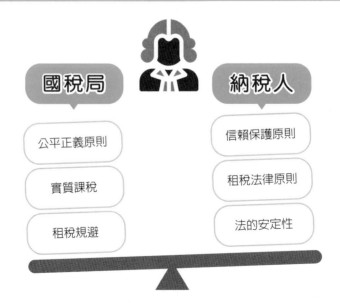

以下另列出有關「保單實質課稅」的重要判例與函令：

1. 台財稅字第10900520520號函：檢送重新檢討之「實務上死亡人壽保險金之實質課稅原則核課遺產稅案例及參考特徵」。（屬於「**非常規交易的租稅規避**」）。

2. 台財稅字第10200009960號函：人壽保險給付經稽徵機關依實質課稅原則認定計入被繼承人遺產課徵遺產稅，自無適用所得基本稅額條例。（**若已實質課稅的保單**，則不再課徵受益人的最低稅負所得稅）。

3. 高雄國稅局111/5/23新聞稿：要、被保險人為同一人，且無涉及規避遺產稅情事者，始可適用遺贈稅法第16條第9款。（依「**實質經濟利益之歸屬與享有**」判斷免稅與否）。

4. 最高行政法院102之227號判決：儲蓄險定額保險300萬不計入＋增值保額598萬的部分計入遺產。（依「**實質經濟事實關係**」，認定增值保額實質課稅）。

5. 最高行政法院101年度判字第376號判決：「投資型保險之投資帳戶價值」，性質上不屬人壽保險之死亡給付，自無遺產及贈與稅法第16條第9款及保險法第112條關於「不得作為被保險人遺產」規定之適用。「具有人壽保險之定額保險」部分係符合人壽保險之本質，除個案另有租稅規避等情事外，仍有遺產及贈與稅法第16條第9款及保險法第112條規定之適用。（依「**實質經濟事實關係**」認定「投資分離帳戶」實質課稅）。

   延伸說明：⑴在此判例中，有提到甲型投資型保單，定額保險部分免列入遺產，這對甲型投資型保單較有利，例如：甲型定額保險金1,000萬且投資帳戶價值為1,500萬，甲型死亡理賠金依照條款是理賠1,500萬，則依此判例，定額部分1,000萬免列入遺產，因此僅500萬須列入遺產。另又假設甲型定額保險金1,000萬且投資帳戶價值為600萬，甲型死亡理賠金依照條款是理賠1,000萬，則依此判例，定額部分1,000萬免列入遺產，等於投資帳戶價值為600萬亦不須列入遺產。⑵但如果是乙、丙、丁型投資型保單，同樣定額保險金1,000萬且投資帳戶價值為1,500萬的情況下，死亡理賠是2,500萬元，其中定額部分1,000萬免列入遺產，但投資帳戶1,500萬須列入遺產。

6. 臺北國稅局106/3/20函：要保人與受益人不同一人，課徵受益人所得基本稅額與要保人贈與稅。（依「**實質經濟利益之歸屬與享有**」判斷納稅義務人）

延伸說明：如果要、被保人同一人走遺產稅（依法免稅；例外實質課稅）。要、被保人、受益人均不同一人（例：父母子）走贈與稅＋基本所得稅，兩者皆需課徵。

7. 台北地方法院107年度保險更一字第2號民事判決：國稅局認定死亡保險金列入實質課稅，通知繼承人繳稅但受益人卻不是繼承人，導致繼承人繳稅、受益人拿到保險金。此案例原告為繼承人，被告為保險公司，最後判決保險公司依約理賠給身故受益人勝訴。（尊重私法自治、契約自由原則）

延伸說明：國稅局依照實質課稅調整保險金課稅，並不會影響身故保險金受益人的受益權利。

表9-7-1　「保單實質課稅」的其他重要判例與函令彙整

判例與函令	摘要	實質課稅分析
台財稅字第10900520520號函	「實務上死亡人壽保險金之實質課稅原則核課遺產稅案例及參考特徵」	違反立法意旨的「非常規交易的租稅規避」實質課稅
台財稅字第10200009960號函	人壽保險給付經稽徵機關依實質課稅原則認定計入被繼承人遺產課徵遺產稅，自無適用所得基本稅額條例	若已實質課稅的保單，則不再課徵受益人的最低稅負所得稅
高雄國稅局111/5/23新聞稿	要、被保險人為同一人，且無涉及規避遺產稅情事者，始可適用遺贈稅法第16條第9款	依「實質經濟利益之歸屬與享有」判斷免稅與否
最高行政法院102之227號判決	儲蓄險定額保險300萬不計入＋增值保額598萬的部分計入遺產	依「實質經濟事實關係」，認定增值保額實質課稅
最高行政法院101年度判字第376號判決	「投資型保險之投資帳戶價值」，性質上不屬人壽保險之死亡給付，自無遺產及贈與稅法第16條第9款及保險法第112條之適用	依「實質經濟事實關係」認定「投資分離帳戶」實質課稅
臺北國稅局106/3/20函	要保人與受益人不同一人，課徵受益人所得基本稅額與要保人贈與稅	依「實質經濟利益之歸屬與享有」判斷納稅義務人
台北地方法院107年度保險更一字第2號民事判決	國稅局認定死亡保險金列入實質課稅，通知繼承人繳稅但受益人卻不是繼承人，導致繼承人繳稅、受益人拿到保險金	尊重私法自治、契約自由原則，國稅局依照實質課稅調整保險金課稅，並不會影響身故保險金受益人的受益權利

9-8 保單實質課稅Checklist之一

一、從「人」的角度解析

依據台財稅字第10900520520號函「實務上死亡人壽保險金之實質課稅原則核課遺產稅案例及參考特徵」顧名思義，保單實質課稅主要是針對「死亡人壽保險金」課稅。因此探究實質課稅即是探究「身故保險金」應否課「遺產稅」，在此我們必須先釐清幾個狀況。

當被保險人身故，身故受益人領到死亡保險金的時候，要保人、被保險人、身故受益人三者各面臨何種稅負？

1. 要保人

⑴ 要、被保人同一人時，死亡保險金除有租稅規避等情事外，依法免列入要保人（等同被保人）遺產計稅。

⑵ 要、被保人不同一人，且身故受益人非要保人時，實質上等同是「要保人透過保險，贈與身故受益人」，則應對要保人就死亡保險金課徵「贈與稅」。

2. 被保險人（約略同上）

⑴ 要、被保人同一人時，死亡保險金除有租稅規避等情事外，依法免列入被保人遺產計稅。

⑵ 要、被保人不同一人，且身故受益人非要保人時，實質上等同是「要保人透過保險，贈與身故受益人」，則應對要保人就死亡保險金課徵「贈與稅」，與被保人沒有關係。

3. 身故受益人

⑴ 依所得稅法，免課徵一般綜合所得稅。

⑵ 但如果是民國95年1月1日開始實施最低稅負制（所得基本稅額條例）之後成立的保單，死亡給付每一申報戶全年在3,740萬元以上的部分計入身故受益人當年度「基本所得額」課稅。

二、另外有兩種不在上述分析的狀況

1. 針對「要、被保人不同一人」保單，且身故受益人與要保人同一人時，被保人的身故保險金均不課徵「遺產稅」、「贈與稅」與「所得稅」。

2. 同樣「要、被保人不同一人」的保單，如果是要保人身故，由於被保人還生存，因此保單仍存續必須變更要保人，此時除了需要所有繼承人同意才能變更要保人之外，此張保單的「保單價值」應列入要保人的遺產計稅。

● **圖9-8-1** 從家族資產傳承的角度，要保人、被保險人、身故受益人三者在「被保險人身故」時之稅負分析 ●

從家族資產傳承的角度，
要保人、被保險人、身故受益人三者在「被保險人身故」時之稅負分析：

狀況一 | **父父子→檢視父「遺產稅」**（要、被同一人）

合理的資產傳承安排，若無涉及實質課稅，則適用免列遺產課稅

狀況二 | **父母子→檢視父「贈與稅」＋檢視子「最低稅負（基本所得稅）」**（要、被、受均不同人）

應該避免的保單關係人安排

狀況三 | **子父子→遺產、贈與、所得稅皆不檢視**（要、受同一人）

無資產傳承功能；無贈與事實；上一代無掌控權

9-9 保單實質課稅Checklist之二

一、從「稅」的角度解析

條列式分析「保險金能不能節稅」（如圖9-9-1）。

1. 從「所得稅」的角度來看，「所有保險金給付」符合「所得稅法第4條」與「所得基本稅額條例（即最低稅負制）第12條」之規範，明定有免稅或部分免稅的優惠。

2. 從「遺產稅」的角度來看，「身故保險金給付」符合「遺贈稅法第16條」與「保險法第112條」之規範，免課遺產稅。但是若是涉及財政部公告的「實質課稅八大樣態」的身故保險金，被認定為「租稅規避」之行為，則應列入遺產課稅。

3. 從「贈與稅」的角度來看，「要、被保人不同一人」且「要保、受益人不同一人」的保單（即要、被、受益人均不同一人），被保險人身故時，身故受益人所領取的「身故保險金」，依照目前稅務機關實務上的解讀，身故受益人領取的保險金給付，實質上等同是「要保人透過保險，贈與身故受益人」，身故保險金應列入「贈與」課稅。

● **圖9-9-1** 從「所得稅」、「遺產稅」、「贈與稅」三方面，探討與身 ●
故保險金相關的租稅減免法令

所得稅
- 「所得稅法第4條」，明定有免稅的規範
- 「所得基本稅額條例（即最低稅負制）第12條」有部分免稅規範

遺產稅
- 「遺贈稅法第16條」與「保險法第112條」之規範，免列入遺產課稅。
- 但若是身故保險金符合財政部公告的「實質課稅八大樣態」或其他「租稅規避」行為，則應依實質課稅，課徵遺產稅

贈與稅
- 縱使符合上述遺產稅與所得稅免稅。但如果要、被保人不同人，身故受益人（且身故受益人非要保人）領取的保險金，實質上等同是「要保人透過保險，贈與身故受益人」，則應全數列入「贈與」課稅

二、死亡保險金實質課稅Checklist流程分析（如圖9-9-2）

1. 被保人身故，給付身故受益人死亡保險金。

2. 要、被保人同一人的死亡保險金，才有遺贈稅法第16條第9款免列入遺產計稅的適用。

3. 但如果涉及租稅規避（實質課稅八大參考特徵：台財稅字10900520520號函），則死亡保險金會列入遺產計稅。（如果已被列入遺產課稅，就不再課徵身故受益人的最低稅負所得稅，依照台財稅字10200009960號函）。

4. 如果死亡保險金沒有課徵遺產稅（亦即無租稅規避）問題，再檢視身故受益人是否需要繳所得稅（依所得稅法第四條，免課徵綜合所得稅）。

5. 最後再檢視是否為民國95年1月1日以後成立的保單。如果是，死亡給付每一申報戶全年在3,740萬元以上的部分，計入身故受益人的「基本所得額」（最低稅負制）課稅。

圖9-9-2　死亡保險金實質課稅Checklist

要、被保人為同一人，且無租稅規避行為，始可適用遺贈稅法第16條第9款。

以常見的父父子（母母子）保單為例

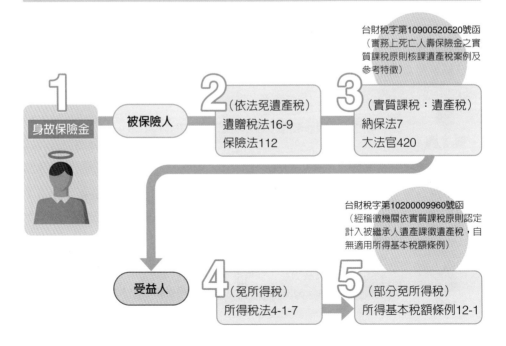

台財稅字第10900520520號函
（實務上死亡人壽保險金之實質課稅原則核課遺產稅案例及參考特徵）

台財稅字第10200009960號函
（經稽徵機關依實質課稅原則認定計入被繼承人遺產課徵遺產稅，自無適用所得基本稅額條例）

身故保險金

1　被保險人

2　（依法免遺產稅）
遺贈稅法16-9
保險法112

3　（實質課稅：遺產稅）
納保法7
大法官420

受益人

4　（免所得稅）
所得稅法4-1-7

5　（部分免所得稅）
所得基本稅額條例12-1

總而言之，保險的租稅減免法令具備社會政策傾向，因為保險可以保障民眾或其家庭之生活維持風險，進而降低國家的潛在財政負擔。然而若民眾所規劃的保險行為不具社會安全之作用，甚至有租稅規避之動機，則顯然違反上述立法意旨，不在稅法優惠之範圍內。

9-10 行政救濟

　　當納稅義務人對於稅捐機關核定稅捐之處分不服時，可以提起復查、訴願乃至行政訴訟，此即為「行政救濟」。其中「復查」與「訴願」是逕行向行政機關（稅捐機關）提起的行政救濟。前面章節曾提過稅務機關依照納保法規定須設立「納保官」，以協助納稅人遇有稅捐爭議時的溝通與協調。但如果在稅捐機關仍無法解決爭端，納稅人即可提起行政法院訴訟。而「行政訴訟」則是向司法機關提起的行政救濟方式。

　　針對稅務爭議的「行政救濟」的程序概述如下：

1. 復查：應於稅額或罰鍰繳款書送達後，在繳納期間屆滿次日起30日內申請復查。

2. 訴願：如不服稅捐機關復查決定。應於收到復查決定書之次日起30日內提起訴願。

3. 行政訴訟第一審：應於訴願決定書送達後2個月內提起訴訟。

4. 行政訴訟上訴審：應於第一審判決送達後20日內提起上訴。

> ● **圖9-10-1** 以一般稅捐行政救濟程序為例（保單實質課稅的16個法院判例都經過此程序）

行政機關（稅捐機關）	司法機關（行政法院）

復查	訴願	行政訴訟1審（高等行政法院）	行政訴訟2審（最高行政法院）

　　除了上述行政救濟程序之外，再談大法庭制度（民國108年開始）與大法官釋憲（民國111年起已經由憲法法庭取代）。

一、大法庭制度

　　為了強化終審法院（最高法院與最高行政法院）統一法律見解的功能，推動建立「大法庭制度」，於民國108年7月4日正式上路，也就是說，當案件到了最

高法院（或最高行政法院）時，不同法官仍然對於類似案件有不同的爭議見解時，為維持法的安定性，此時最高法院承審此案件的審判庭，即可提案大法庭裁定，作成此案的終局裁判。

舉例來說，最高法院民事大法庭於民國111年12月9日做出「108年度台抗大字第897號裁定」，裁定主文認為「執行法院於必要時，得核發執行命令終止債務人為要保人之人壽保險契約，命第三人保險公司償付解約金」。

亦即長期以來針對「保價金能不能被債權人強制執行？」的爭議，在不同法院經常有不同見解，經過最高法院大法庭作出「保價金可被執行」的裁定後，雖然「大法庭裁定」的拘束力僅針對該提案案件，並不及於其他訴訟案件，但可以預見對於未來類似案件的判決亦將有重要影響。

二、憲法法庭（民國111/1/4起取代大法官會議）

過去如果民眾經過了最高法院的訴訟過程後仍受到不利的裁判，可以直接請求大法官檢視此案件判決是否合憲或違憲？此即為大法官會議的主要功能，也是保障人民權益的終極裁判。過去70餘年來，大法官會議合計做出813號解釋後，已經正式走入歷史，由憲法法庭取代大法官會議。

過往大法官會議解釋經常對於民眾權益有重大影響，例如：「大法官釋字第420號」，解釋文開頭提到「涉及租稅事項之法律，其解釋應本於租稅法律主義之精神：依各該法律之立法目的，衡酌經濟上之意義及實質課稅之公平原則為之。」，後來此解釋文也成為「實質課稅」的實體法「稅捐稽徵法第12條之1」與「納保法第7條」的立法依據。

圖9-10-2　大法庭裁定、大法官會議（憲法法庭）與行政救濟的關係

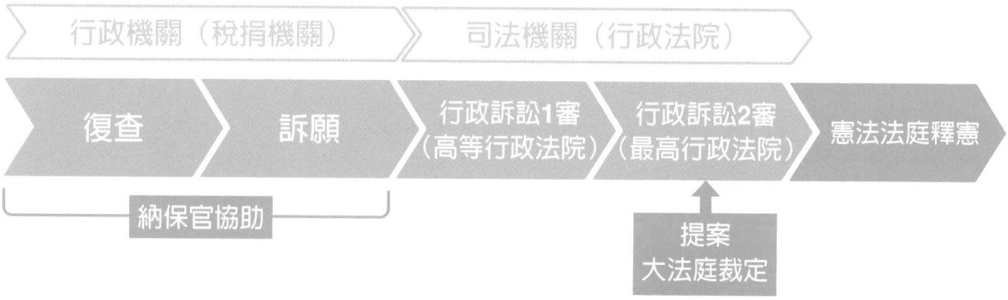

行政機關（稅捐機關）　　司法機關（行政法院）

復查　訴願　行政訴訟1審（高等行政法院）　行政訴訟2審（最高行政法院）　憲法法庭釋憲

納保官協助

提案大法庭裁定

參考資料

1. 《超圖解金融保險與節稅規劃 首部曲：保單到底能不能節稅？從實質課稅原則談起》，黃世芳、高震宇，五南。
2. 高雄高等行政法院100年度訴字第584號判決。
3. 財政部稅務入口網站（https://www.etax.nat.gov.tw/etwmain/tax-info/understanding/tax-saving-manual/national/individual-income-tax/6xKrvGR）。
4. 納稅者權利保護法。
5. 財政部國稅局網站，納稅者權利保護專區（https://www.mof.gov.tw/multiplehtml/1515）。
6. 財政部109年7月1日台財稅字10900520520號函，主旨為：檢送重新檢討之「實務上死亡人壽保險金依實質課稅原則核課遺產稅案例及參考特徵」。
7. 財政部102年1月18日台財稅字第10200501712號函，主旨為：檢送「實務上死亡人壽保險金之實質課稅原則核課遺產稅案例及其參考特徵」。
8. 高雄高等行政法院100年訴字第584號判決。
9. 台財稅字第10200009960號函：人壽保險給付經稽徵機關依實質課稅原則認定計入被繼承人遺產課徵遺產稅，自無適用所得基本稅額條例。
10. 司法院全球資訊網（https://www.judicial.gov.tw/tw/cp-1578-58280-8179d-1.html#）。
11. 最高法院民事大法庭於民國111年12月9日做出「108年度台抗大字第897號裁定」。
12 司法院大法官會議釋字第420號解釋。

Chapter 10

實質課稅原則的演進與法理

10-1 脫法避稅行為

一、租稅規避與實質課稅原則

　　所謂「脫法避稅行為」或稱「租稅規避」，係納稅義務人利用民法上私法自治所賦予之經濟活動自由形成之權能以及契約自由原則，意圖免除其於稅法中所應負擔之特定稅賦，而從事之迂迴法律上安排。

　　此等行為，於外觀形式上似為稅法規範所許可之安排，然卻與稅法規範之立法意旨不相一致，或特定之經濟上具有意義之行為雖符合或抵觸法律之目的，但於法律上（考慮法律解釋以文義可能性為其界限）卻無法加以適用之情形。

　　此時，透過租稅規避否認之規範，使稅捐稽徵機關得以否認此等迂迴安排，俾達成公平課稅之目的，為稅法秩序所許可。然於方法上，可能採行如德國租稅通則第42條之一般性租稅規避否認之立法方式，亦可能採行個別性之立法方式。

　　其中，遺產及贈與稅法第5條之立法理由即明示：「為防杜以本條所列各款方式逃避贈與稅起見，故參照日本法例訂明視同贈與」，是故，遺產及贈與稅法第5條視同贈與之規範，其目的乃在於防止租稅規避。

　　反面言之，倘納稅義務人之特定經濟上行為被認為可能係規避租稅之迂迴安排，即可能發生視同贈與之問題。例如：房地產市場持續不景氣、土地公告現值又不斷提高，已使得不少賠本出售土地的地主，還要面臨國稅局以「顯不相當代價出讓財產」為由，補課贈與稅。然只要地主可以舉出附近土地交易價格作為證明，即可推翻此一認定，而免除贈與稅之課徵。

二、租稅規避與行政裁罰

　　原則上，特定行為倘若被當作是「租稅規避」行為來看待，則排除處罰空間。納稅者權利保護法第7條第8項規定：「第三項情形，主管機關不得另課予逃漏稅捐之處罰。但納稅者於申報或調查時，對重要事項隱匿或為虛偽不實陳述或提供不正確資料，致使稅捐稽徵機關短漏核定稅捐者，不在此限」。

納稅者權利保護法第10項則規定：「本法施行前之租稅規避案件，依各稅法規定應裁罰而尚未裁罰者，適用第三項、第七項及第八項規定；已裁罰尚未確定者，其處罰金額最高不得超過第七項所定滯納金及利息之總額。但有第八項但書情形者，不適用之」。

10-2 納稅者保護官

一、納稅者保護官

納稅者權利保護法總計23條，其目的如第1條所指出：「1. 為落實憲法生存權、工作權、財產權及其他相關基本權利之保障，確保納稅者權利，實現課稅公平及貫徹正當法律程序，特制定本法。2. 關於納稅者權利之保護，於本法有特別規定時，優先適用本法之規定。」

為此，不僅於司法機關要求設置專庭，同時也在各稅捐稽徵機關要求設置專門組織。納稅者權利保護法第19條規定中央設置「納稅者權利保護諮詢會」、各稽徵機關應以任務編組設置「納稅者保護官」，辦理下列業務：

1. 協助納稅者進行稅捐爭議之溝通與協調。

2. 受理納稅者之申訴或陳情，並提出改善建議。

3. 於納稅者依法尋求救濟時，提供必要之諮詢與協助。

4. 每年提出納稅者權利保護之工作成果報告（納稅者權利保護法第20條）。

二、納稅者受到保護之權利

1. 依法律納稅之權利與義務

納稅者權利保護法第3條：「(1)納稅者有依法律納稅之權利與義務。(2)前項法律，在直轄市、縣（市）政府及鄉（鎮、市）公所，包括自治條例。(3)主管機關所發布之行政規則及解釋函令，僅得解釋法律原意、規範執行法律所必要之技術性、細節性事項，不得增加法律所未明定之納稅義務或減免稅捐。」

2. 基本生活費不課稅之權利

納稅者權利保護法第4條規定：「(1)納稅者為維持自己及受扶養親屬享有符合人性尊嚴之基本生活所需之費用，不得加以課稅。(2)前項所稱維持基本生活所需之費用，由中央主管機關參照中央主計機關所公布最近1年全國每人可支配所得中位數百分之六十定之，並於每2年定期檢討。(3)中央主管機關於公告基本生活所需費用時，應一併公布其決定基準及判斷資料。」

財政部已公告[1]2023年度納稅者本人、配偶及申報受扶養親屬每人基本生活所需費用由2022年新台幣（下同）19.6萬元提高為20.2萬元，每一申報戶的基本生活所需費用總額，減除免稅額、標準或列舉扣除額、儲蓄投資、身心障礙、教育學費、幼兒學前及長期照顧特別扣除額等合計數差額部分（扣除項目不包含財產交易損失及薪資所得特別扣除額），得自申報戶當年度綜合所得總額中減除。

財政部為執行納稅者權利保護法第4條有關納稅者為維持自己及受扶養親屬享有符合人性尊嚴基本生活所需費用不得加以課稅規定的意旨，參照行政院主計總處公布最近1年（2022年）每人可支配所得中位數336,850元的60%，訂定2023年度綜合所得稅每人基本生活所需費用為20.2萬元。民眾2024年5月分申報2023年度綜合所得稅時，即可依據納保法施行細則第3條規定，據以計算得自綜合所得總額減除的基本生活費差額。

舉例說明，假設小明與配偶將在2024年5月合併申報2023年度綜合所得稅，並列報扶養2名分別就讀大學與國中的子女、未滿70歲的母親及滿70歲以上身心障礙的父親，小明申報戶基本生活費差額12.4萬元（121.2－108.8萬元）得自綜合所得總額中減除，計算參照圖10-2-1所示。

3. 公平負擔之權利

納稅者權利保護法第5條規定：「納稅者依其實質負擔能力負擔稅捐，無合理之政策目的不得為差別待遇。」

4. 課稅資訊公開之權利

納稅者權利保護法第8及9條、第13條。

5. 合法之行政請求權

納稅者權利保護法10至12條等。

---

1. 2023年度每人基本生活所需費用調高為20.2萬元，發布單位：財政部高雄國稅局，發布與更新日期：2023/12/5。資料來源：https://www.mof.gov.tw/singlehtml/384fb3077bb349ea973e7fc6f13b6974?cntId=f6db0edeef374e4fbcaf5177028a3d47。

圖10-2-1　基本生活費試算舉例

項目＼申報戶		小明本人、配偶、2名分別就讀大學及國中的子女、未滿70歲的母親、70歲以上身心障礙的父親
基本生活費總額（每人20.2萬×申報戶人數6人）		121.2萬元
免稅額（9.2萬元×5人＋13.8萬元×1人）		59.8萬元
標準或列舉扣除額（擇一）		24.8萬元（採標準扣除額）
標準扣除額	儲蓄投資	1萬元
	身心障礙	20.7萬元
	教育學費	2.5萬元
	長期照顧	-
免稅額及扣除額合計數		108.8萬元
得自綜合所得總額中減除的基本生活費差額		12.4萬元（121.2－108.8萬元）

資料來源：財政部高雄國稅局。

10-3 行政救濟

一、什麼是行政救濟？行政訴訟是否即為行政救濟？

　　人民因其權益受有公行政之公法上違法或不當行為之侵害，向有權之國家機關請求法律救濟之制度，即為行政救濟。依學者見解，行政救濟範圍除訴願、行政訴訟外，尚包含訴願之先行程序如所得稅法之復查、商標法及專利法上之異議、評定、再審查，以及教師法與公務人員保障法之申訴等均屬行政救濟範疇。

　　行政訴訟法第2條規定：「公法上之爭議，除法律別有規定外，得依本法提起行政訴訟」。另依行政訴訟法第3條規定：「前條所稱之行政訴訟係指撤銷訴訟、確認訴訟及給付訴訟」。

　　綜上，行政救濟涵括多種救濟途徑，除有得向司法機關提起者外，亦有應向行政機關為之者，故行政訴訟並非等同行政救濟，行政訴訟僅為行政救濟眾多方式中之一種。

二、行政救濟常見問答

　　行政救濟常見問答摘錄詳細請參照表10-3-1內容整理。

表10-3-1　財政部臺北國稅局之行政救濟常見問答摘錄

Q1：納稅義務人對核定稅捐不服，需以何人名義提出行政救濟？

A：納稅義務人對核定稅捐不服，需以稅單上納稅義務人（或受處分人）名義提出申請，方屬適格當事人，若申請人為納稅義務人之配偶者，實務上亦以適格論。

Q2：復查申請期間有沒有在途期間可以扣除？

A：沒有。
因為申請復查日期的認定，係採發信主義，即納稅義務人若以郵寄方式申請，則以投遞日寄發局所蓋郵戳日期為準，如親自遞送申請書者，即以稽徵機關收件日期為準，故無在途期間的問題。

Q3：申請復查是否需要繳納稅款？

A：不用。
因為稅捐稽徵法係為保障人民行政救濟之權利，並無申請復查須繳納一定比例之稅款或提供相當擔保之限制性規定，所以不必繳納稅款或提供擔保即可申請復查。
但未繳納本稅而申請復查，按稅捐稽徵法第38條規定，若經行政救濟確定仍認應補繳稅款者，則尚應按日加計利息（罰鍰部分無加計利息的問題）。

Q4：納稅義務人對復查決定或非核定稅捐之行政處分不服，要如何申訴？

A：對稽徵機關作成之復查決定或非核定稅捐之行政處分案件，納稅義務人如有不服，可自復查決定書或行政處分達到或公告期滿之次日起算30日內，依訴願法第56條第1項規定繕具訴願書載明相關資料，並將訴願書正、副本經由原行政處分機關，向財政部提起訴願。而且以原行政處分機關或受理訴願機關收受訴願書之日期為準，而非訴願書寄發或付郵日期為準。

前述訴願書應由訴願人或代理人簽名或蓋章，敘明訴願請求事項，連同證據及復查決定書或原行政處分書影本，一併提出。

Q5：提起訴願之法定期間有沒有在途期間可以扣除？

A：依訴願法第16條規定，訴願人不在受理訴願機關所在地住居者，計算訴願法定期間，可以依行政院訂定發布之「訴願扣除在途期間」規定扣除其在途期間，但有訴願代理人住居受理訴願機關所在地，得為期間內應為之訴願行為者，則不在此限。

Q6：對於稽徵機關核定稅捐不服，是否可直接提起訴願？

A：依稅捐稽徵法第38條第1項規定，納稅義務人對稅捐稽徵機關之復查決定如有不服，得依法提起訴願及行政訴訟。是以申請復查為提起訴願以前必先踐行之程序，若未經復查程序而逕行提起訴願，程序上是不允許的。

Q7：納稅義務人已依規定於法定期間內提起訴願，對於復查決定之應納稅額應如何處理？

A：納稅義務人可先行繳納，行政救濟確定如有應退稅款者，稽徵機關會依納稅義務人繳納該項稅款之日起，至填發收入退還書或國庫支票之日止，按退稅額，依各年度1月1日郵政儲金1年期定期儲金固定利率，按日加計利息，一併退還。

納稅義務人亦可選擇繳納三分之一稅款、提供相當擔保或繳納三分之一稅款及提供相當擔保確有困難，經稅捐稽徵機關依稅捐稽徵法第24條第1項規定，已就相當於復查決定應納稅額之財產，通知有關機關，不得為移轉或設定他項權利者，稽徵機關會暫緩移送執行，惟行政救濟確定仍有應納稅款者，稽徵機關會自該項補繳稅款原應繳納期間屆滿之次日起，至填發補繳稅款繳納通知書之日止，按補繳稅額，依各年度1月1日郵政儲金1年期定期儲金固定利率，按日加計利息，一併徵收。

若納稅義務人對於復查決定之應納稅額置之不理者，稽徵機關會依稅捐稽徵法第39條第1項規定移送強制執行。

資料來源：財政部臺北國稅局，行政救濟常見問答（https://www.ntbt.gov.tw/singlehtml/0baa381b53034993a08862dfde2243b9?cntId=9be24d9e77d3473ba2bda62d224257d8）。

圖10-3-1　財政部臺北國稅局之行政救濟專區

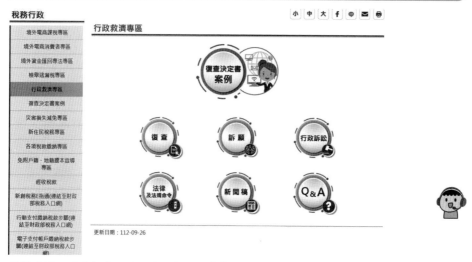

資料來源：財政部臺北國稅局，行政救濟專區（https://www.ntbt.gov.tw/multiplehtml/106686 b9bc3142acb38e38e20722ce31）。

● 圖10-3-2　財政部臺北國稅局納稅者權利保護案件：行政救濟諮詢與協 ●
助參考指引

行救階段 項目	復查	訴願	行政訴訟
期間	對核定稅捐之處分如有不服，應依稅捐稽徵法第35條申請復查；有關期限之規定如下： 1. 有應納稅額或應補徵稅額者，應於繳納期間屆滿之翌日起30日內 2. 無應納稅額或應補徵稅額者，應於核定稅額通知書送達之翌日起30日內 3. 如以受送達核定稅額通知書或以公告代之者，應於核定稅額通知書或公告所載應納稅額或應補徵稅額繳納期間屆滿之翌日起30日內 4. 如以公告代替核定稅額通知書之填具及送達者，應於公告之翌日起30日內 註：復查之申請，以稅捐稽徵機關收受復查申請書之日為準。但交由郵務機構寄發者，以郵寄地郵戳所載日期為準	對稅捐稽徵機關之復查決定如有不服，應自復查決定書達到或公告期滿之次日起30日內提起訴願；方式如下： 1. 將訴願書正本、副本經由原行政處分機關向財政部提起 2. 利用財政部網站「線上聲明訴願」，並於線上聲明訴願之次日起30日內向財政部補送紙本訴願書 註：訴願之提起，以原行政處分機關或財政部收受訴願書之日，或財政部收受線上聲明訴願之日為準	第一審 對核定稅捐之處分，經提起訴願而不服其決定，得於訴願決定書送達之次日起2個月內向高等行政法院高等行政訴訟庭提起行政訴訟；但涉訟標的金（價）額在新台幣150萬元以下者，向該院地方行政訴訟庭提起行政訴訟 上訴審 如不服行政法院之判決，應於判決送達後20日內，向最高行政法院／高等行政法院高等行政訴訟庭提起上訴
應檢附資料	1. 復查申請書 2. 核定稅額通知書或罰鍰裁處書 3. 繳款書正本或繳納收據之影本 4. 其他證明文件	1. 訴願書 2. 原行政處分書影本 3. 其他證明文件	1. 當事人書狀 2. 其他證明文件
QR-Code	稅務入口網復查申請書下載	稅務入口網訴願書下載	司法院書狀參考範例

資料來源：財政部臺北國稅局。

10-4 實質課稅原則

一、實質課稅的概念

　　實質課稅原則是指稅捐機關對於某種經濟活動，不能單憑其外觀或形式，決定應否課稅。將實質課稅原則適用在稅法上，在課稅要件的「外觀和實體」或「形式與實質」不一致時，只能依照其實體或實質，作為應否課稅的依據。

　　實質課稅入法的目的，在追求公平、合理及有效的課稅原則。乃要求稅捐稽徵機關探求經濟活動之真實面貌，作為行使稅捐課徵權力的基本前提，並且避免納稅義務人進行違反稅法目的的稅捐規避行為。

　　相對而言，實質課稅原則所調整的對象，亦即所謂「脫法避稅」行為，與稅法上經常被指出的「稅捐逃漏」並不相同。前者係指運用形式上或外觀上合法之行為所從事之迂迴安排；後者則指以虛偽或其他不正之行為以圖脫免納稅義務。例如：使用偽造或變造（包括虛設行號）之憑證作為交易憑證、對於稅捐稽徵機關為隱匿不實之申報、區分內帳外帳之帳簿、無交易事實卻登入帳簿、故意對申報數量減縮等。

二、合法節稅、脫法避稅、違法逃稅三者的區別

1. 在稅法領域中，納稅義務人作為公法上債權債務關係的債務人，以各種行為試圖降低所應當負擔的稅捐義務，乃人性趨利避害之表現，在任何國家稅法中均難以杜絕。
2. 節稅、避稅和逃漏稅之區別：在稅法領域中，因實質課稅原則之出現，乃使得合法節稅、脫法避稅與違法逃稅三種概念，被認為有嚴格區分之必要。詳細請參照表10-4-1合法節稅、脫法避稅、違法逃稅三者的區別所示。

表10-4-1 合法節稅、脫法避稅、違法逃稅三者的區別

合法節稅	違法逃漏稅	脫法避稅
係指在稅法規範所定之範圍內，經由租稅規劃所從事的、合乎稅法意旨會規範目的之降低應納稅額之行為	透過虛偽不實之記載，其他偽造變造之手段，降低應納稅捐	脫法避稅，係指形式上合法，但實質上違反稅法目的，所進行的稅法上權利濫用行為
例如：蒐集生活必需單據、列報個人綜合所得稅之列舉扣除額	例如：向虛設行號之公司購買發票用以主張營業費用成本	例如：個人利用躉繳保單避稅、利用證券交易所得免稅避稅等

資料來源：財政部北區國稅局，納稅者權利保護法講義。

三、實質課稅原則與租稅規避調整的明文化

實質課稅原則係稅法上特殊之課稅原則，賦予稽徵機關於課稅要件之事實認定上，得依實際上之經濟事實關係，而非外觀上之交易形式為準，惟實質課稅原則之定義及適用範圍於明文化前，並不明確，造成納稅義務人經常質疑稽徵機關有濫用實質課稅原則課徵稅捐，並導致稽徵機關援引實質課稅原則課稅所衍生之爭議案件成為稅務行政訴訟之主要案源。

為解決此類問題，我國納稅者權利保護法第7條第1至5項乃規定：「1. 涉及租稅事項之法律，其解釋應本於租稅法律主義之精神，依各該法律之立法目的，衡酌經濟上之意義及實質課稅之公平原則為之。2. 稅捐稽徵機關認定課徵租稅之構成要件事實時，應以實質經濟事實關係及其所生實質經濟利益之歸屬與享有為依據。3. 納稅者基於獲得租稅利益，違背稅法之立法目的，濫用法律形式，以非常規交易規避租稅構成要件之該當，以達成與交易常規相當之經濟效果，為租稅規避。稅捐稽徵機關仍根據與實質上經濟利益相當之法律形式，成立租稅上請求權，並加徵滯納金及利息。4. 前項租稅規避及第二項課徵租稅構成要件事實之認定，稅捐稽徵機關就其事實有舉證之責任。5. 納稅者依本法及稅法規定所負之協力義務，不因前項規定而免除」。

四、實質課稅原則的憲法風險

實質課稅原則的憲法風險詳細請參照表10-4-2實質課稅原則的憲法風險內容整理。

表10-4-2	「實質課稅原則的憲法風險」內容整理
實質課稅原則並非憲法原則	**實質課稅與法安定性**

實質課稅原則並非憲法原則	實質課稅與法安定性
在實務上，雖然實質課稅原則經常被稅捐稽徵機關援引至個別課稅爭議案件之處理，但其在憲法上並無直接之地位，至多僅可能被解釋為，透過實質課稅發現納稅義務人隱藏之經濟上給付能力、從而具有實踐量能課稅之工具意義罷了。	實質課稅原則，容許稅捐稽徵機關以經濟實質取代法律形式，不可避免地將與法律秩序之安定性發生衝突，亦為「實質課稅原則」最受質疑之點。 為解決納稅義務人與稅捐稽徵機關之間關於特定交易活動是否構成稅捐規避、俾使「實質課稅原則」在適用上得到合理的處理，我國稅法制度中採取了兩方面的行政措施：

| 1. 調整應納稅額之前，應當先取得上級稅捐稽徵機關之許可。
這主要適用在所得稅「不合常規營業」的案型中，可參見所得稅法第43條之1規定：「營利事業與國內外其他營利事業具有從屬關係，或直接間接為另一事業所有或控制，其相互間有關收益、成本、費用與損益之攤計，如有以不合營業常規之安排，規避或減少納稅義務者，稽徵機關為正確計算該事業之所得額，得報經財政部核准按營業常規予以調整」。 | 2. 實質課稅原則與不合交易常規之諮詢。
這主要是參考法國租稅總法典第L64以及L64B規定而來。規定在納稅者權利保護法第7條第9項：「納稅者得在從事特定交易行為前，提供相關證明文件，向稅捐稽徵機關申請諮詢，稅捐稽徵機關應於6個月內答覆」。 |

資料來源：財政部北區國稅局，納稅者權利保護法講義。

10-5 協力義務

一、協力義務之概念

協力義務在稅法規範中作為租稅之債之附隨義務,乃具有高度之合目的性考量,係以事實之闡明作為其制度目的。

則作為行政制度之一環,在一般性之基礎之上當受法治國家原則之拘束,詳細請參照表10-5-1協力義務之概念內容整理。

表10-5-1　「協力義務之概念」內容整理	
法律保留之要求	比例原則之規制
故協力義務之發生乃以法律有明文規定者為限,非如民法所稱之協力義務,係於債權債務關係履行過程中因誠實信用原則之作用而發生,不以契約明定者為限。 其目的乃在促進實現主給付義務,使公法上債務關係之債權人之給付利益實現,並且合致於法治國家行為明確性之要求。	乃以課人民以協力忍受配合等義務,亦國家行為之一環,應審查手段與目的間有無正當合理關聯,並排除不合成本、無法達到目的之侵害行為。

資料來源:財政部北區國稅局,納稅者權利保護法講義。

納保法第7條第5項規定:「納稅者依本法及稅法規定所負之協力義務,不因前項規定而免除」。第14條:「1. 稅捐稽徵機關對於課稅基礎,經調查仍不能確定或調查費用過鉅時,為維護課稅公平原則,得推計課稅,並應以書面敘明推計依據及計算資料。2. 稅捐稽徵機關推計課稅,應斟酌與推計具有關聯性之一切重要事項,依合理客觀之程序及適切之方法為之。3. 推計,有兩種以上之方法時,應依最能切近實額之方法為之。4. 納稅者已依稅法規定履行協力義務者,稅捐稽徵機關不得依推計結果處罰」。

二、協力義務違反與推計課稅

協力義務作為稅法上義務之一,與其他義務或者稅法上之主給付義務之不同者,乃在於違反義務所導致之法律效果並不相同。原則上除不具制裁之特性外,主要即在於為輔助事實關係之闡明,在稅法上得以容忍推計課稅之使用,尤其應忍受因推計所導致之對於課稅構成要件事實無法完全掌握及調查清楚。

　　蓋納稅義務人就租稅事實闡明之協力義務一旦有所違反，又難以期待機關得依其他具有效能之手段探知租稅法上有意義之課稅事實時，在稅法上要求稅捐稽徵機關進行完整而無遺漏之闡明，勢不可能。因此，使用有欠精確之事實認定手段即成為稽徵目的實現所必要。

　　德國租稅通則第162條規定：「稅捐稽徵機關於課稅基礎無法為完全之調查時，得進行推計。推計之實施，並應斟酌一切於推計有意義之情形決定之。納稅義務人針對其申報之事項未能為完全之闡明，或未能為進一步之陳述，拒絕提出代替宣誓之保證或違反本法第90條第2句所定之協力義務時，尤應進行推計。納稅義務人依稅法之規定，應製作帳冊或會計記錄而未能提出，或該帳冊或會計記錄未依第158條之規定作為課稅之依據者，亦同」。

　　推計課稅之本旨，乃在於課稅事實之認定過程中，闡明事實之協力義務未被履踐，由稅捐稽徵機關依蓋然性之衡量，透過類型化之標準（如同業利潤標準、當地一般租金標準等）認定租稅構成要件事實之存在。

　　故就協力義務之制度目的而言，在納稅義務人已盡其協助闡明事實之義務、帳證等課稅事實相關證據方法均已提出，而稅捐稽徵機關猶未能依納稅義務人之協力闡明事實之情形下，則回復職權原則之適用，由稽徵機關逕行調查課稅構成要件事實、作成課稅處分。

三、推計課稅與裁罰

　　納稅者權利保護法第14條第4項規定：「納稅者已依稅法規定履行協力義務者，稅捐稽徵機關不得依推計結果處罰」。在例外之情形下，納稅義務人違反協力義務亦可能受行政制裁。

　　協力義務作為稅法上附隨義務之一，其功能主要在於填補職權調查之不足，並非真正之義務，故在違反時原則上不生裁罰問題。惟發生問題者，乃在於納稅義務人係以違反租稅義務作為手段以逃漏稅捐，或在違反協力義務致使機關無法依他法經職權原則探知課稅事實時，此時協力義務已喪失其補充之本質，應由行政目的思考其有無獨立受裁罰之可能。況行政罰之課處，係具備高度目的考量之行為，乃以不法構成要件之行為在法律上所受保護之法益作為決定裁罰之要素。尤其經職權原則之分配，在行政程序上機關常負擔有事實闡明之責任，為使舉證責任分配之法則不至成為逃漏稅捐之庇護所，推理上當對協力義務之違反作不同之處理。

10-6 租稅法律主義

一、租稅法律主義

參照釋字第640號解釋、憲法第19條，以及納稅者權利保護法第3條第3項條文，說明租稅法律主義如下：納稅主體、客體、稅基、稅目、稅率、納稅方法、納稅期間及稅捐減免等重要項目，必須由「法律」所規定，不可以用行政規則或解釋函令，增加法律沒有明文的納稅義務或減免稅捐。

憲法法庭釋字第640號解釋[2]理由書：「憲法第十九條規定，人民有依法律納稅之義務，係指國家課人民以繳納稅捐之義務或給予人民減免稅捐之優惠時，應就租稅主體、租稅客體、稅基、稅率、納稅方法、納稅期間等租稅構成要件及租稅稽徵程序，以法律定之。是有關稅捐稽徵之程序，除有法律明確授權外，不得以命令為不同規定，或逾越法律，增加人民之租稅程序上負擔，否則即有違租稅法律主義。」

憲法第19條：「人民有依法律納稅之義務。」

納稅者權利保護法第3條第3項：「主管機關所發布之行政規則及解釋函令，僅得解釋法律原意、規範執行法律所必要之技術性、細節性事項，不得增加法律所未明定之納稅義務或減免稅捐。」

二、租稅法律主義與租稅公平原則

租稅法律主義與租稅公平原則（租稅平等原則）同為稅法之基本原則，相互關係密切。前者與課稅權之行使方法有關，乃形式原理；後者主要攸關稅負之分擔，屬於實質原理。

租稅公平原則乃憲法平等原則在租稅領域之體現，於立法論上要求「量能課稅」，業經釋字第565號及第607號解釋明確肯認。

租稅法律主義屬於法治主義之一環，從歷史觀之，在近代法治主義之發展上，具有先導及核心之地位。如今租稅法律主義已成為憲法原理，除了以防止公權力濫用，俾確保人民之自由財產為目的外，對人民之經濟生活而言，更具有保障法律安定性及預測可能性之機能。

---

2. 憲法法庭釋字第640號解釋（https://cons.judicial.gov.tw/docdata.aspx?fid=100&id=310821&rn=30013）。

租稅法律主義之內容，主要包含「課稅要件法定主義」、「課稅要件明確主義」、「合法性原則」及「程序保障原則」。依據課稅要件法定主義，課稅要件應由法律規定，租稅之核課及徵收程序亦然。行政命令非有法律依據，自不得增訂課稅要件。行政命令若違反法律規定，應屬無效。從依法行政原理論之，前者即法律保留原則，後者為法律優越原則。這是稅捐實務上最常出現之問題，有關之司法院解釋不少。

就此而言，租稅法律主義可謂依法行政原理在租稅領域之特別規定，故適用時僅揭示租稅法律主義即可，無須另外援引依法行政原理（法律保留原則、法律優越原則）。過去司法院解釋通常採取此一作法堪稱妥適。

10-7 賦稅人權（Taxpayer's Human Rights）

一、「納稅者權利保護法」落實保障賦稅人權，維護人民基本生存權利

為保障賦稅人權、維護人民基本生存權利、實現公平課稅及嚴守程序正義，「納稅者權利保護法」於2016年12月28日制定公布，並已於2017年12月28日施行。

納稅者權利保護法規範內容區分為「維持基本生活費不課稅」、「落實正當法律程序」、「公平合理課稅」、「設置納稅者權利保護組織」及「強化納稅者救濟保障」五大面向，除與國際人權條約接軌及符合國際潮流，更重要意義在於昭示徵納雙方關係重新定位，由過去以稽徵為中心之稅務行政，轉變為以服務納稅義務人為導向，是我國落實納稅者權利保護之重要里程碑。

> 圖10-7-1　租稅正義為你在　賦稅人權讚起來文宣內容

資料來源：財政部南區國稅局（https://www.ntbsa.gov.tw/singlehtml/e7859c501bcb4498ad76f68bd647d3cc?cntId=4155a57a455145d7b150c1d03d1e0ed8）。

二、稅捐稽徵程序的省思

　　納稅者權利保護法的進步立法，不僅象徵著我國納稅者權利保護體制更進一步的發展，更喻示著國內稅法學界在若干資深重要學者與先進的長期努力奔走之下，取得了重要的戰略性勝利。實足以令稅法實務及學理崗位上共同努力之同道中人為之歡欣鼓舞，並預想此一進步法制之引入，有機會扭轉現行制度中納稅人權利保障有所欠缺的劣勢。

　　然則，任何制度的變革都有其預想希望達到的效果，也都不可避免地難以期待變革得以畢其功於一役，僅經過單純的一、二次修法就可以創設出完整的百年制度。

　　僅就「納稅者權利保護」或者「納稅義務人權利保護」這一議題而言，在我國法制中事實上已非初次引入。但是，在10年內連續有兩部名稱功能相近的法規範修正或制訂案陸續通過，其意義至為深遠。

　　一方面，這顯示出整個社會以及納稅義務人對於稅捐稽徵程序及負擔正義的渴求，這樣的渴求在租稅正義受到全球化政治經濟制度衝擊的今日，特別明顯。

　　另方面，這也顯示出納稅者作為國家公共財政負擔之分擔人公民意識的覺醒：隨著解除戒嚴、行政民主化以及行政程序法、行政救濟法制的重大變革，人民在一般行政領域中的地位可以說已經漸漸擺脫單純行政客體或者「被統治者」的地位，在整體財稅行政領域中，漸次朝向程序主體的地位演進。

　　但是在這樣一日千里的變革過程中，稅捐稽徵程序乃至於整個稅法制度的闕漏與陳舊之處也就相對越來越明顯。請參照表10-7-1稅捐稽徵程序乃至於整個稅法制度的闕漏與陳舊之處內容整理。在這樣的法制背景之下，表現在我國整體稅捐稽徵及救濟制度中的問題，特別是法院救濟程序所面對的困難，卻沒有被清楚正確認識。

● 表10-7-1　「稅捐稽徵程序乃至於整個稅法制度的闕漏與陳舊之處」內 ●
　　　　　　容整理

| 稅捐稽徵機關享有過於強大、少受節制的行政命令權利，特別是透過解釋函令對於稅捐構成要件及應稅事實的解釋，經常有逾越行政權限的嫌疑。 | 迷信重罰的稅捐主動申報及稽徵制度，對於納稅義務人在稅捐稽徵程序中協力負擔性質的誤解。 | 納稅義務人與稅捐稽徵機關之間行政爭訟案件的高敗訴率，甚至救濟制度實效性的欠缺，使得「司法訴訟作為有效解決稅務紛爭重要手段」這一體制假設，淪於空談。 |

資料來源：財政部北區國稅局，納稅者權利保護法講義。

10-8 總額主義

一、總額主義與爭點主義的爭執

以撤銷訴訟作為稅務訴訟中納稅義務人提起救濟的主要手段所面臨的問題之一在於，稅務訴訟的撤銷客體向來會有所謂「總額主義」和「爭點主義」的區別。

按撤銷訴訟之訴訟標的，多數學說認為乃請求撤銷違法行政處分的撤銷請求權而非行政處分本身。但在實際的程序效果上，撤銷請求權發動之後被撤銷之對象仍為該一被指摘為有瑕疵之行政處分。這一問題的理解，乃應當從撤銷訴訟既判力開始理解。訴訟案件訴訟標的之決定，事涉法院裁判既判力之客觀範圍，亦即別訴禁止與重複起訴禁止在訴訟法上之展現。

蓋以稅法領域中課稅決定經常係以單一年度中各種經濟事實之總體結果計算納稅義務人之應納稅額。換言之，在單一年度中可以影響應納稅額之因素，經常並非單一。就此而言，當事人不服稅捐稽徵機關之課稅決定、經過復查及訴願程序後提起撤銷訴訟，法院審理之客觀範圍以及實際撤銷客體的範圍，乃被區分為總額主義及爭點主義兩種不同的見解。

爭訟對象之內容說明詳細請參照表10-8-1總額主義與爭點主義之爭訟對象說明。

表10-8-1　總額主義與爭點主義之爭訟對象說明

總額主義	爭點主義
所謂總額主義，係認為對於課稅處分之爭訟對象，乃是課稅處分所核定稅額適法與否之審查。	所謂爭點主義，則認為撤銷訴訟之原告對於課稅處分不服而提起訴訟，其爭訟對象乃是與處分理由有關聯之稅額之存否；或認為法院審判之對象乃撤銷訴訟原告所指摘之課稅處分理由（個別課稅基礎）之適法與否。

資料來源：財政部北區國稅局，納稅者權利保護法講義。

而總額主義則與此不同，在總額主義訴訟標的的範圍及於同一年度所有涉及應納稅額數額高低的爭點。因此，倘若原告針對特定爭點經過正常之救濟程序復查、訴願之後提起行政訴訟訴請撤銷課稅處分，判決之既判力亦會及於其他爭

點，使原告無法再行爭訟。在這樣的理解之下，總額主義與爭點主義的爭議於訴訟上最主要之區別，闕為決定未經於復查等訴訟前程序主張之理由或者爭點，得否於訴訟上主張之。

就此而言，最高行政法院92年度判字第309號判決謂：「稅務行政爭訟係採『爭點主義』，即就本年營利事業所得稅之申報，包含有折舊、其他費用、交際費及營業收入等部分之爭點，當事人就上開特定爭點有所不服，對之申請復查、訴願或進而提起行政訴訟，其效力不及於其他爭點。」

然而，我國最高行政法院或其前身行政法院，對於「爭點主義」事實上並未能完全採取統一見解，實務上間亦見得有若干採取總額主義看法的裁判。在這樣的理解之下，撤銷訴訟的訴訟標的、特別是撤銷範圍問題，在我國稅務訴訟實務中本來就是一個長年累積的問題，應可確定。

二、稅務救濟制度之變革——改採總額主義，落實納稅者權利保護[3]

納稅者權利保護法第21條第1項規定：「納稅者不服課稅處分，經復查決定後提起行政爭訟，於訴願審議委員會決議前或行政訴訟事實審言詞辯論終結前，得追加或變更主張課稅處分違法事由，受理訴願機關或行政法院應予審酌。其由受理訴願機關或行政法院依職權發現課稅處分違法者，亦同。」

其立法理由並明確指出：「按納稅者對於課稅處分不服，經提起行政救濟之後，該處分即處於尚未確定的狀態，除了原先爭執的處分瑕疵之外，如果其事後發現原處分有其他違法事由致損害納稅者權益，為了確保依法課稅原則，並維護納稅人權益，自應許其一併加以爭執，請求行政救濟機關或法院進行審查。

其由行政救濟機關或行政法院依據職權主動發現課稅處分有其他違法事由者，亦應主動斟酌，以確保課稅處分之合法性，避免納稅人因不諳法令致遭違法課稅。爰參考德國及日本學說判例關於法院審判範圍所採取『總額主義』的精神，予以明定。」此乃稅務救濟制度之變革，改採總額主義，相較於以往實務見解所採之爭點主義，認為法院審理範圍，係以納稅者申請復查程序中所爭執違法事由為限，總額主義除可一次解決納稅者課稅爭議，落實訴訟經濟原則外，對於納稅者之權利保護也更為周延。

---

3. 稅務救濟制度之變革——改採總額主義，落實納稅者權利保護，財政部高雄國稅局，更新日期：2018/11/5。資料來源：https://www.ntbk.gov.tw/singlehtml/fb653759df0740978b43cd5ae2c920c3?cntId=6f11ba4ebe964c46bcdbb87dd579515f。

10-9 他益股權信託稅負（本金自益／孳息他益）

一、他益股權信託稅負（本金自益／孳息他益）

委託人經由股東會、董事會等會議資料知悉被投資公司將分配盈餘後，簽訂孳息他益之信託契約；或委託人對被投資公司之盈餘分配具有控制權，於簽訂孳息他益之信託契約後，經由盈餘分配決議，將訂約時該公司累積未分配之盈餘以信託形式為贈與並據以申報贈與稅者，該盈餘於訂約時已明確或可得確定，尚非信託契約訂定後，受託人於信託期間管理受託股票產生之收益，則委託人以信託形式贈與該部分孳息，其實質與委任受託人領取孳息再贈與受益人之情形並無不同，依實質課稅原則，該部分孳息仍屬委託人之所得，應於所得發生年度依法課徵委託人之綜合所得稅；嗣受託人交付該部分孳息與受益人時，應依法課徵委託人贈與稅。

二、刻意規劃減少稅負的信託行為，要依實質課稅原則補稅

納稅義務人甲君與配偶乙君簽訂信託契約，受益權採本金自益、孳息他益之方式，移轉其持有之A公司全部持股22,000餘股予受託人乙君，作為信託之財產，並分別以其2名兒子及2名甥子女為信託期間股利收入之受益人。

甲君於A公司2005年6月股東常會決議分配2004年度之股息後，始於2005年8月簽訂孳息他益之信託契約，並於2005年9月申報贈與稅，贈與標的為信託股票孳息部分之信託利益300餘萬元，並繳清贈與稅款。

惟經國稅局查核結果，因該決議分配之盈餘於訂約時已明確，尚非信託契約訂定後，受託人於信託期間管理受託股票產生之收益，則甲君以信託形式贈與該部分已明確之孳息，其實質與委任受託人領取孳息再贈與受益人之情形並無不同，即信託財產所產生之所得（即股票股利）已轉至受益人帳戶部分，回歸課徵委託人綜合所得稅，註銷受益人孳息所得，補徵甲君之綜合所得稅570餘萬元。

至於甲君原已申報繳納贈與稅部分，除重行核計信託孳息權利價值為160餘萬元，更正核定贈與稅2萬5,000餘元外，另就受益人實質已取得之孳息，視同委託人以自己財產無償給予受益人，按遺產及贈與稅法第4條規定課徵委託人贈與

稅。即就「乙君受託信託財產專戶」於2005年11月獲分配A公司股票股利近3萬股，核認為甲君對其子及甥子女之贈與，按A公司2005年11月（贈與日）股票之每股淨值約1,300元計算贈與財產價值為3,980餘萬元，並課徵甲君贈與稅1,260餘萬元。

納稅義務人負有誠實申報繳納稅捐之義務，縱因其他因素而作規劃，也要符合法律的立法目的，否則將造成鼓勵投機或規避稅法之適用，無法實現租稅公平之基本理念及要求。

10-10 二親等以內親屬間財產之買賣

一、二親等以內親屬間財產之買賣，應否申報贈與稅？[4]

遺產及贈與稅法第5條第6款規定，二親等以內親屬間財產之買賣，應以贈與論；因此，二親等以內親屬間財產之買賣，仍應填寫贈與稅申報書辦理贈與稅申報，惟如能檢附支付價款的確實證明，且所支付的價款不是由出賣人借給買受人或是由出賣人提供擔保向他人借得，則可認定為買賣屬實免課贈與稅。

二、二親等內親屬間財產買賣，未能證明確有支付價款事實者，將以「贈與論」課徵贈與稅[5]

二親等以內親屬間之財產買賣，依遺產及贈與稅法第5條第6款規定，如未能提出支付價款證明，稽徵機關將以「贈與論」課徵贈與稅。

納稅義務人甲君將其所有未上市公司股票700股，以買賣為原因，分別移轉給予其姊乙君410股、妹丙君70股及弟媳丁君220股，因其未能提示支付價款證明文件，經該局依遺產及贈與稅法第5條第6款規定，核課贈與總額700萬元及課徵贈與稅在案。甲君不服，申請復查、訴願及提起行政訴訟，均遭判決駁回。

依遺產及贈與稅法第5條第6款前段規定，二親等以內親屬間財產之買賣以贈與論，其立法意旨係為防杜親屬間以虛構買賣方式逃避贈與稅，故即使雙方在私法上為買賣之約定，但在法律上仍被推定為「財產贈與」行為，除非當事人能提出支付價款之確實證明。

支付價款之證明文件，並無形式上限制，凡能提出支付價款之金錢來源及支付憑證，足以證明買賣行為確屬真實，而非取巧虛構以逃避贈與稅之課徵者，自不會以贈與論課徵，否則將以贈與論課徵贈與稅。

---

4. 二親等以內親屬間財產之買賣，應否申報贈與稅？發布單位：財政部臺北國稅局，發布日期：2023/10/31，更新日期：2023/11/2。資料來源：https://www.mof.gov.tw/sin glehtml/979b54e408fb499eae3c1d9efe978868?cntId=c679ae6e944e48b1bdc6c6b bd4341576。

5. 二親等內親屬間財產買賣，未能證明確有支付價款事實者，將以「贈與論」課徵贈與稅，財政部高雄國稅局，更新日期：2018/11/6。資料來源：https://www.ntbk.gov.tw/ singlehtml/c947cd5cb7904004a22e6d62d5bb9fb0?cntId=2ca32efc5d70417d82841 4309475c1ce。

國家圖書館出版品預行編目(CIP)資料

超圖解金融保險與節稅規劃. 二部曲 : 金融、保險與稅的100個Keywords/黃世芳, 高震宇著. -- 初版. -- 臺北市 : 五南圖書出版股份有限公司, 2024.09
　　面；　公分

ISBN 978-626-393-576-1(平裝)

1.CST: 金融保險業 2.CST: 節稅 3.CST: 稅法

563.7　　　　　　　　　　　113010620

1M0J

超圖解金融保險與節稅規劃
二部曲：金融、保險與稅的
100個Keywords

作　　　者：黃世芳、高震宇

企劃主編：侯家嵐

責任編輯：吳瑀芳

文字校對：鐘秀雲

封面設計：姚孝慈

內文插畫：黃海納

內文排版：賴玉欣

出　版　者：五南圖書出版股份有限公司

發　行　人：楊榮川

總　經　理：楊士清

總　編　輯：楊秀麗

地　　　址：106臺北市大安區和平東路二段339號4樓

電　　　話：(02)2705-5066　傳　　真：(02)2706-6100

網　　　址：https://www.wunan.com.tw

電子郵件：wunan@wunan.com.tw

劃撥帳號：01068953

戶　　　名：五南圖書出版股份有限公司

法律顧問：林勝安律師

出版日期：2024年9月初版一刷

定　　　價：新臺幣450元

經典永恆・名著常在

五十週年的獻禮——經典名著文庫

五南，五十年了，半個世紀，人生旅程的一大半，走過來了。

思索著，邁向百年的未來歷程，能為知識界、文化學術界作些什麼？
在速食文化的生態下，有什麼值得讓人雋永品味的？

歷代經典・當今名著，經過時間的洗禮，千錘百鍊，流傳至今，光芒耀人；
不僅使我們能領悟前人的智慧，同時也增深加廣我們思考的深度與視野。
我們決心投入巨資，有計畫的系統梳選，成立「經典名著文庫」，
希望收入古今中外思想性的、充滿睿智與獨見的經典、名著。
這是一項理想性的、永續性的巨大出版工程。
不在意讀者的眾寡，只考慮它的學術價值，力求完整展現先哲思想的軌跡；
為知識界開啟一片智慧之窗，營造一座百花綻放的世界文明公園，
任君遨遊、取菁吸蜜、嘉惠學子！